中国工程院“推动交通运输与经济社会深入融合发展研究”成果汇编

探索与思考

——推动交通运输与经济社会深入融合发展研究成果汇编

推动交通运输与经济社会深入融合发展研究课题组　主编

人民交通出版社股份有限公司
北　京

内 容 提 要

本论文集在我国经济进入新的发展阶段的背景下，分别从高铁经济、枢纽经济、空港经济、港口经济、邮轮经济、高效物流和便捷出行等7个重点角度阐述交通运输与经济社会深入融合发展形成新动能、新红利的路径，通过选取重点领域的关键问题和关键环节进行试点示范和复制推广。

本书可供交通运输政策制定者和相关领域研究人员参考使用。

图书在版编目(CIP)数据

探索与思考：推动交通运输与经济社会深入融合发展研究成果汇编／推动交通运输与经济社会深入融合发展研究课题组主编. — 北京：人民交通出版社股份有限公司，2020.3

ISBN 978-7-114-16356-2

Ⅰ.①探… Ⅱ.①推… Ⅲ.①交通运输经济—中国—文集 Ⅳ.①F512-53

中国版本图书馆CIP数据核字(2020)第036301号

中国工程院"推动交通运输与经济社会深入融合发展研究"成果汇编

Tansuo yu Sikao——Tuidong Jiaotong Yunshu yu Jingji Shehui Shenru Ronghe Fazhan Yanjiu Chengguo Huibian

书　　名：探索与思考——推动交通运输与经济社会深入融合发展研究成果汇编
著 作 者：推动交通运输与经济社会深入融合发展研究课题组
责任编辑：丁　遥　李　沛　侯蓓蓓
责任校对：孙国靖　龙　雪
责任印制：刘高彤
出版发行：人民交通出版社股份有限公司
地　　址：(100011)北京市朝阳区安定门外外馆斜街3号
网　　址：http://www.ccpress.com.cn
销售电话：(010)59757973
总 经 销：人民交通出版社股份有限公司发行部
经　　销：各地新华书店
印　　刷：北京市密东印刷有限公司
开　　本：787×1092　1/16
印　　张：9.5
字　　数：250千
版　　次：2020年3月　第1版
印　　次：2020年3月　第1次印刷
书　　号：ISBN 978-7-114-16356-2
定　　价：80.00元

本书编委会

顾　　问

孙永福　中国工程院院士
翁孟勇　中国公路学会理事长
李泊溪　国务院发展研究中心研究员

编写组成员

傅志寰　中国工程院院士
贾大山　交通运输部水运科学研究院副院长、研究员
宁　涛　交通运输部水运科学研究院主任、研究员
谢　燮　交通运输部水运科学研究院研究员
孙士雯　交通运输部水运科学研究院助理研究员
徐　迪　交通运输部水运科学研究院副研究员
翟慧娟　交通运输部水运科学研究院副研究员
金　明　交通运输部水运科学研究院助理研究员
殷翔宇　交通运输部水运科学研究院副研究员
武嘉璐　交通运输部水运科学研究院助理研究员
李　睿　交通运输部水运科学研究院助理研究员
蔡　鹏　交通运输部水运科学研究院助理研究员
李　源　交通运输部水运科学研究院助理研究员
方　砚　交通运输部水运科学研究院助理研究员
郭继孚　北京交通发展研究院院长、教授级高工
顾　涛　北京交通发展研究院副院长、研究员
周　凌　北京交通发展研究院高级工程师
祝　超　北京交通发展研究院工程师
刘跃军　北京交通发展研究院高级工程师
王　婷　北京交通发展研究院工程师
张　帅　北京交通发展研究院工程师
刘　宇　北京交通发展研究院工程师
马　剑　北京临空国际技术研究院有限公司总经理、高级经济师
程婧洁　北京临空国际技术研究院有限公司工程师
谷芸芸　北京临空国际技术研究院有限公司工程师
郝爱民　郑州航空工业管理学院教授

谢金静　郑州航空工业管理学院讲师
付　赟　郑州航空工业管理学院讲师
武剑红　北京交通大学教授
刘玉明　北京交通大学教授
陈佩虹　北京交通大学副教授
焦敬娟　北京交通大学副教授
罗　江　北京交通大学讲师
康兆霞　北京交通大学博士生
王一骁　北京交通大学博士生
赵　莹　北京交通大学硕士生
肖芳芳　北京交通大学硕士生
王慧敏　北京交通大学硕士生
夏霄海　北京交通大学硕士生
邢丽峰　北京交通大学硕士生
徐　丽　新交通智库执行院长
贺菲菲　新交通智库工程师
王畅乐　新交通智库副院长
池　璐　新交通智库总工程师
徐　园　新交通智库高级工程师
唐　威　新交通智库高级工程师
李　玮　新交通智库工程师
褚浩然　阿里菜鸟政策研究院院长、高级工程师
陆化普　清华大学所长、教授
李瑞敏　清华大学副教授
张永波　清华大学高级工程师
王健宇　清华大学博士生
刘　菁　清华大学博士生
肖天正　清华大学博士生
张玉环　清华大学博士生
陈明玉　清华大学博士生
胡　礼　清华大学硕士生
邵晓君　清华大学研究助理
范思琦　清华大学研究助理

前　言

交通运输作为经济社会的重要组成部分，与经济社会始终处于融合当中。不同的历史时期和发展阶段，交通运输与经济社会融合的广度和深度有所不同。新中国成立以后，特别是改革开放以来，随着交通科技的不断进步、基础设施的不断完善以及在制度方面的不断创新和突破，交通运输取得了巨大的成就，持续释放发展红利，为经济社会发展、人民群众安全便捷出行作出了重要贡献。

经济新常态背景下，经济等各类结构变化、消费升级、新型城镇化、复杂的地缘政治形势等经济社会发展的新特点，以及新发展理念和国家重大战略部署，对交通运输提出了新发展要求，而深入融合是重要途径之一。经济新常态要求交通运输在创新发展、结构优化、服务提升等方面下功夫，进而在与经济社会实现更深层次的融合中释放红利，形成新动能。而自动化、互联网、物联网、大数据等新技术以及共享经济、物流平台、产融结合等新业态新模式的出现为交通运输与经济社会融合创造了全新的条件。

国家经济进入新常态，交通运输也由曾经的瓶颈约束、初步缓解、基本适应的发展阶段步入适度超前的发展阶段。在新的历史发展时期，释放新时期交通运输发展的新红利，破解交通运输发展的制度障碍，寻找交通运输与经济社会融合的着力点，具有十分重要的意义，亟待开展研究。

本论文集由中国工程院2017年高端智库项目“推动交通运输与经济社会深入融合发展研究”课题成果精选编辑而成。该项目由中国工程院、交通运输部水运科学研究院、中国公路学会、清华大学、北京交通发展研究院、北京交通大学、北京临空国际技术研究院有限公司、郑州航空工业管理学院等多家单位组成的联合课题组合作完成。在项目研究过程中，得到了中国工程院院士孙永福、中国公路学会理事长翁孟勇、国务院发展研究中心研究员李泊溪、中国社会科学院数量经济与技术经济研究所所长李平、交通运输部巡视员于胜英、北京交通大学教授荣朝和、中国民航科学技术研究院民航发展规划研究所所长胡华清等专家的指导和支持，在此表示衷心的感谢！

目　录

推动交通运输与经济社会深入融合发展研究 …………………… 傅志寰　贾大山　宁　涛(1)
交通运输与经济社会深入融合的理论分析 ………… 贾大山　宁　涛　谢　燮　孙士雯(12)
交通运输与经济深度融合发展方向研究 …………… 陆化普　肖天正　陈明玉　胡　礼(23)
高铁与经济社会融合发展——以京沪高铁
　为例 ………………………………………… 武剑红　焦敬娟　康兆霞　陈佩虹　等(31)
国际经验对我国高铁与经济社会融合发展的
　启示 ………………………………………… 武剑红　罗　江　王一骁　康兆霞　等(45)
交通枢纽与经济融合发展问题研究及对策建议 …… 祝　超　顾　涛　周　凌　张　帅(54)
城市综合交通枢纽规划建设管理实践与经验 ……… 张　帅　顾　涛　周　凌　祝　超(60)
加快发展空港经济的目标城市选择分析 ……………………… 马　剑　谷芸芸　程婧洁(72)
国内外发展空港经济的经典案例及启示 ……………………………………………… 郝爱民(82)
郑州航空港经济:成绩、经验及前景展望 ……………………………………………… 谢金静(90)
港口与经济社会的深入融合发展研究 ……………… 孙士雯　贾大山　宁　涛　谢　燮(96)
邮轮经济与经济社会深入融合发展研究 ………… 谢　燮　贾大山　宁　涛　孙士雯(108)
我国物流业发展形势与展望 …………………………………………… 徐　丽　贺菲菲(117)
“双轮驱动”机制下的现代物流发展新动能研究 ……………………… 徐　丽　贺菲菲(125)
从人流的角度探索交通与经济的深度融合 ……… 陆化普　张永波　邵晓君　肖天正(133)

推动交通运输与经济社会深入融合发展研究

傅志寰[1]　贾大山[2]　宁　涛[2]
(1.中国工程院,北京,100088;2.交通运输部水运科学研究院,北京,100088)

摘　要:交通运输是国民经济中基础性、服务性、引领性、战略性产业。交通运输业一直致力于与经济社会融合,有力保障我国对外开放和经济发展,有效服务和改善民生,支撑国家战略实施,具有很强的先导作用。我国经济进入新的发展阶段,技术创新和制度变革都给交通运输与经济社会新一轮的深入融合带来了新机遇。交通运输与经济社会深入融合重点为高铁经济、枢纽经济、空港经济、港口经济、邮轮经济、高效物流和便捷出行新业态。深入融合最为可行的路径,就是选取重点领域的关键问题和关键环节,并通过试点示范和复制推广来实现推动交通运输与经济社会深入融合。

关键词:交通运输;经济社会;融合;技术创新;制度变革

1　引言

交通运输是国民经济中基础性、服务性、引领性、战略性产业。交通运输业一直致力于与经济社会融合,有力保障我国对外开放和经济发展,有效服务和改善民生,支撑国家战略实施,具有很强的先导作用。改革开放以来,交通运输不断率先通过技术创新和制度变革为运输能力快速增长、运输服务质量提升和运输市场繁荣释放红利,实现了由"瓶颈制约"向"初步缓解"、再向"基本适应"的两次重大跃升。特别是党的十八大以来,以推进供给侧结构性改革为主线,加快"四个交通"建设,当好发展先行官,我国已经成为名副其实的交通大国,开启建设交通强国的新征程。

中国特色社会主义进入新时代,我国社会主要矛盾已经转化为人民日益增长的美好生活需要和不平衡不充分的发展之间的矛盾,这对交通运输提出了新的发展要求。同时,技术进步使当今经济社会发生深刻的变化,互联网、云计算、大数据、人工智能和便捷支付等技术在交通运输领域得到日益广泛的应用,催生了平台经济、共享经济和产融结合的交通新业态。新技术和新业态的不断涌现为交通运输自身转型升级以及与经济社会深入融合创造了全新的条件。

本文涉及的"交通运输与经济社会深入融合"是指交通运输通过主动应用技术创新和采取制度变革,与产业、社会环境、区域和国际等方面发生集成导向式的融合。"释放发展红利"是指交通运输在发展过程中不断为经济社会持续提供更安全、更便捷、更高效、更绿色、更经济的服务。“新动能”是指由交通运输与经济社会的深入融合，释放发展红利，从而产生的在国民经济中发展速度较快，增长潜力巨大，对整个经济起引导和推动作用的新消费、新投资、新贸易和新业态。

本文不是全面系统的宏观理论研究，而是结合点题、立足实践、着眼近期，从几个重点领域入手，开展具有一定理论基础的实证应用研究。鉴于“深入融合”的综合性以及我国国情的复杂性，本文着眼于识别深入融合重点领域中的关键问题，并通过试点示范推动交通运输与经济社会深入融合为主要研究路径。

2 交通运输对我国经济社会发展的作用

1979 年，蛇口工业区作为交通运输与经济社会融合的范本吹响了改革开放的号角，也形成了港口与城市、工业融合发展的“蛇口模式”1.0 版。随着经济社会的发展和改革开放的不断深化，招商局的“蛇口模式”已经进化到 4.0 版。这充分说明，交通运输与经济社会是持续不断融合的。

2.1 交通运输能力提升对于经济发展带动作用明显

交通运输融合多种运输方式，衔接生产与消费，涉及领域广、带动性强，将国民经济中众多产业、企业和产品连接形成一个整体，是连接国民经济各个部分的纽带，对于稳增长和带动相关产业发展具有明显的作用。

交通运输基础设施投资是经济稳定增长的助推器。每当我国经济增长陷入低谷时，交通基础设施投资都呈现高速增长，对经济增长的企稳起到了重要作用。

交通运输行业坚持以推进供给侧结构性改革为主线，着力提高交通运输供给质量和效率，培育发展新动能，推进行业供给结构优化和发展方式转变，更好适应经济结构调整和人民群众需求结构的新变化。

2.2 交通运输保障作用突出

便捷高效的物流基础设施网络，提升了物流体系综合服务水平，有力保障了煤炭、原油、铁矿石、粮食等重点物资运输，有效保障和满足了人民群众的生产生活需求。

旅客联程运输等先进运输组织模式快速发展，促进了多种运输方式顺畅衔接和高效中转，有效服务群众安全便捷出行。“春运”“黄金周”出行等旅客集中出行世界性难题得到有效解决。

交通运输在助力扶贫脱贫中发挥了重要作用。进入 21 世纪以来，先后实施乡镇和建制村通达通畅工程、集中连片特困地区交通扶贫等 10 多个专项建设计划，加大对农村地区、贫困地区交通建设的支持力度。

交通运输始终把安全放在首要位置，大力推进“平安交通”建设，实现交通运输安全水平大幅改善。铁路旅客运输总体安全水平居世界前列，民航运输航空百万架次重大事故率 10 年滚动值从 2012 年的 0.11 降至 2016 年的 0.04。

交通运输是有效应对突发事件的重要力量。交通运输应急体系在重大自然灾害、安全事故等突发事件应急救援中发挥重要作用。在汶川、玉树等地震灾害和南方雨雪冰冻灾害中，交通运输救援队伍第一时间抢通救灾“生命线”。

交通运输支撑国家战略成效显著。围绕提高“一带一路”互联互通水平，交通基础设施互联互通和运输便利化进程明显加快。围绕促进京津冀三地互联互通，京津冀交通一体化实现率先突破。围绕长江黄金水道建设,长江经济带综合立体交通走廊逐步形成。

3 我国经济社会发展形势分析

3.1 发展战略背景

中国特色社会主义进入新时代,我国社会主要矛盾已经转化为人民日益增长的美好生活需要和不平衡不充分的发展之间的矛盾。从 2020 年到 21 世纪中叶,开启全面建设社会主义现代化国家新征程。

我国经济已由高速增长阶段转向高质量发展阶段。必须坚持质量第一、效率优先,以供给侧结构性改革为主线,推动经济发展质量变革、效率变革、动力变革,提高全要素生产率,着力加快建设实体经济、科技创新、现代金融、人力资源协同发展的产业体系,着力构建市场机制有效、微观主体有活力、宏观调控有度的经济制度。

3.2 经济社会发展趋势特点

自 2013 年开始,第三产业增加值的比重超过第二产业,并呈现良好的发展势头。随着中国居民可支配收入进入中高收入阶段,中国的第三产业增加值比重还会持续上升。

2016 年,我国的城镇人口占总人口比重(城镇化率)为 57.35%。新的时期,新型城镇化被提上日程。

目前正在进行的消费结构升级,增长最快的是教育、娱乐、文化、交通、通信、医疗保健、住宅和旅游等方面的消费。

能源消费结构发生巨大变化,煤炭消费比重将进一步降低,非化石能源和天然气消费比重将显著提高,我国主体能源由油气替代煤炭、非化石能源替代化石能源的双重更替进程将加快推进。

3.3 技术及模式创新趋势

新产品、新服务、新商业模式层出不穷。自动化、互联网、物联网、云计算、大数据技术已经在各行业和领域得到充分应用,以支付宝、微信支付为首的便捷支付手段深刻影响着经济社会的运行方式。

新兴技术不仅能够促进经济社会的转型升级,而且还能萌发全新的服务模式,物流平台、共享经济、产融结合等新兴业态不断涌现,诞生了一批新型商业模式。

共享经济颠覆了人们获得某些产品和服务必须要拥有相应设施设备的传统,使得平台实现对居住、交通等资源的分时共享使用,进而提高经济社会的运行效率,创新出新的业态,比如共享单车、共享汽车等。

4 交通运输与经济社会深入融合机遇分析

4.1 双轮驱动释放发展红利形成新动能

技术创新和制度变革是一种相互依存、相互促进的辩证关系。从长期来看,技术创新会推动制度变革,制度变革则会保障技术创新的功能得以发挥与实现。技术创新与制度变革对产业发展的作用方式是“双轮驱动”,二者交互作用,进而推动产业前行。

4.2 形势变化形成新需求

(1)消费升级。伴随收入提高,人们对出行的个性化、便捷化和舒适度要求日益提升。

(2)产业升级。伴随产业升级,产品的生产和消费对时效要求日益提升,要求交通运输融入全程供应链。

(3)安全绿色发展。党的十九大报告中提出:"我们要建设的现代化是人与自然和谐共生的现代化",要求交通运输提供更加安全绿色的基础设施、装备以及服务。

4.3 技术创新催生新业态

近年来,随着科学技术尤其是互联网、大数据、云计算等信息技术的快速发展和创新应用,以及体制机制改革的深入推进,物流供应链领域各种新业态、新服务模式相继出现并蓬勃发展,物流供应链领域形成了无车承运人、车货匹配平台、物流技术服务商、综合智慧物流平台、多式联运人等新业态,人员出行突出表现为同城化、旅游常态化和社会治理创新三个方面。人们对于出行的需求日益增长,效率和质量已成为出行的关键。

4.4 制度变革释放新活力

(1)交通运输大部制推动多式联运发展。交通运输大部门制改革实现重大突破,国家层面"一部三局"的综合交通运输管理体制基本形成。改革后,各种运输方式经过国家统一规划,能够形成合力,综合交通运输能力有很大提高。我国集装箱海铁联运七大港的运量从2013 年 149.9 万 TEU 增加到了 2016 年的 235.4 万 TEU,增长了 57%。

(2)下放和取消审批权限。2013 年以来,交通运输部先后分 9 批取消和下放了 38 项行政审批事项,占总审批事项的 55%。交通运输简政放权和职能转变成效明显,"放管服"改革成效突出,大力改善营商和创业、创新环境,不断取得新进展、新成效,促进交通领域市场活力的提升。

(3)涉企收费清理持续推进。交通运输部持续开展涉企收费清理工作,不断释放改革红利。2015 年,船舶港务费、水上水下工程费等 7 项水运涉企行政事业性收费全面取消,船舶引航费、拖轮费、停泊费大幅降低。据统计,仅这些费用的减免每年就可为企业减负 75 亿元。

(4)融资体制变革释放新活力。《国务院关于改革铁路投融资体制加快推进铁路建设的意见》(国发〔2013〕33 号)提出支持铁路车站及线路用地综合开发,并从六个方面提出具体要求,首次将促进铁路投融资机制改革的政策以国务院文件的形式向各主管部委发布。激励政策多管齐下,为中长期铁路投资解决资金来源问题。

5 交通运输与经济社会深入融合方式及重点

5.1 交通运输与经济社会深入融合方式

交通运输具有空间性、产业连接性、公共服务性和区域连接性,决定了交通运输与经济社会深入融合可以从如下五个方面推进。

(1)土地综合利用。交通运输的空间性对应土地综合利用。交通枢纽的基础性和引领性可以推动周边土地的综合利用,容纳商业、居住、工业、娱乐等设施,方便人们出行,提高土地综合利用,构建集约、高效、人性化的城市环境和活动空间。

(2)与产业融合。交通运输的产业连接性对应与产业融合。一是与装备制造业融合。运输装备的首制创新,能够为交通运输的需求打开新的通道,反过来,现实的需求也会对供给产生反馈,不断提升供给的能力以及供给的模式,如一架大型商用飞机集成 300 万 ~500 万个零配件。二是与农业现代化融合。城乡客运、农村公路、农产品进城、工业品下乡、乡村旅游等都需要交通运输的融合,并针对"三农"问题找到解决方案。三是与旅游融合。邮轮、游艇、房车、绿道系统、航空体验等都是旅游要素与交通要素的充分融合,从而产生新业态和新消费,带动经济社会发展。

(3)与社会环境融合。交通运输的公共服务性对应与社会环境融合。一是与居民出行的融合。共享汽车、共享单车、通勤铁路、汽车租赁等新兴出行方式不断出现,引发就地租车、异地还车等出行模式,给居民出行带来了极大的便利。二是与民生的融合。偏远地区的渡口渡船以及交通扶贫体现了交通运输在基本公共服务均等化中所发挥的作用。三是与绿色发展的融合。这包括新能源在交通运输领域的应用、排放控制区的设定、码头油气回收处理等,都可以促进节能减排设施设备的发展。

(4)与国际融合。交通运输的区域连接性对应与国际融合。一是口岸便利化。进出口环节的改进能够大大推动我国对外贸易的发展,自由贸易试验区的设立也是通过交通便利、金融便利,再结合制度开放,推动改革开放走向新的发展阶段。二是"一带一路"倡议。通过海上和陆上交通运输通道,打通中国与"一带一路"沿线国家互联互通的基础设施网络,促进中国产业的国际化。

(5)此外,军民融合是交通运输与经济社会深入融合的重要领域。由于本研究是开放研究,因此,军民融合不是重点。

5.2 交通运输与经济社会深入融合重点

交通运输与经济社会深入融合重点选择的基本依据包括增长潜力大、带动能力强、作用影响强。经过分析、比较、筛选和专家咨询,选择深入融合的重点为高铁经济、枢纽经济、空港经济、港口经济、邮轮经济、高效物流和便捷出行新业态。

5.2.1 高铁经济

高铁经济是指高铁建设和运营所延伸和/或衍生产业链在时间和空间上所产生的综合经济社会影响,既包括微观的财务效益,也包括中观的国民经济影响和宏观的区域经济影响。高铁与航空融合可以推动人们出行的便捷性。高铁建设和运营促进产业链协同发展。高铁与旅游融合,可以推动景区与客源地的联结。高铁快运主要面向批量小、价值高、时效强的商务文件、电商包裹、生物医药、冷链食品和应急物品等市场。高铁的建设促进人口流动,加快新型城镇化进程,对人口流动具有显著的诱增效应。

高铁经济的影响和发展潜力大。高铁运量占铁路客运量的比重已超过50%,且有继续不断增加的趋势。近10年高铁的投资约为3万亿元。根据《中长期铁路网规划》,到2025年,高速铁路规模将达到3.8万km左右。

高铁对沿线经济和产业有巨大拉动作用。高铁建设和运营提高沿线城市的可达性,改善传统产业发展环境,提升市场竞争能力,高铁带动与高铁制造相关的上下游产业发展,同时拉动沿线旅游业、物流业、会展业等传统产业,诱发"高铁旅游""高铁快运"等新业态,促进"互联网+"、微创企业等新兴行业的发展。

高铁经济是保障国家战略实现的重要环节。"一带一路"倡议直接涉及中国高铁"走出去"。在"中国制造2025"中,高铁构成了高端装备制造业中自主创新的重要内容之一。

5.2.2 枢纽经济

枢纽(这里主要指城市交通枢纽)经济是指充分利用交通枢纽或者地理枢纽的聚集扩散功能,吸引各种生产要素和经济要素在本地区集散,实现经济产业快速发展壮大、赢得多种经济辐射的一种经济模式,可最大限度提升空间内经济活动的联系程度,实现空间优化、功能整合和融合发展。

枢纽经济具有很大发展空间。我国大部分地区枢纽经济的发展仍处于转型阶段,枢纽经济更多局限于狭小空间或者区域内的基础设施建设和枢纽产业发展,未能与周边土地功能开发和城市整体的社会经济发展形成良好互动。

枢纽经济具有较强的辐射带动作用。枢纽经济区域通过极化效应聚集有利的生产要素,提升综合实力;同时,通过扩散效应促进腹地经济增长,不同等级枢纽相互协调,促进区域协调发展。

5.2.3 空港经济

空港经济是指围绕机场建立一个经济区,发展相关的优势产业,促进区域经济增长。依据其与经济社会的融合程度,主要涵盖枢纽机场、临空产业区和航空城三个层次。通过深化与产业的融合和口岸便利化,打造我国与"一带一路"沿线65个国家节点城市的"空中丝绸之路"。

空港经济的发展空间越来越大。当前,世界已进入以效率、质量为特征的新经济时代,而航空运输已经成为高端货物运输的主要方式。我国航空客运年均增速达10%以上。新形势要求空港经济提高质量,开发新商业模式,成为经济增长新引擎。

空港经济能够有效带动区域经济和产业发展,能够有效推动区域产业结构转型升级,引领带动地区融入全球产业链和产业分工体系,改变以重化工为主的产业结构,加快实现经济发展方式转变。

空港经济有利于要素聚集和国际影响力的提升。空港经济区可以依托民用航空业,通过航空运输带动人流、物流、信息流等要素流动,促使全球各种要素在机场周边聚集。同时建成区域连接世界的开放高地,能充分发挥航空最便捷的通道作用,使之融入全球产业链和产业分工体系,在更广领域、更高层次上参与全球经济合作。

5.2.4 港口经济

港口经济是以港口为中心、港口城市为载体、综合运输体系为动脉、港口相关产业为支撑、海陆腹地为依托,并实现彼此间相关联系、密切协调、有机结合、共同发展,进而推动区域繁荣的开放型经济。通过完善集疏运体系,进一步带动内陆地区发展;通过口岸便利化,带动区域融入经济全球化;通过港产城融合,促进港口由运输枢纽向"商贸中心 + 物流平台 + 工业基地"转型。

港口经济对经济社会发展具有重要拉动作用。港口是对外开放和战略物资运输的重要门户,我国90%的外贸物资都是通过港口运输的。得益于港口枢纽,形成了以冶金、石油化工、电子、汽车和装备制造等为主体,以高新技术产业为主导的经济带,该经济带是我国最富活力和最具竞争力的经济区域。经济发达省份分布在沿海地区,我国沿海12省(市)生产总值占全国的56.3%。

港口经济有效支撑国家战略的实现。"21世纪海上丝绸之路"将中国和东南亚国家临海港口城市串起来,通过海上互联互通、港口城市合作机制以及海洋经济合作等途径,不仅能够极大地拓展我国经济发展战略空间,为我国经济的持续稳定发展提供战略支持,而且还将辐射南亚和中东,促进沿线国家的经济社会发展。

5.2.5 邮轮经济

邮轮经济是指以邮轮为载体,为乘客提供观光、餐饮、住宿、娱乐、探险等为一体的综合服务业,适合于"有钱有闲"的消费群体。邮轮产业链直接带动了船舶制造、港口服务、后勤保障、交通运输、游览观光、餐饮购物和银行保险等行业。

邮轮经济具有巨大的发展潜力。自 2006 年开始,我国邮轮市场呈现出“爆发式增长”的态势,从 2009 年到 2016 年的年均增长率达到了惊人的 45%。2030 年中国邮轮市场将达到 1530 万人的市场规模,将比 2016 年增长 5.8 倍,发展潜力巨大。

邮轮经济对产业链的上下游具有重要的拉动作用。邮轮到访能够带来大量的旅游观光者,观光者消费增加了当地的旅游和各种商业收入。邮轮建造是造船业的高端领域,其单位产值远远高于一般船舶。邮轮的食品供应能够拉动当地经济,而物料的供应能够带动相关船舶配套产业的发展。

邮轮经济能够提高城市形象和国际知名度。邮轮母港所在城市通常需要具备良好的景观、城市环境和生活配套设施,必然加大道路、景观等功能性设施的投资建设力度,提升整个城市的集散能力、疏导能力和接待能力,进而带动城市发展。邮轮母港所在城市为了吸引更多的邮轮及邮轮旅客到访,会大力进行城市形象的推广和营销,从而提升城市的国际知名度。

5.2.6 高效物流

高效物流是指以先进信息技术为依托,提高仓储、运输、配送等环节装备和管理智能化水平,优化物流企业业务流程,创新物流组织方式,变革物流经营模式,在业务处理、系统整合、智慧决策及成本控制等诸多方面实现高效化、精准化,实现物流服务质量效益提升,为长期存在的信息不对称、市场不集中和“最后一公里”不畅等痛点提供有效解决方案。

高效物流有巨大的发展潜力。我国物流业市场规模总体已超过美国,成为全球第一大物流国。伴随着产业结构调整和居民消费升级步伐不断加快,消费对物流需求尤其是高效物流需求的拉动效应进一步显现,新技术催生智能仓储、精准配送、顺风送达、无人机投递等新业态,吸引各类资本加快进入物流市场,物流供应链发展蕴藏着巨大潜力。

高效物流通过仓储、运输、配送、金融一体化服务,有利于推动资源要素全方位互联互通,支撑国家战略实施。通过推动物流设施网络、组织网络、信息网络、标准规范的协同互联,促进国际间、区域间要素流动、资源配置、结构调整、便利联系和整体协作,有效服务国家“一带一路”倡议及区域发展战略。

高效物流能够有效降低实体经济成本,保障和改善民生。高效物流通过促进各类物流分散资源有效对接,实现物流全链条一体协同,减少中间环节。通过提升装备、设施、网点、组织等农村物流水平,有效解决“脱贫攻坚”和“三农”问题。通过完善的城市配送系统,满足居民消费升级带来的高端物流需求,改善城市经济和社会运行环境。

高效物流通过产业链延伸,实现零担、整车、快递等各细分物流市场渗透融合,能够有效带动汽车、家电、钢铁、煤炭等产业高质量发展,解决农户“小生产”和“大市场”的矛盾,服务电商、商贸发展。同时,通过物流装备升级和循环共用,对车辆、装卸机具、托盘、集装箱等装载单元,以及智能机器人等装备制造业具有直接拉动作用,形成万亿级的经济增长点。

5.2.7 便捷出行

便捷出行是指依靠移动互联网和便捷支付手段,实现一次呼叫、一张订单、一次支付即可完成的全程出行服务,同时完成酒店预订、旅行规划等服务。便捷出行将推动交通运输与旅游融合,实现“快进慢游”,推动农村休闲产业发展,实现在飞机、高铁等交通工具上的办公、会议等商务服务,提升出行者的满意度。

人员出行未来增长空间很大。随着经济的发展,出行总量在节节攀升。新中国成立以来,我国出行需求总量保持近10%的增长,人民生活水平的提升进一步提高了出行需求。2016年我国国内游客总量突破44亿人次,旅游收入约4万亿元,但利用新兴技术所开展的在线旅游渗透率仅有15.8%,还有很大提升空间。

人员出行质量的提高推动产业结构的调整。随着人民对出行便捷、高效、智能、安全等要求的不断提高,出行者不再满足于传统可达性的需求,而是不断追求运输速度、流畅度、舒适度、安全度甚至智能化程度。随着一卡通、人脸识别等技术在交通上的应用,以及智能驾驶、主动安全等技术的出现,国土利用和城市空间布局被重塑,人民的生活模式发生了巨大变革。

6 深入融合对策及主要结论

6.1 推动深入融合的对策

(1)以试点示范为路径推动深入融合。我国区域间发展水平存在一定差异,发展情况复杂多样,深度融合还涉及诸多利益主体,以及法律法规、标准规范、体制机制等改革难点,新业态更为突出,没有成熟的经验和解决方案,短期内很难通过全国性、系统性的方案和对策整体解决深入融合问题。最为可行的路径,就是选取重点领域的关键问题和关键环节,并通过试点示范推动交通运输与经济社会深入融合。

(2)以技术进步为动力推动深入融合。技术创新作为先导性力量,在交通运输领域的充分应用,首先,会大幅提高交通运输的服务效率,进而产生新动能;其次,会产生新的服务业态,使得新的融合成为可能;最后,还会创新交通运输领域的治理模式,大幅提高公共服务水平,进而对经济社会产生价值。

(3)以制度变革为抓手推动深入融合。从交通运输的新兴领域来看,往往是技术先行,进而对制度变革提出要求,比如网约车的技术拓展以及其后的政府规制。在传统领域,政府在制度领域的主动作为推动了供给侧结构性改革,激发市场活力,调动各主体的积极性,为交通运输与经济社会深入融合创造了条件。

6.2 深入融合存在的主要问题

(1)规划协调统一不足。在行业规划、地区规划与土地综合利用难以实现一个规划和一张空间布局图,并涉及其后的建设、监管和追责,使得问题复杂化。

(2)标准规范亟须协调完善。在原有体制机制下,标准缺少相互之间的协调,造成运输服务一体化难以实现。同时,新业态、新要求以及一体化的创新提出了出台新标准的要求。

(3)信息联通共享程度不高。共享经济、融合发展与信息孤岛、信息交换不畅等问题,直接对运输服务一体化、运输与产业融合延伸、口岸便利化程度提高产生影响。

(4)质量效益尚需提升。目前部分港口、空港、高铁、城市交通枢纽在运营模式方面尚需探索,在满足公共服务需求的同时质量效益尚需提升。

6.3 推动深入融合的若干举措

6.3.1 不断提高高铁建设和运营的质量与效益,推动高铁可持续发展

(1)推进高铁客票定价市场化。通过制定不同时段的差异化票价以及年票、季票、月票和通勤票等优惠票制,进一步提高铁路客票收入和客座利用率。

(2)推进高铁站点综合交通运输配套和土地综合开发利用。

(3)充分发挥高铁和快递的优势,合理扩大高铁快运比重。

(4)做好新建高铁项目效益评价,加强顶层设计,充分发挥市场、政府的作用,推动高铁与

地方政府和其他利益相关者融合机制的建立。

6.3.2 创新运营模式和标准，推动双层集装箱海铁联运和铁路载重能力的充分利用

(1)运营模式创新。在具备条件的线路考虑铁路与多式联运承运人在业务、资本等层面开展合作，将外部交易成本内部化，推动设施、标准、单证、信息的衔接和统一。

(2)鼓励在东北地区进行“40英尺[1]半高硬开顶式重载集装箱”的运营模式试点。在不改变现有铁路路网基础设施、标准换装工具和载运机的基础上，推进双层集装箱海铁联运和铁路载重能力的充分利用。

(3)政企合作推进铁路短途穿梭班列运营。选择基础设施较为完善的内陆铁路站场，鼓励形成与港口间的穿梭班列运营模式，减缓港口集疏运道路拥堵，促进节能减排。

6.3.3 创新枢纽土地综合开发利用模式，实现交通与城市、企业与政府间的协调发展

(1)推进枢纽土地综合开发的一体化。整合交通规划和用地规划，推进规划、审批、建设的一体化发展，在枢纽场站及周边实现一个规划和一张空间布局图，建立“规划+交通+建筑+经济+工程”等多部门的协同合作机制。

(2)创新枢纽用地综合开发的土地政策。创新土地出让方式，针对同一块土地上不同性质的用地，建立分层出让机制。同时，加强与枢纽用地相关的法律法规、标准规范的制修订，明确相关的权责关系，将创新的枢纽土地出让方式以法律方式明确，适当提高枢纽周边土地规划容积率，有效实现枢纽及其周边的土地综合利用。

(3)建立政府、枢纽企业、开发商之间的工作协同和利益分享机制。确保各主体之间责任划清、权利分明，避免条块分割造成利益分割不明、用地浪费、换乘低效等问题。

6.3.4 加快自由贸易试验区和自由贸易港建设，提升口岸便利化水平

(1)进一步深化自由贸易试验区的贸易便利化改革。深化“一线放开”“二线安全高效管住”贸易便利化改革，推进国际贸易“单一窗口”建设，统筹研究推进货物状态分类监管试点，推动贸易转型升级。

(2)落实新增自由贸易试验区的贸易便利化改革。在新增自由贸易试验区内，完善促进国际便利化运输的相关政策。

(3)探索自由贸易港的便利化制度。选择有条件的地区，在货物和运输工具便利进出的基础上，探索人员、资金、信息等要素便利进出的制度创新。

6.3.5 发展本土邮轮产业，提升高速发展的邮轮产业对中国经济的贡献

(1)促进邮轮供应发展。在食品保税转关、本地采购物品退税和邮轮维修的市场开放上，建立与国际接轨的监管方法和统一的邮轮专供系统，吸引邮轮供应基地向国内转移。

(2)促进本土邮轮公司发展。一是出台邮轮准入和航线管理办法。二是建立完善邮轮船票系统，实现市场服务、公共服务、安全监管和反恐保安等功能。

(3)促进本土邮轮建造。建议国家对船厂的相关补贴政策进一步拓宽到中小邮轮建造企业和配套企业。利用我国合资建造邮轮的契机，鼓励实现国产邮轮“引进、消化、吸收、再创

---

[1] 1英尺=0.3048m。全书同。

新”的突破。

(4)推动服务创新。出台政策鼓励企业探索健康、养老和美容等新兴服务与邮轮的融合。

(5)鼓励南海邮轮的常态化运营。

6.3.6 大力推动“空中丝绸之路”建设,形成全面对外开放新格局

(1)大力发展航空交通基础设施,构建多式联运的立体化综合交通运输网络,搭建我国与“一带一路”沿线国家节点城市的“空中丝绸之路”。

(2)推动空港口岸便利化。

(3)以发展特色产业为切入口和突破口,因地制宜,合理确定空港经济区的空间布局和功能定位,构建现代空港经济产业体系。

6.3.7 以服务乡村为重点,推动物流业产网融合,实现“高效物流”

我国2016年社会物流总费用占国内生产总值(GDP)的14.8%,发达国家这一比率在8%~9%。推动物流业产业融合和网络整合,实现降本增效,重点在农村。

(1)统筹规划农村物流基础设施网络。统筹交通、商务、供销、邮政等农村物流资源,按照“多站合一、资源共享”的模式,共同推进“县、乡、村”三级农村物流节点建设,构建广泛覆盖、功能完善的农村物流站场设施体系。

(2)创新发展模式。鼓励交邮共建共管、交通与商务、供销联营合作等多种资源整合模式;鼓励邮政快递企业将业务延伸至农村地区;鼓励乡村站点与电商企业对接,共同完善电子商务服务平台和配送网络。

(3)优化运输组织。发展农村物流货运班线,加快推广农村物流“班线货运模式”;农村地区利用客运班线开展小件快运;推广农村物流集中配送模式。

(4)发展专业化农村物流设施设备。推广适用于农村地区的厢式、冷藏等专业化车型,淘汰安全隐患大、能耗排放高的老旧车辆。积极推广应用农村物流运输的标准化装载单元,提升农村物流作业效率,减少货损货差。

6.3.8 推动数据共享开放,实现“便捷出行”

(1)交通大数据开放共享促进政策。促进跨部门、跨层级、跨区域、跨行业的交通大数据开放共享政策,包括政府数据清单及模式、企业数据的开放机制及鼓励政策、大数据平台开放标准及规范。

(2)交通“无卡通”全国移动支付服务与推广政策。制定交通“无卡通”移动支付全国统一标准。鼓励各方式、各城市、各交通相关领域实施交通“无卡通”移动支付,实现其全方式、跨区域、跨领域的便捷支付。确定利益分配与管理模式。制定数据安全保障措施。

(3)促进客运交通“一站式”服务的市场化发展政策。制定保障各综合交通枢纽不同方式间实现一体化运营组织管理的政策措施,实现各种交通方式的无缝衔接、零距离换乘。

(4)发展车路一体化智能网联交通系统。建立交通运输部牵头,工信部、科技部、公安部等部委参加的车路一体化智能网联交通系统协调机制,在有条件的地区推进智能网联交通系统发展。

参考文献

[1] 焦雨生.技术创新与制度创新关系的研究综述[J].商业时代,2011(17):39.

[2] 李英,赵越,潘鹤思.技术创新、制度创新与产业演化关系研究综述[J].科技进步与对策,

2016(24):154-160.
[3] 林晓言,等.高速铁路与经济社会发展新格局[M].2 版.北京:社会科学文献出版社,2017.
[4] 武剑红,马明,武晓明.从国际比较探讨中国铁路运价改革的方向[J].中国铁路,2016(03):1-6.
[5] 武剑红.铁路改革远未完成[J].财经国家周刊,2014(6):72.
[6] 吴文化,向爱兵,李名良.以枢纽经济为抓手 塑造城市经济发展新模式[R].北京:综合运输研究所,2017.
[7] 陈育霞,张晓妍.北京市交通枢纽综合开发的体制障碍及对策[J].综合运输,2012(10):80-83.
[8] 郝爱民.发展经济前沿:未来展望[M].北京:经济科学出版社,2015.
[9] 苏海龙,纪立虎,钱欣,等.航空都市区的发展和实践[M].北京:中国建筑工业出版社,2015.
[10] 刘明君,刘海波,高峰,等.国际机场航空物流发展经验与启示[J].北京交通大学学报(社会科学版),2009(04):23-27.
[11] 何洁.集装箱海铁联运发展中存在的问题及对策建议[J].大陆桥视野,2013(9):58-59.
[12] 金嘉晨.邮轮母港产业链发展对城市经济的作用[J].港口经济,2013(4):25-27.
[13] 中国物流与采购联合会,中国物流学会.中国物流发展报告(2016—2017)[M].北京:中国财富出版社,2017.
[14] 中华人民共和国交通运输部.中国道路运输发展报告(2016)[M].北京:人民交通出版社股份有限公司,2017.
[15] 王微,王青.促进我国物流体制机制改革创新的政策建议[N].中国经济时报,2015-4-27(005).

交通运输与经济社会深入融合的理论分析

贾大山　宁　涛　谢　燮　孙士雯

（交通运输部水运科学研究院，北京，100088）

摘　要：交通运输与经济社会的融合，就是通过交通运输经济社会相关的业态、要素、技术以及制度相结合，从而产生出前所未有的红利和动能。这是一个互相渗透、相互交叉、最终融为一体的过程。交通运输与经济社会的融合呈现出不断深化和梯度推进的特征。改革开放以来，交通运输与经济社会的融合取得了积极的成效，技术创新与制度创新“双轮驱动”，推动交通运输行业不断向前发展。

关键词：交通运输；经济社会；融合

1　交通运输与经济社会融合的内涵

融合的含义。第一，融解，熔化。晋常璩《华阳国志·汉中志·涪县》：“孱水出孱山，其源出金银矿，洗，取火融合之，为金银。”第二，调和，和洽。宋陈亮《书赵永丰训之行录后》：“天人报应，尚堕渺茫；上下融合，实关激劝。”范文澜、蔡美彪等《中国通史》第四编第五章第二节：“女真族与汉族通过共同的经济生活和文化交融，促进着民族间的融合。”查找与融合对应的英文单词，Convergence 最为恰当，其含义是：the act of converging（coming closer），the occurrence of two or more things coming together。原意是汇聚与集合的意思，可以用来表达相互集中、靠拢的行为。因此，用英文 convergence 来代表课题中的融合一词是较为准确与符合实际的。

对融合的认识。第一次工业革命和第二次工业革命使得产业分工不断细化，伴随着交通运输成本的不断降低，专业化分工与生产全球化相伴而生。当前，经济社会正在第三次工业革命的转型期，产业的边界逐渐模糊，技术所能应用的领域不断扩展，从而使得各行各业不再有明确的界限，融合在这样的历史背景下成为必然。对于“融合”的内涵，不同领域、不同视野的专家见仁见智，同时伴随着时代的进步不断变化和深化。交通运输与经济社会的融合，更是一个新概念，没有公认的内涵，也没有达成共识。这里给出一个界定：交通运输与经济社会的融合，就是通过交通运输与经济社会相关的业态、要素、技术以及制度相结合，从而产生出前所未有的红利和动能。这并不是简单而生硬的相融与合并的过程，而是一个互相渗透、相互交叉、最终融为一体的过程，是一个相辅相成、不断创新的动态发展过程。

交通运输是经济社会的组成部分，具有基础性、先导性和战略性作用，这些作用的发挥过程中，交通运输与经济社会的融合呈现出不断深化和梯度推进的特征。交通运输与经济社会的融合具有层次性:第一层次的融合是基础融合,也就是交通运输实现运输功能、物流功能乃至供应链功能,在支撑经济发展、提供一体化服务以及提供增值服务等方面发挥基础性作用。第二层次的融合是深度融合,也就是实现了导向集成功能,交通运输在主动引领区域经济重构,引导创造新投资、新消费、新业态和新模式等方面发挥综合集成式的导向功能。对应到港口经济,"港产城互动"是很好的案例;对应到城市经济,以公共交通为导向的开发(Transit-Oriented Development,简称 TOD)就是很好的案例;与制造业融合就是高铁制造和 C919 大型客机制造;从邮轮经济来讲就是邮轮建造、邮轮运营及配套服务。

2 交通运输与经济社会融合回顾及成效

2.1 交通运输在改革开放中发挥排头兵的作用

招商局的"蛇口模式"

1979 年 2 月,经国务院批准,原交通部驻港企业招商局在深圳创办蛇口工业区,这是中国第一个对外开放的工业区,它的成立比深圳经济特区早一年。当时中国面临着是否打开国门的选择,蛇口炸响了中国改革开放的开山炮,成为改革开放的试验田,为改革开放积累了经验,也形成了港口与城市、工业融合发展的"蛇口模式"1.0 版。随着经济社会的发展和改革开放的不断深化,招商局的"蛇口模式"已经进化到 4.0 版,是交通运输与经济社会深入融合的代表。

中国经济发展之所以能保持快速稳定的发展势头,其中一个重要的原因是优先发展交通基础设施,为中国经济的快速发展提供了重要支撑。正是伴随改革开放的进程,我国交通运输领域率先通过对外开放、简政放权和政企分开等制度创新,为交通基础设施能力快速增长和交通市场繁荣释放了政策红利。

改革开放以来,交通运输系统紧紧围绕党和国家工作大局,不断解放思想,破除单一所有制模式,形成了多形式、多成分的运输经济结构,建立了统一开放、竞争有序的交通建设市场和运输市场。完成了成品油价格和税费改革,港口、水监、救捞、引航、长航公安、港建费征管等体制改革,铁路、民航、邮政政企分开等改革,交通运输大部门制改革取得重大进展。

2.2 交通运输在我国对外开放中发挥重要作用

我国与国际间的交通运输网络不断完善。通过大型港航企业全球布局,初步形成由国际海运船队和港口码头组成的覆盖全球的海运服务网络;截至 2015 年底,中国与周边 14 个国家中的 5 个国家有铁路联通,形成了 11 个铁路口岸,开行多条通往欧洲和亚洲国家的中欧、中亚铁路集装箱班列;常年开通的边境公路口岸基本通二级及二级以上公路,一批具有国际物流功能的物流园区和货运场站建成运营;民航利用代码共享、航空联盟、航线联营、股权合作等方式,优化国际航线网络,不断提升航班频次和通达性。

中国是世界贸易大国,交通运输加快发展为中国加快构建全方位开放新格局、提升国家竞争力提供了重要保障。海上运输承担了 90% 以上的外贸货物运输量以及 98% 的进口铁矿石、91% 的进口原油、92% 的进口煤炭和 99% 的进口粮食运输量,成为加快发展外向型经济的重要支撑。中欧班列快速发展,已成为国际货物联运的重要组成部分。2011 年,中欧班列仅为 17 列,而 2016 年中欧班列开行 1702 列,短短 5 年增长到了原先的 100 倍。

加快“走出去”步伐。中国交通运输企业不断加快“走出去”步伐，正在从传统劳务输出和工程承包向资本输出、技术输出、管理输出、标准输出转变，业务涉及交通运输基础设施建设、港口经营、远洋运输、交通运输装备、船舶检验、航海教育等众多领域。

2.3 交通运输能力提升对于经济发展带动作用明显

交通运输融合多种运输方式，衔接生产与消费，涉及领域广、带动性强，将国民经济中众多产业、企业和产品连接形成一个整体，是连接国民经济各个部分的纽带，对于稳增长和带动相关产业发展具有明显的作用。

交通运输基础设施投资是经济稳定增长的助推器，每当我国经济增长陷入低谷时，包括1998年经济危机、2008年金融危机以及“十二五”以来我国经济进入新常态，交通基础设施投资都呈现高速增长，对经济增长的企稳起到了重要作用。新时期我国经济进入新常态，“十二五”期间，中国交通运输基础设施完成投资12.5万亿元。2013—2016年期间，交通运输基础设施年平均投资额是2012年的1.4倍。

交通运输固定资产投资拉动效应显著，仅以高铁为例，其装备制造投入对拉动经济增长的乘数效应达15倍。交通运输网络的完善和服务水平的提高，推动了经济运行效率提升，降低了物流成本，带动了相关产业发展，同时，对扩大就业发挥了重要作用，不仅行业自身解决了大量就业，还带动上下游关联产业创造了大量就业岗位。从交通行业固定资产投资额占全社会固定资产投资额的比重来看，当国民经济陷入较为困难的境地时，交通运输都发挥了极为重要的拉动及动能作用。

交通运输与相关产业的融合有效推动了经济发展。交通运输网络的完善和服务水平的提高，推动了经济运行效率提升，降低了物流成本，带动了汽车、船舶、冶金、物流、电商、旅游、房地产等相关产业发展，创造了大量就业岗位。2016年邮政业支撑的国内网购交易额达5.16万亿元，同比增长26.2%，是同期中国社会消费品零售总额增速的两倍有余。2016年，我国社会物流总额达229.7万亿元，每单位GDP产出需要3个单位的物流总额来支撑。围绕服务构建开放型经济新体制，交通运输与制造业、流通业、旅游业等各领域融合发展，初步形成要素流动更加有序、资源配置更加高效、市场交互更加深入的良性发展新局面。高铁动车组研制涉及机械、冶金等相关学科和技术领域，直接参与主要部件及配套零部件设计制造企业近300家，为振兴实体经济提供了有力支持。引领“公路+生态旅游”建设新模式，建成江西景婺黄高速公路、四川川主寺至九寨沟公路、贵州赤水河谷旅游公路等一批景观优美的旅游景观公路，成为交通运输与旅游业深度融合的典范。高铁新城、临空经济区蓬勃发展，国际航运中心建设步伐不断加快，上海国际航运中心竞争力显著提升。交通运输与相关产业深度融合，持续释放“乘数效应”，实现了行业发展的互惠互利，有力推动了经济增长。

交通运输供给结构明显优化，有效适应经济结构调整。交通运输行业坚持以推进供给侧结构性改革为主线，着力提高交通运输供给质量和效率，培育发展新动能，推进行业供给结构优化和发展方式转变，更好适应经济结构调整和人民群众需求结构的新变化。物流业“降本增效”成效显著。围绕物流业“降本增效”，大力推动减税清费，多式联运、甩挂运输、无车承运等先进货运组织方式快速发展。组织实施公路甩挂运输试点，累计节约物流成本约300亿元，严格落实鲜活农产品运输“绿色通道”政策，累计减免通行费超过1000亿元。深化港口价格形成机制改革，规范班轮运输企业附加费，每年为企业减轻负担约15亿元。交通运输一体化衔接效率明显提高。以零距离换乘为目标，建成上海虹桥、南京南站等一批有效衔接各种运输方式的开放式、立体化综合客运枢纽。加快推进货运枢纽站场“无缝化衔接”，建成传化公路港、林安物流园等多个具备多式联运功能及线上线下结合、干支衔接的货运枢纽。出台政策加强港口集疏运铁路公路系统建设,打通进港“最后一公里”。联合多部门出台综合性政策,进一步鼓励开展多式联运工作,组织开展多式联运示范工程,7 个重点港口集装箱海铁联运量年均增长 16.8%。交通运输新业态蓬勃兴起。实施“互联网 +”便捷交通、高效物流行动计划,积极推动交通运输生产组织方式变革。会同七部门联合制定国家层面的网约车服务管理部门规章,为全球网约车治理提供中国经验。提供实时交通运行状态查询、出行路线规划、智能停车等“一站式”服务,无车承运、分时租赁等新业态蓬勃兴起。邮轮经济快速发展,近年来我国邮轮客运量年均增长 40% 以上,成为水运发展的新亮点。

2.4 交通运输与社会融合起到了极大的促进和保障作用

保障重要物资运输。便捷高效的物流基础设施网络,促进了多种运输方式顺畅衔接和高效中转,提升了物流体系综合服务水平,有力保障了煤炭、原油、铁矿石、粮食等重点物资运输。2016 年中国港口完成煤炭一次下水量 6.7 亿 t、外贸原油接卸量 3.5 亿 t、外贸铁矿石接卸量 10.9 亿 t。开辟鲜活农产品“绿色通道”,有效保障和满足了人民群众的生产生活需求。

有效服务和改善民生。2016 年,全社会客、货运输量分别达 192 亿人次和 433 亿 t,稳居世界前列。客运结构不断优化,铁路、民航客运量年均增长率超过 10%,铁路客运动车组运量比重达到 52%,公共汽电车和轨道交通年客运量超过 900 亿人。邮政业年服务用户超过 700 亿人次,快递业务量年均增长 50% 以上,稳居世界第一。旅客联程运输、货物多式联运、甩挂运输等先进运输组织模式快速发展,促进了多种运输方式顺畅衔接和高效中转。有效解决了“春运”“黄金周”出行等旅客集中出行世界性难题。推动“平安交通”建设,着力构建科学完善的交通运输安全体系,运输结构不断优化,服务水平不断提升,人民群众出行由“走得了”向“走得好”升级发展。“春运”等节假日综合运输服务保障能力显著提升。城市公交出行分担率稳步提高,舒适度不断提升。“互联网 + 交通运输”快速发展,交通运行状态查询、出行路线规划、线(网)上购票、智能停车等“一站式”服务蓬勃发展。“12328”交通运输服务监督电话全面开通。

运输服务品质明显提升。加快提升区际、城际、城市、城乡客运服务水平,高速铁路覆盖百万人口以上城市比例达 65%,沥青(水泥)路通达 98.97% 的乡镇和 96.73% 的建制村。“公交优先”扎实推进,城市公共交通智能化调度、动态监控和实时信息服务水平不断提升,定制公交、商务快巴、旅游专线、社区巴士等特色公共交通服务遍地开花。24 个省份初步实现省域道路客运联网售票,112 个城市实现交通“一卡通”互联互通。城市公交出行分担率稳步提高,多层次、差异化的公交服务体系正在形成。

助力扶贫脱贫。进入 21 世纪以来,先后实施乡镇和建制村通达通畅工程、集中连片特困地区交通扶贫等 10 多个专项建设计划,加大对农村地区、贫困地区交通建设的支持力度。“十二五”期间,投入车购税资金超过 5500 亿元支持交通扶贫建设,集中连片特困地区 83.8% 的县城通二级及二级以上公路,86.2% 的建制村实现通硬化路。提高贫困地区农村客运车辆通达率,逐步解决了溜索等特殊问题。将交通运输作为扶贫脱贫攻坚的基础和先导条件,大力推动“四好农村路”建设,乡镇和建制村通客车率分别达到 99.1% 和 94.3%,解决了 5.7 亿农民群众的出行问题。完成渡口改造 1261 处、渡改桥 56713 万延米,会同国务院扶贫办实施了 309 个溜索项目,每一座溜索改桥、每一段通村通组路,都为贫困地区群众打开一扇脱贫致富的大门。加快推动“贫困地 + 生态旅游”“交通 + 特色产业”“交通 + 电商快递”等扶贫新模式,重点支持集中连片特困地区改造建设了约 2.3 万 km 资源路、旅游路、产业路等一批助推人民群众脱贫致富的交通运输民生项目。

人民群众出行更加安全。始终把安全放在首要位置，坚持管行业必须管安全、管业务必须管安全、管生产必须管安全，大力推进“平安交通”建设。实现交通运输安全水平大幅改善，铁路旅客运输总体安全水平居世界前列。2016 年全国较大等级以上道路运输事故死亡人数较 2012 年下降 42%，一次死亡 10 人及以上的重特大运输事故同期下降 61%，民航运输航空百万架次重大事故率 10 年滚动值从 2012 年的 0.11 降至 0.04。交通运输应急保障水平显著提升，在重大自然灾害、安全事故等突发事件应急救援中发挥了重要作用，妥善完成多起海上重大突发事件应急处置工作，圆满完成海外撤侨等重大紧急航空运输保障任务。

有效应对突发事件。交通运输应急体系在重大自然灾害、安全事故等突发事件应急救援中发挥重要作用。在汶川、玉树等地震灾害和南方雨雪冰冻灾害中，交通运输救援队伍第一时间抢通救灾“生命线”，为抢救生命赢得宝贵时间。海上搜救力量妥善完成多起海上重大突发事件应急处置工作，积极参与马航 MH370 失事客机搜寻等工作。2010—2015 年，组织协调海上搜救行动 12411 次，搜救遇险人员 108464 人，其中外籍人员 8070 人。

2.5 支撑国家战略成效显著

“一带一路”互联互通加快推进。围绕提高“一带一路”互联互通水平，推动“六廊一路”基础设施建设和海上合作项目取得积极进展，交通基础设施互联互通和运输便利化进程明显加快。中欧班列快速发展，已成为国际货物联运的重要组成部分。中国交通运输企业不断加快“走出去”步伐，在中国铁路、交通工程建设和港口运营等领域向全世界展示了强大竞争力，正在从传统劳务输出和工程承包向资本、技术、管理和标准输出转变。积极参与交通运输国际组织事务，国际民用航空组织秘书长首次由中国人出任，中国连续 14 年当选国际海事组织 A 类理事国，多双边合作和区域合作加快推进，交通运输国际话语权不断提升。

京津冀交通一体化实现率先突破。交通一体化是京津冀协同发展的骨骼系统和先行领域。围绕促进京津冀三地互联互通，加快构建以轨道交通为主体的一体化交通网络，打造“轨道上的京津冀”，推出了基础设施网络化、运输市场一体化和运输服务便捷化等改革举措。制订交通一体化率先突破方案，启动并推进一批重大项目和重大工程建设，开工建设 2022 年北京冬奥会交通保障重点项目。有序推进京津冀客运班线公交化改造，深入实施道路客运联网售票和“一卡通”互联互通，三地交通行政执法、联合治超、海事统一监管等机制初步形成。

长江经济带综合立体交通走廊加快建设。长江黄金水道是长江经济带建设的重要依托。围绕黄金水道建设，加快推进长江干线航道系统治理和港口转型升级，不断加强长江沿线公路、铁路通道建设，实现长江南京以下 12.5m 深水航道成功开通，沪昆高速铁路全线贯通，上海洋山港四期等工程有序实施，长江黄金水道功能日益凸显，有效引导产业布局优化和区域经济转型升级，为建设中国经济新支撑带提供有力保障。

总而言之，交通运输持续释放发展红利，对改革开放和社会经济运行发挥了重要的作用。

3 交通运输与经济社会融合面临的形势

3.1 发展背景

中国特色社会主义进入新时代。经过长期努力，我国经济实力、科技实力、国防实力、综合国力进入世界前列，推动我国国际地位实现前所未有的提升。特别是党的十八大以来，国家取得了全方位、开创性的成就，实现了深层次、根本性的变革，中华民族迎来了从站起来、富起来到强起来的伟大飞跃。中国特色社会主义进入新时代,我国社会主要矛盾已经转化为人民日益增长的美好生活需要和不平衡不充分的发展之间的矛盾。我国稳定解决了十几亿人的温饱问题,总体上实现小康,不久将全面建成小康社会,人民美好生活需要日益广泛,不仅对物质文化生活提出了更高要求,而且在民主、法治、公平、正义、安全、环境等方面的要求日益增长。同时,我国社会生产力水平总体上显著提高,社会生产能力在很多方面进入世界前列,更加突出的问题是发展不平衡不充分,这已经成为满足人民日益增长的美好生活需要的主要制约因素。我国社会主要矛盾的变化是关系全局的历史性变化,要在继续推动发展的基础上,着力解决好发展不平衡不充分问题,大力提升发展质量和效益,更好满足人民在经济、政治、文化、社会、生态等方面日益增长的需要,更好推动人的全面发展、社会全面进步。我国社会主要矛盾的变化,没有改变我们对我国社会主义所处历史阶段的判断,我国仍处于并将长期处于社会主义初级阶段的基本国情没有变,我国是世界最大发展中国家的国际地位没有变。

建设现代化经济体系提出新要求。我国经济已由高速增长阶段转向高质量发展阶段。建设现代化经济体系是跨越关口的迫切要求。必须坚持质量第一、效率优先,以供给侧结构性改革为主线,推动经济发展质量变革、效率变革、动力变革,提高全要素生产率,着力加快建设实体经济、科技创新、现代金融、人力资源协同发展的产业体系,着力构建市场机制有效、微观主体有活力、宏观调控有度的经济制度。“深化供给侧结构性改革”中强调推动互联网、大数据、人工智能和实体经济深度融合,在中高端消费、创新引领、绿色低碳、共享经济、现代供应链、人力资本服务等领域培育新增长点、形成新动能。“加快建设创新型国家”中强调创新是引领发展的第一动力。突出关键共性技术、前沿引领技术、现代工程技术、颠覆性技术创新,为建设交通强国提供有力支撑。“推动形成全面开放新格局”中要求形成陆海内外联动、东西双向互济的开放格局。拓展对外贸易,培育贸易新业态新模式。实行高水平的贸易和投资自由化便利化政策。赋予自由贸易试验区更大改革自主权,探索建设自由贸易港。形成面向全球的贸易、投融资、生产、服务网络,加快培育国际经济合作和竞争新优势。

3.2 经济社会发展趋势特点

人口结构变化。近些年,人口老龄化问题逐渐凸显。65 岁以上人口占人口总数的比重已经由 2002 年的 7.3% 上升到 2015 年的 10.8%。国际上通常看法是,当一个国家或地区 60 岁以上老年人口占人口总数的 10%,或 65 岁以上老年人口占人口总数的 7% 时,即意味着这个国家或地区的人口处于老龄化社会。由人口老龄化所促发的养老及休闲产业对交通运输的结构性调整产生了需求。

经济结构变化。长期以来,第二产业一直是我国 GDP 构成的“主力军”,无论在 GDP 中占比还是增长速度,都处于绝对领先地位。自 2013 年开始,第三产业增加值的比重超过第二产业,并呈现良好的发展势头。随着我国居民可支配收入进入中高收入阶段,我国的第三产业增加值比重还会持续上升。

新型城镇化(图 1)。2016 年,我国的城镇人口占总人口比重(城镇化率)为 57.4%。新的时期,新型城镇化被提上日程。新型城镇化是以城乡统筹、城乡一体、产城互动、节约集约、生态宜居、和谐发展为基本特征的城镇化,是大中小城市、小城镇、新型农村社区协调发展、互促共进的城镇化。2016 年 7 月 20 日,住建部等三部委发文《关于开展特色小镇培育工作的通知》,计划到 2020 年,培育 1000 个左右各具特色、富有活力的休闲旅游、商贸物流、现代制造、教育科技、传统文化、美丽宜居等特色小镇,引领带动全国小城镇建设。新型城镇化需要交通运输发挥作用。

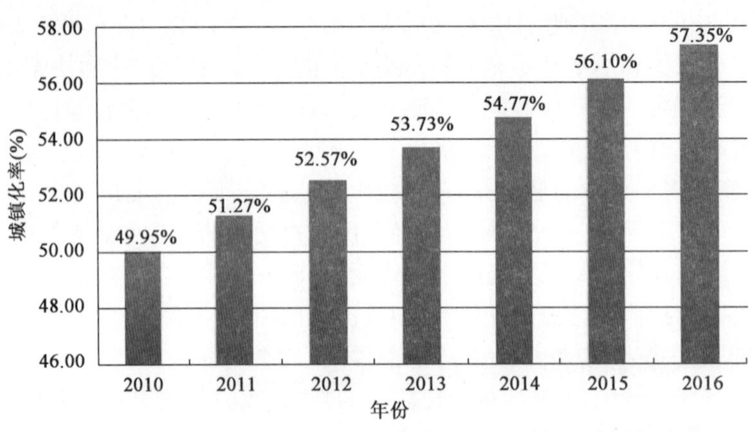

图1　我国城镇化率历年变化情况

消费升级。党的十九大报告提出了中国特色社会主义进入新时代的新矛盾:我国社会主要矛盾已经转化为人民日益增长的美好生活需要和不平衡不充分的发展之间的矛盾。美好生活需要对应着消费升级。

目前正在发生的消费结构升级,增长最快的是教育、娱乐、文化、交通、通信、医疗保健、住宅和旅游等方面的消费。与过去的消费结构相比,我国城乡居民消费结构正在由生存型消费向发展型消费升级、由物质型消费向服务型消费升级、由传统消费向新型消费升级,并且升级的趋势越来越明显,速度越来越快。尤其是在2020年全面建成小康社会的背景下,休闲、冷鲜、个性化、体验化等方面的消费日益提升,新生代的消费理念也在悄然发生变化。

能源结构变化(表1)。2014年11月国家发改委发布《国家应对气候变化规划(2014—2020年)》,提出到2020年单位国内生产总值二氧化碳排放比2005年下降40%~45%,非化石能源占一次能源消费的比重提升到15%左右。煤炭消费比重将进一步降低,非化石能源和天然气消费比重将显著提高,我国主体能源由油气替代煤炭、非化石能源替代化石能源的双重更替进程将加快推进。能源结构变化引发交通运输的巨大变革,新能源车的经济性逐步凸显,进而推动产品生产和人们通勤出行的巨大变化。

中国能源消费结构变化(%)　　表1

能源结构	2005年	2010年	2012年	2013年	2015年	2020年
煤炭	72.3	69.2	68.5	67.4	64.0	62
石油	17.8	17.4	17.0	17.1	18.1	13
天然气	2.4	4.0	4.8	5.3	5.9	10
水电、核电、风电	7.4	9.4	9.7	10.2	12.0	15

注:1.资料来源于wind资讯。
2.2020年为预测数。

3.3　技术及模式创新趋势

新一代信息技术的发展趋势。新一轮技术革命,特别是信息技术革命,已经深刻地影响到了人类的生产生活方式。各种新产品、新服务、新商业模式层出不穷。自动化、互联网、物联网、云计算、大数据技术已经在各行业和领域得到充分应用,以支付宝、微信支付为首的便捷支付手段深刻影响着经济社会的运行方式。

商业模式变化趋势。新兴的技术,不仅能够促进经济社会的转型升级,而且还能萌发全新的服务模式，物流平台、共享经济、产融结合等新兴业态不断涌现，诞生了一批新型商业模式。首先是制造业服务化。即制造业企业为了获取竞争优势，将价值链由以制造为中心向以服务为中心转变。制造业企业正在转变为某种意义上的服务企业，产出服务化成为当今世界制造业的发展趋势之一。其次是服务体验化。所谓体验，就是企业以服务为舞台、以商品为道具，环绕着消费者，创造出值得消费者回忆的活动。"体验经济"将成为中国 21 世纪初经济发展的重要内容和形式之一。第三是平台经济。平台经济(Platform Economics)所指是一种虚拟或真实的交易场所，平台本身不生产产品，但可以促成双方或多方供求之间的交易，收取恰当的费用或赚取差价而获得收益。利用平台召集双边，相同主体的聚集降低了另一边的搜寻成本，提高了市场的流动性，提高了匹配效率。第四是产融结合。产融结合是指实体产业与金融业在经济运行中为了共同的发展目标和整体效益通过参股、持股、控股和人事参与等方式而进行的内在结合或融合。最后是共享经济。随着位置服务和便捷支付技术的进展，经济社会涌现出诸多共享经济的模式。共享经济的核心，是颠覆了人们获得某些产品和服务必须要拥有相应设施设备的传统，而是通过平台实现对居住、交通等资源的分时共享使用，进而提高经济社会的运行效率，创新出新的业态，比如共享单车、共享汽车等。

4　交通运输与经济社会融合的机理分析

4.1　技术与制度相互关系的理论基础

焦雨生研究考察了马克思主义政治经济学和新制度经济学对技术创新和制度创新的认识。马克思主义政治经济学认为，技术创新属于生产力的范畴，制度变迁属于生产关系的范畴。科学技术对生产力发展和社会经济发展具有第一位的变革作用，因而技术创新比制度变迁对现代经济增长更具有推动作用，有更深层次的重要意义。同时，制度和制度变迁又具有相对独立性，对技术创新具有重要的能动作用。技术创新和制度变迁是一种相互依存、相互促进的辩证关系。从长期来看，技术创新会推动制度变迁，制度变迁则会保障技术创新的功能得以发挥与实现。新制度经济学有关技术创新与制度变迁关系的理论，基本上是沿着"制度决定论"展开的。按照新制度经济学的理解，资源配置并非在新古典所谓的无摩擦的世界中展开，资源配置中存在着利益冲突，从而可能会导致资源配置不能达到最优状态。此时，制度的作用是不可替代的：一方面，它可以降低企业层面与宏观经济层面中的交易成本，从而促进资源配置的最优；另一方面，制度的重要性在于它可以对私人进行激励，鼓励市场中的创新行为，即制度有利于技术创新的发生。在技术创新和制度变迁的相互关系中，制度变迁决定技术创新，而不是技术创新决定制度变迁，好的制度选择会促进技术创新，不好的制度选择会使得技术创新背离经济发展的轨道，或扼制技术创新。

根据以上分析，技术创新与制度创新对产业发展的作用，并非谁先谁后的问题，而是应该理解为"双轮驱动"更为恰当。二者交互对产业产生影响，进而推动产业不断向前发展。

4.2　双轮驱动的三种模式

更进一步，技术创新和制度创新的"双轮驱动"有三种模式：

模式一：技术主导模式下技术创新、制度创新与产业协同演化。技术创新是产业发展的内在动力，其先于制度创新产生并发挥主导作用，而制度创新在产业演化的各个阶段均对技术创新发挥保障及支撑作用，两者协同演化过程表现为创新形式的轮番更迭。技术创新主导能够改变要素投入、市场与产品结构，并通过改造传统产业、创造新兴产业、淘汰落后产业实现产业组织从产业链低端向高端演进，而制度创新能改善产业的外部发展环境，为技术创新进一步发展提供支持与保障。技术创新与制度创新相互作用并形成协同演化机制，整个演化过程体现为螺旋式上升。演化机理如图 2 所示。

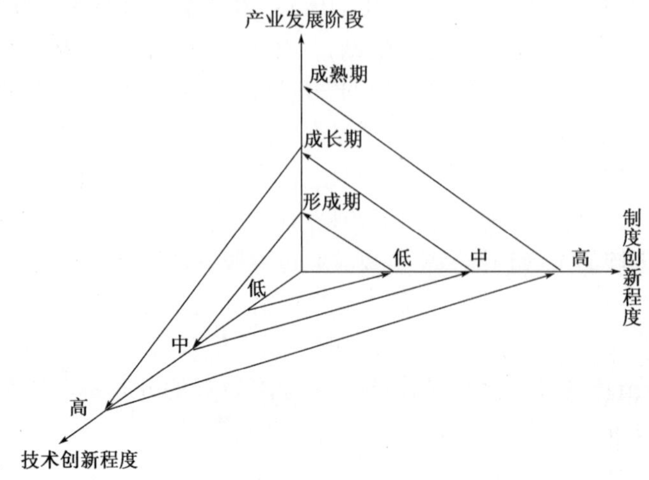

图 2　技术主导模式下技术创新、制度创新与产业协同演化机理

模式二：制度主导模式下技术创新、制度创新与产业协同演化。部分产业演化过程中，制度创新是技术创新与产业发展的主要推动力，完善的制度会提高技术创新能力及水平，促进产业发展，而技术创新和产业发展将进一步推动制度创新与变迁，技术创新与制度创新的协同演化为产业发展提供持续动力，三者协同演化呈现螺旋式上升。制度主导模式下的技术创新、制度创新与产业协同演化机理适用于分析农业产业、林业产业等以制度为基础、政府为导向的产业协同演化。演化机理如图 3 所示。

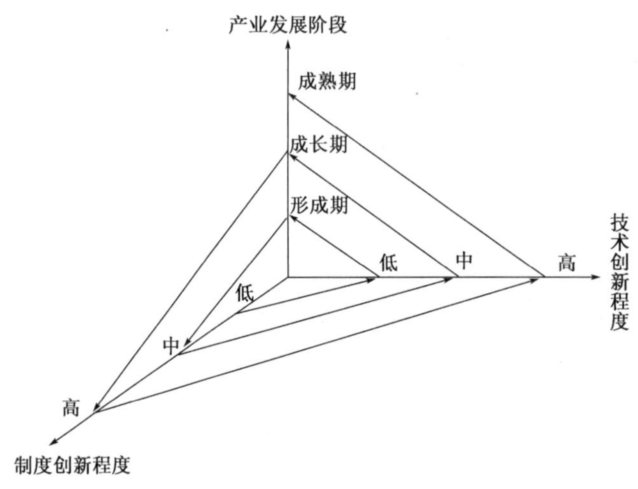

图 3　制度主导模式下技术创新、制度创新与产业协同演化机理

模式三：共同主导模式下技术创新、制度创新与产业协同演化。在产业演化进程中，技术创新与制度创新相互促进、相互制约，并通过双向互动形成演化动力，共同推动产业发展。该协同演化机理适用于大部分产业，可用于分析市场导向与政府导向相结合的产业协同演化问题。在现实中，那些迅速在经济社会中发挥重要作用的产业，技术创新和制度创新由于经历的实践过程比较短，也就很难分得清哪个在前，哪个在后，进而显现出二者协同共进的态势。演

化机理如图 4 所示。

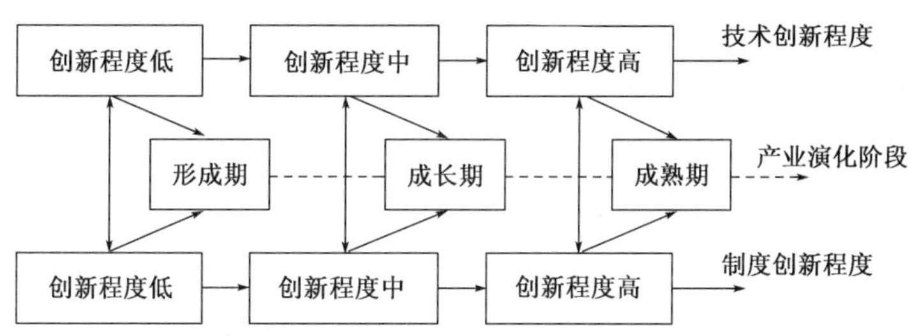

图 4　共同主导模式下技术创新、制度创新与产业协同演化机理

4.3　交通领域“双轮驱动”的三种模式

技术创新在先。从水运行业来讲，技术创新主导模式的典型案例是水运物流平台，其快速发展首先源于移动互联技术和便捷支付技术在水运领域的应用。这一阶段，没有任何规则存在，因为创新还没有得到充分的发展，产权还没有那么重要，也没有关于使用权和不正当竞争的问题。只要政府不担心新技术对它的潜在威胁，创新阶段就会保持相对的自由、开放和有序。一旦这样的模式具有了商业化的可能，就会有很多新角色投身到这个领域中来，相应的市场争夺随之而来。被这个领域的混乱和财富所吸引，各种企业家不断加入，迅速争夺领地。这个阶段，速度尤为重要，它就是一种超越现有商业实践局限的能力。随着技术的成熟和市场的不断扩大，对产权的需求也逐渐显现。如果产权制度没有建立起来，那么不久以后开拓者们便会对自己的事业产生怀疑，大规模商业化的期望最终也只能跌跌撞撞地回到混乱状态。技术想要发展为一个成熟完善的市场，就需要制定通用的标准。到了这个阶段，开拓者开始为规则大声疾呼，而且政府或那些被新技术和市场影响的社会团体也会呼吁制定规则。企业在制定约束它们自己的规则中扮演了更重要的角色。企业经常组成行业协会或者制定标准的机构来解决合作的问题。具体到水运物流平台，在其推广过程中，部分领域形成了对现有利益集团的冲击，形成了对旧制度的压力，这就要求制度与时俱进，比如无车承运人制度以及与财税的相关制度。这些制度界定了水运物流平台这样的新业态的发展空间，到底是保护旧业态还是支持新业态，关键在于新旧势力的对比。短期内能够拥有大量消费者使得部分新业态拥有了与旧业态竞争的话语权。而有些模式因为不成熟，短期内无法形成一定的势能，就会被旧业态所掌控的保守势力扼杀。

制度创新在先。这就是制度主导模式。典型的案例则是传统领域通过制度创新形成红利的领域，比如铁路领域的市场化改革以及水运领域的改革。这样的变革，首先来源于制度，中国铁路总公司在市场化领域的每一点放开，都会产生制度红利，使得铁路领域的技术创新可以得到发展，新的技术得到更多的应用，进而产生新的利益群体，这些利益群体成为一个利益集团，有动力去推动铁路领域的进一步制度变革。水运领域的诸多改革，包括港口税费的改革、引航体制改革、理货体制改革以及港口公安体制改革等，都是制度主导模式促进产业发展的实例。

共同主导。在现实中，技术创新和制度创新不断对产业发生作用，比如水运领域的节能环保船舶属于水运领域的技术创新，这些创新需要相关的标准与时俱进，需要相关的制度与时俱进，于是可以看到与节能环保相关的标准和制度陆续出台。因为有了新的制度，又促发相关企业在该领域更大的技术投入，进而形成新的创新动力。在这样的共同主导下，水运业供给侧结构性改革不断推进，进而满足经济社会的新需求。

参考文献

[1] 中华人民共和国国务院新闻办公室. 中国交通运输发展[M]. 北京:人民出版社,2016.

[2] 焦雨生. 技术创新与制度创新关系的研究综述[J]. 商业时代,2011(17):39.

[3] 李英,赵越,潘鹤思. 技术创新、制度创新与产业演化关系研究综述[J]. 科技进步与对策,2016(24):154-160.

交通运输与经济深度融合发展方向研究

陆化普　肖天正　陈明玉　胡　礼
（清华大学交通研究所，北京，100084）

摘　要：自古以来，交通升级换代与经济发展都是紧密结合在一起的。自从人类在城市聚集开始，城市的规模、空间结构、居住分布形态等就取决于人们在较短时间（通常为当日）内的出行距离和活动范围，而出行距离又取决于当时的交通方式。交通方式的发展是改变城市空间结构和土地利用形态的核心因素。按照交通方式的演变过程，城市的发展大致可以分为步行和马车时代、有轨电车时代、汽车时代和综合交通等不同的发展时期。

今天的交通运输与经济融合发展则有了更加紧密的含义，人们渐渐认识到，交通是人类社会生产生活的前提，交通的本质是解决人和物的空间位置错配问题。交通区位条件决定了土地价值、时间效率、生产成本和生活质量，通过交通引导城市发展等理念将带来更加美好的生活。交通投资具有乘数效应，交通投入会产生巨大的外部效益。交通运输能够支撑国家战略的发展，维护国家安全，均衡国土开发等。交通运输与经济的发展越发密不可分。本文通过对交通运输与经济深度融合发展的现状分析与趋势判断，论证了融合发展是必然趋势。同时，根据我国国情和交通运输发展、经济发展的规律提出了交通运输与经济深度融合的重点方向。

关键词：交通；经济；融合；意义

1　交通运输与经济深度融合的背景与意义

交通运输作为人类社会的基本需求是伴随着人类文明的发展进步而不断发展演化的，并且起着至关重要的作用，是人类社会发生划时代变化的驱动和引领力量。

1.1　交通运输与经济深度融合发展是发展的必然趋势

西方大国的崛起无不伴随着交通系统的大发展和大变革。从葡萄牙、西班牙、荷兰、英国等海权国家的先后崛起，到美国、日本的经济腾飞，都离不开交通运输带来的巨大效益。

15 世纪，葡萄牙和西班牙先后开辟了从欧洲前往世界各地的新航道，开启了“地理大发现”，世界市场迅速扩大，流通商品种类与数量逐步增多，商路及商业中心的转移和商业经营方式的转变开始出现，欧洲国家寻找新的贸易路线和贸易伙伴，以发展新生的资本主义。而葡萄牙和西班牙正是借助这样的先发优势，成为当时的世界贸易中心，极大地促进了其经济的发展，先后崛起为占世界经济主导地位的国家。

16—17 世纪，凭借先进的造船技艺和丰富的航行经验，荷兰逐渐建立起世界上数量最多、载重最大的商船队伍,并且探索出先进的航海技术和贸易组织方式。这些优势使荷兰人掌握了当时的海上交通运输,获得了“海上马车夫”的称号。而海运带来的丰厚收益,促进了工厂手工业的发展,由此奠定了国家经济繁荣的基础,商业尤其是对外贸易也使荷兰的经济取得了显著的发展。

从16世纪中期开始,英国的航海家们也开始了一系列的海外探险,打通了英国商人出海贸易的通道。同时,英国不断学习荷兰经验,大力发展海外贸易和造船业,对欧洲海运的掌控度迅速提升,直至之后在英荷战争中击败荷兰,夺取了海上霸主的地位,最终成为“日不落帝国”。

美国自独立战争以来,从一个落后的殖民地国家发展成世界经济强国,交通运输在其中发挥了重要作用。海运:18世纪70年代,为了摆脱英、法等国的航运垄断,1789年美国颁布了其历史上第一条海运法令,鼓励海运发展。内河航运:随着第一次科技革命的到来,美国凭借蒸汽机船的发明走在了世界交通的前列,1830年美国建成约1930km的运河。铁路:从19世纪40年代开始,美国经济从农业经济向工业经济转型,形成了全国60多万公里的铁路网络,成为当时全球铁路规模最大的国家。航空:进入20世纪后,美国在科技创新方面的领先优势在交通领域得到了充分的应用,莱特兄弟发明了飞机,使美国一跃成为20世纪交通领先国家。公路:从20世纪中期开始,美国启动了州际国防公路的建设,开启了美国“车轮上的国家”的序幕,美国也成为世界上拥有最多公路里程的国家。军事:21世纪,美国注重于构建全球军事体系,目前美国海外军事基地374个,本土基地871个,构建了全球的军事交通通道和网络体系。

日本在20世纪40年代初期,财政赤字严重,由于看到美国、英国等发达国家发展过程中交通运输对经济发展的强力支撑作用,日本开始大力建设海、陆、空交通设施。历经数年的调研、规划,日本政府于1943年提出了建设5490km高速汽车国道的方案。1966年,日本国会又通过了《国土开发干线公路建设法》,该法案的提出,也为日后日本交通运输网络的建成奠定了基础。1987年,日本国土资源厅发布《第四次全国综合开发规则》,这一规则明确了21世纪初期日本的国土交通运输网络的目标:吸取发达国家的建设经验,发挥区域的独立性和主动性,形成统一的圈域,与此同时,各圈域的中心城市之间形成多中心的、较高层次的分散型国土。

我国的海权意识一直比较薄弱,封建社会时期一直未能建立起有效的海运控制力,特别是从明朝开始制定海禁政策,限制对外贸易,到清朝时更是奉行闭关锁国的政策。这一施行了200多年的政策,虽然对阻止西方侵略者的活动起到了一定的作用,但也让清政府错过了西方的工业革命,未能适时地向西方学习先进的科学知识和生产技术,成为近代我国综合国力落后于西方的主要原因之一,也导致近代中国对西方列强的侵略缺乏抵抗能力。

新中国成立之初,我国的交通运输十分落后,全国铁路总里程仅为2.18万km,有一半处于瘫痪状态。能通车的公路里程仅为8.08万km,民用汽车5.1万辆。内河航道处于自然状态。民航航线只有12条。邮政服务网点较少。主要运输工具还是畜力车和木帆船等。直至改革开放,尽管我国交通运输事业不断发展,但是运力短缺、供不应求的状态始终没有根本转变,交通运输成为社会经济发展的瓶颈问题和制约因素。

改革开放以来,交通运输步入了快速发展阶段。特别是在党的十八大以来,随着交通运力短缺问题的基本解决以及互联网技术与传统交通基础设施网的融合,新一代综合交通网将大幅提高运输服务的能力、效率、品质。在发展新时代,我国将着力构建现代化经济体系,实施乡村振兴战略、区域发展战略、“一带一路”倡议，不仅需要发挥好交通运输的服务性作用，更需要发挥交通运输对经济社会的引领性作用，让现代交通运输成为经济社会发展的新引擎。

这种引领性主要体现为：通过交通运输率先突破，显著提高交通运输效率和服务水平，降低交通运输成本，提高竞争能力；通过促进交通运输与经济的深度融合，催化经济新模式、新业态，释放发展新动能，实现新时代生产、生活的革命性变化，成为发展新引擎；通过有效利用交通运输领域的创新创业平台，大力推动交通运输创新，源源不断地开发交通运输新产品和新服务，成为创新创业发展新高地；通过构建以中国为中心的全球交通运输服务网络系统（即现代供应链体系），服务全球贸易，促进资源优化配置，进而辐射和带动全球发展，建设更加美好的人类生活。

1.2 交通运输与经济深度融合发展是新动能的激发点

虽然世界经济正处在企稳向好的发展过程中，但当前依然存在很多不确定性、不稳定性因素。经济隐忧主要体现在：逆全球化思潮继续发展并发挥作用；全球主要国家可能开始退出量化宽松货币政策，资本紧缩会导致相当大的金融风险；一些国家的经济可能会出现较大波动，这些波动也会对世界经济带来较大影响。从大的经济体来说，最值得关注的是日本和印度。日本的负面因素包括消费税上调、长期维持负利率以及社会老龄化等，印度值得关注的是废钞、黄金充公以及国有银行私有化等。此外，局部战争与冲突等也为经济增长添加了不确定性和不稳定性。[1]

与此同时，交通运输与经济深度融合大趋势初步显现。

日本东京、中国香港等部分地区开始意识到交通规划对城市发展的引领作用，试点进行交通与城市布局同时规划。通过交通引导城市发展探索实现职住均衡，部分地区、部分城市初步形成 5min、15min、30min 交通圈样板；日本新宿、法国拉德芳斯、德国法兰克福等综合交通枢纽引入商业设施或办公开发，形成城市综合体，为居民工作和生活带来了积极影响。共享经济等新经济形式开始出现，共享单车、共享汽车等细分领域在市场主导下积极探索。

便捷高效的出行服务使城市群、区域间商务交流更为频繁，中国成为全球最大的商务旅游消费国。舒适方便的高铁出行体验使高铁与商务联系更加紧密，商务出行者在高铁上的高效率工作也拉动了高铁出行需求的进一步增长。2018 年 1 月 16 日，中国民航局公布《机上便携式电子设备（PED）使用评估指南》，规定从 18 日起，乘客可以在飞机上使用手机，逐步提高航空商务服务水平。

京津冀多节点、网格状的区域交通网络初步形成，轨道交通主骨架初步建成，公路网络完善通畅，港口群机场群整体服务、交通智能化、运营管理水平全国突出。2015 年，我国与“一带一路”沿线国家和地区进出口贸易总额达到近 1 万亿美元，投资额共计 150 亿美元。2016 年前 3 个季度，中国企业共在 36 个国家建成初具规模的合作区 77 个，累计投资 233.9 亿美元，入区企业 1467 家，创造产值 665.1 亿美元，上缴东道国税费 25.3 亿美元，为当地创造就业岗位 19.7 万个。“一带一路”沿线国家和地区将成为中国对外投资的重点区域。当前，军民融合开始在交通等重点领域、重点区域初步发展，2017 年 8 月科技部、中央军委科学技术委员会联合印发了《“十三五”科技军民融合发展专项规划》，2017 年 11 月国务院办公厅发布了《关于推动国防科技工业军民融合深度发展的意见》。

[1] 中国国际经济交流中心总经济师陈文玲。

综上所述，在以城市群为主体形态的新型城市化背景下，在旅游业蓬勃发展、商务出行持续上升的推动下，在“一带一路”倡议、京津冀协同发展等带动下，交通运输与经济深度融合发展将为国家发展创造新红利、提供新动能。

2 交通运输与经济深度融合的重点方向

2.1 交通运输发展将重塑经济地理

新中国成立之时，我国经济地理的基本特征是现代工业偏集中于沿海，内地广大地区的现代工业都是空白。改革开放之前的近 30 年时间里，我国区域经济发展的重要任务是形成内地与沿海大体均衡的现代产业布局，这是我国区域经济结构的“二元时代”。改革开放之后，东部沿海地区利用国际产业转移的机遇，促使经济迅速发展，实现沿海地区迅速崛起；中部地区则在能源、原材料和粮食等生产上有较大的发展，成为东部的原料基地；西部地区由于远离沿海港口的自然地理劣势，对外开放程度较低，经济发展相对滞后。我国区域空间结构进入东部、中部、西部的“三元时代”。从 1999 年的“西部大开发”启动开始，我国进入“四大板块”的“四元时代”，中间经历了“东部率先发展”“东北振兴”和“中部崛起”，到“十一五”时期正式形成了我国区域发展的总体格局。

在我国经济发展的不同阶段，曾采用过不同的产业布局模式：一是增长极模式。改革开放初期，我国通过选择发展条件较好、产业综合优势比较突出、区位条件明显、投资环境较为优越、发展潜力巨大并有望在短期内迅速崛起的点状区域，有计划地在这些地区形成启动经济发展的增长极，并通过增长极自身的迅速成长及产生的乘数效应，最终带动整个区域经济的全面均衡协调发展。二是点轴模式。点轴模式是增长极模式的延伸。随着经济的进一步发展，工业点逐渐增多，点与点之间为适应经济要素联系的需要，特别是交通等基础设施的建成，使沿交通线布局产业成为可能，从而形成经济轴线。三是网络布局模式。这一模式主要适用于经济比较发达的地区，如长三角地区就逐渐完成了区域空间的织网过程，一个网络型的区域空间就此形成。四是经济带布局模式。这是我国区域空间布局模式的最新发展特点。经济带的形成在一定程度上可以优化相对落后区域的生产力布局，促使区域要素配置发生积极变化，进而推动产业布局模式的高级化。目前我国已经形成了三大经济带：环渤海经济带（京津冀为核心）、长江经济带和新丝绸之路经济带。未来我国东南沿海经济带、珠江—西江经济带、东北中部经济带、长城沿线经济带、黄河经济带等，都将逐步形成。一个由若干经济带串联起“四大板块”的中国区域空间格局，将会最终显现。其实，上述的经济发展过程与模式本质上就是随着交通发展进步的交通引领发展过程。

随着交通技术的不断发展，人类的主体出行方式经历了由人力、畜力到风力、蒸汽机、内燃机、电力机械的变革。以速度为代表，一系列交通供给要素的不断提高促使人类活动范围逐步扩大，自然地理条件形成的区位优势一步步发生变化。改革开放以来，我国铁路里程由 5.17 万km 增长到 2016 年的 12.4 万 km，其中高速铁路 2.2 万 km，定期航班航线里程由 14.89 万km 增长到 2016 年的 634.81 万 km，机动车保有量从 158.87 万辆增长到 2016 年的 2.9 亿辆，其中私人小汽车从 1985 年的 1.93 万辆增长到 2016 年的 14896.27 万辆。便捷的出行与物流带来了更方便的经济发展极之间的经济联系与沟通。随着“西部大开发”与青藏高速公路、青藏铁路等的规划建设，城市群轨道交通的不断发展，中欧班列等“一带一路”基础设施的逐步完善等标志性的交通发展，我国经济地理开始了新一轮的变革。

在可以预见的将来，随着高速铁路从以 250km/h 为主体向以 350km/h 为主体迈进，超音速飞机、智能驾驶等先进技术不断成熟，人才、资源合理配置的优化空间进一步扩大，交通需求特性与交通装备技术在互动中不断发展，交通将会重塑经济地理，消除空间阻隔，助力构建更美好的人类生活。

2.2 交通运输诱发新经济形态

我国经济已由高速增长转向高质量发展。建设现代化经济体系是实现转型升级的关键。必须坚持质量第一、效率优先，以供给侧结构性改革为主线，推动经济发展质量变革、效率变革、动力变革，提高全要素生产率，着力加快建设实体经济、科技创新、现代金融、人力资源协同发展的产业体系，着力构建市场机制有效、微观主体有活力、宏观调控有度的经济制度。在这种经济社会发展趋势下，交通运输行业催生了诸多新的经济形态。

货运物流业态变化及潜力。近年来，随着科学技术尤其是互联网、大数据、云计算等信息技术的快速发展和创新应用，以及体制机制改革的深入推进，物流供应链领域各种新业态、新服务模式相继出现并蓬勃发展，推动了传统物流行业的深刻变革，也带动了关联产业的快速发展，成为促进行业转型升级的重要引擎，释放出新的发展红利。目前已经形成的新业态主要包括无车承运人、车货匹配平台、物流技术服务商、综合智慧物流平台、多式联运人等。

人员出行业态变化及潜力。未来的交通系统发展迅猛，社会发展与生活模式将会发生极大的变化，与之对应，出行与经济将会迎来新一轮的深入融合。其突出表现为同城化、旅游常态化和社会治理创新三个方面。随着同城化、旅游常态化和社会治理创新的发展，人们对于出行的需求日益增长，效率和质量已成为出行的关键。

基于这一共识，上至国家部委，下至各地政府及相关企业都在积极推进旅游与交通运输的融合发展。2017 年初，交通运输部、国家旅游局、国家铁路局、中国民用航空局、中国铁路总公司、国家开发银行联合出台《关于促进交通运输与旅游融合发展的若干意见》，提出“建立健全交通运输与旅游融合发展的运行机制，优化整合交通运输与旅游资源，到 2020 年基本建成结构合理、功能完善、特色突出、服务优良的旅游交通运输体系。”之后，各地“交通 + 旅游”融合发展的步伐显著加快，取得了令人瞩目的成绩。一方面，旅游交通服务功能明显改善，服务质量得到有效提升，游客出行更加便捷舒适；另一方面，人源带来了财源，为目的地旅游产业和当地群众带来更多的消费和收入，旅游交通成为带动和促进区域经济社会发展的新动力。

以“环游北疆”旅游列车为例。2017 年以来，新疆铁路部门创新旅游发展思路，持续推出“坐着火车游新疆”旅游品牌系列产品。用旅游列车把北疆最美的旅游资源、精品旅游线路串联起来，满足游客组团环线、私人定制、自由行等多样性需求。列车上提供适合家庭集体出游的卧铺包厢，环境温馨舒适，同时还有餐车、休闲车、淋浴车等多功能包厢，提供特色餐饮、无线上网、健身及淋浴等多种服务。此外，受过专业训练的列车乘务员还提供导游、舞蹈、翻译等特色服务，极大丰富了旅客的出行生活。截至 2017 年 9 月，“环游北疆”旅游列车已开行 200 列，运送旅客达 27.4 万人次，不仅极大地改善了游客旅途体验，还构建了以乌鲁木齐为中心，覆盖石河子、奎屯、伊宁、阿勒泰、吐鲁番等地的 1 小时、3 小时、12 小时铁路旅游圈，为城市旅游经济的转型升级带来颠覆性变化。[1]

交通运输连接了人和物的空间位移需求与经济社会发展和人民生活水平提高带来的新变化，对国家经济和个人生活有十分重要的影响。随着经济发展阶段的变化，一系列新经济形态

---

[1] http://news.huochepiao.com/2017-9/2017923421665.htm

开始出现,在此过程中,交通运输不仅扮演着承担者,还扮演者催化剂的角色。交通运输与旅游深度融合诞生的邮轮经济等一系列模式,不仅为交通运输带来了新的发展机遇,也为经济社会发展和人民生活水平提高开拓了方向和道路。在已经到来的新时代,随着交通运输和经济发展由数量扩张向质量提升转变,交通运输与经济将会进一步深度融合发展。交通运输将会成为经济发展的新动能,带来生产生活的新变革。

2.3 交通运输将创造更加幸福的生活

新一轮技术革命,特别是信息技术革命,已经深刻影响到人类的生产生活方式。新产品、新服务、新商业模式层出不穷,自动化、互联网、物联网、云计算、大数据技术已经在各行业和领域得到充分应用,以支付宝、微信支付为首的便捷支付手段深刻影响着经济社会和日常生活。

在这种新技术迅速走进日常生活和传统交通运输信息不共享、衔接不通畅的矛盾双重作用下,“一站式出行”理念应运而生。“一站式出行”是指出行前为用户提供全环节、全方式的综合出行规划,提供包括酒店等相关信息并完成对所有阶段的具体组织,一次付费;出行中,可获得实时信息,能够对行程进行再安排;出行后,可便捷办理报销等后续手续。基于用户的出行需求通过数据帮助运营者改善服务。

随着出行服务和便捷支付技术的发展,我国涌现出诸多共享经济模式。共享经济的核心,是颠覆了人们获得某些产品和服务必须要拥有相应设施设备的传统,通过平台实现对居住、交通运输等资源的整合和分时共享使用,进而提升要素资源的利用水平和经济社会的运行效率,催生新的业态,比如共享单车、联盟服务和生态产业链等。

交通运输作为一个主要服务于人类派生性需求的系统,其本质追求就是提供更高水平的服务。在经济提质增效与交通基础设施趋于饱和的大背景下,新技术在交通运输中的广泛应用成为实现交通运输服务水平进一步提高的重要方向。包括换乘、末端和支付等交通运输中的重要环节由于新技术的应用和市场的作用,实现交通运输系统自身的革新和服务的优化,出行者和物流参与者在选择更加高效便捷的出行、物流服务的同时,也选择了更幸福的生活。

2.4 深度融合将促进城乡经济一体化与扶贫脱贫

根据1978年经济合作与发展组织(OECD, Organisation for Economic Co-operation and Development)的报告,欧洲高度工业化的国家,其农民中有40% ~60%从事非农业性的兼职工作。在这些国家中,随着社会平均收入的提高与休闲时间的增多,观光事业渐渐向乡野发展。农业观光已成为欧洲休闲生活的趋势之一。观光休闲农业是利用新方式,整合农业资源、园林艺术等的一种既有生产功能又有观赏价值的农业发展模式。观光休闲农业的发展空间主要位于市区、市郊或交通要道的两侧,一般交通便捷,或离市场近、人流量较大、交通需求集中。同时,观光休闲农业往往对技术设备有较高需求,也带动了物流行业的发展。

在西班牙,85%的城市游客利用周末驾车前往100多公里外的农场参与农事活动;在美国,仅东部地区就有休闲农场1500多家,每年有1800万人前往休闲观光农场度假;在意大利,乡村提供观光服务的农庄有1万多个,每年接待500万人次,营业额2000亿里拉(合人民币7.8亿元);日本全国共有4590个休闲农园。20世纪70年代,我国台湾地区的果园、农场在农闲或节假日陆续向社会民众开放,休闲观光农业作为一种新兴产业在台湾地区得到蓬勃发展。

交通运输与经济深度融合带来的新业态不仅改变了交通参与者的出行过程,也改变了人的工作生活模式。未来随着城市和农村之间交通距离的进一步缩短,城市居民生活、工作空间范围扩大,人员向市郊、农村聚集将导致同城化大幅度发展。农村的丰富物质资源和良好生态环境将逐渐吸引城市居民向农村寻求工作机会。可以看出观光农业等新产业模式兼具经济效益和社会效益,将是未来城乡一体化和扶贫脱贫的重要发展方向。交通运输是扶贫开发和脱贫攻坚的基础性、先导性条件,“特别是在一些贫困地区,改一条溜索、修一段公路就能给群众打开一扇脱贫致富的大门”❶,“要想富,先修路。道路不通畅,经济发展和民生改善就无从谈起”❷。加快实施交通扶贫脱贫攻坚,是实现精准扶贫、精准脱贫的先手棋,是破解贫困地区经济社会发展瓶颈的关键,也是扩大内需、促进交通运输自身发展的重要举措。

2.5 交通运输发展与国家战略深度融合

根据国家发改委和交通运输部发布的《京津冀协同发展交通一体化规划》,京津冀地区将以现有通道格局为基础,着眼于打造区域城镇发展主轴,促进城市间互联互通,推进“单中心放射状”通道格局向“四纵四横一环”网络化格局转变。2020 年,京津冀多节点、网格状的区域交通网络基本形成,城际铁路主骨架基本建成,公路网络完善通畅,港口群机场群整体服务、交通智能化、运营管理力争达到国际先进水平,基本建成安全可靠、便捷高效、经济适用、绿色环保的综合交通运输体系,形成京津石中心城区与新城、卫星城之间的“1 小时通勤圈”,京津保唐“1 小时交通圈”,相邻城市间基本实现 1.5 小时通达。

长江经济带发展战略作为我国的重要发展战略,具有引领地区经济发展的作用。从运输效益来看,长江水运是沿线的交通运输大动脉,是相对更经济、更环保、更节能的运输方式,特别是在能源、原材料、矿石、集装箱等大宗运输方面。煤炭和矿石运输,如果从重庆到上海走水路,吨公里的运输费是 0.025 元,而铁路是 0.15 元,公路是 0.4 元。2014 年长江航运量为 21.3 亿 t,其在大宗散货的运输上可以节约 1000 亿 ~3000 亿元。从对沿江产业的支撑保障作用来看,钢铁、电力、汽车制造、能源、化工、轻纺等一些重要的工业基地都在长江沿线,钢铁产量、火电发电量、原油加工量、汽车产量分别占全国的 31%、43%、25%、34%,2014 年长江水运承担了沿江地区 85% 的煤炭、80% 以上的铁矿石的运输和外贸任务。

“一带一路”倡议的实施,有望构筑全球经济贸易新的大循环,使周边地区成为继大西洋、太平洋之后的第三大经济发展空间。“一带一路”沿线国家和地区覆盖总人口约 46 亿人(超过世界人口的 60%),GDP 总量达 20 万亿美元(约占全球的 1/3)。区域国家经济增长对跨境贸易的依赖程度较高,2000 年各国平均外贸依存度为 32.6%,2010 年提高到 33.9%,2012 年达到 34.5%,远高于同期 24.3% 的全球平均水平。根据世界银行数据,1990—2013 年,全球贸易、跨境直接投资年均增长率为 7.8% 和 9.7%,而“一带一路”沿线 65 个国家和地区同期的年均增长率分别达到 13.1% 和 16.5%,尤其是国际金融危机后的 2010—2013 年期间,对外贸易、外资净流入年均增长率分别达到 13.9% 和 6.2%,比全球平均水平高出 4.6 个百分点和 3.4个百分点。

预计未来 10 年,我国向“一带一路”沿线国家和地区的出口规模占比有望提升至 1/3 左右,它们将成为我国的主要贸易和投资伙伴。在交通基础设施方面,围绕提高“一带一路”互联互通水平,推动“六廊一路”基础设施建设和海上合作项目等取得积极进展。亚吉铁路竣工通车,成为我国在非洲建设运营的首条全线采用中国技术、中国装备和中国标准的电气化铁路;雅万高速铁路、中老铁路、德黑兰至伊斯法罕高速铁路正式开工,匈塞铁路有序推进;中俄黑河大桥、中巴喀喇昆仑公路升级改造二期、巴基斯坦卡拉奇至白沙瓦高速公路等一批具有标

---

❶ 2014 年 3 月,习近平总书记在关于农村公路发展的报告上作出重要批示。

❷ 2016 年 11 月,李克强总理在中央扶贫开发工作会议上的讲话。

志性意义的重大项目顺利开工。瓜达尔港和汉班托塔港建设持续推进,科伦坡港口城全面复工;中国企业成功中标缅甸皎漂港项目,成功收购希腊比雷埃夫斯港控股权并全面接管港口经营,中国—马来西亚港口联盟正式成立。在组织运营方面,中欧班列累计开行3900多列,通达11个国家29座城市,形成了东中西三条国际联运通道。我国与“一带一路”沿线15个国家签署了16个双边和多边汽车运输协定,成功开通356条国际道路客货运输线路。《上海合作组织成员国政府间国际道路运输便利化协定》签署生效,《大湄公河次区域便利货物及人员跨境运输协定》修订实施取得突破性进展。我国与沿线47个国家签署了38个双边和区域海运协定,海上运输服务覆盖“一带一路”沿线所有国家。成功实现沿线43个国家空中直航,每周航班数达到4200个左右,“一带一路”空中大通道日益畅通。交通运输部等八部委联合发布了《关于贯彻落实“一带一路”倡议 加快推进国际道路运输便利化的意见》,推动交通运输互联互通法规和体系对接,增进“软联通”。

由上可知,“一带一路”倡议具有划时代的意义。以构建“一带一路”国际交通大通道为切入点,全面推进服务全球的交通网络体系建设,既是难得的契机,也是我们面临的挑战。

“一带一路”倡议、京津冀协同发展战略、长江经济带发展战略将面向未来、面向世界、统筹国际国内两个大局,开创我国全方位开放的新格局,在新常态经济中,保持中国经济持续、稳定、健康发展。而实现上述目标,交通运输是必不可少的关键环节。交通运输通过与经济的相互作用,不仅为上述目标的客货运需求提供支撑,还通过自身的经济效益、上下游产业的经济效益、引领发展产生的经济效益,直接或间接地为国家发展起到支撑作用。

参考文献

[1] 孙久文.重塑中国经济地理的方向与途径研究[J].南京社会科学,2016(6):18-24.

高铁与经济社会融合发展——以京沪高铁为例

武剑红　焦敬娟　康兆霞　陈佩虹　等

(北京交通大学经济管理学院,北京,100044)

摘　要:高速铁路(以下简称“高铁”)与经济社会融合发展体现在规划、建设及运营全过程,反映在站区、城市及区域三个层次,主要表现为:高铁自身与其他交通运输方式的融合;高铁与沿线地区产业的融合发展;高铁与沿线区域的融合发展。以京沪高铁为例,高铁对区域经济社会发展的促进作用是明显的,但是在不同地区影响程度和融合效果各异,高铁只是促进区域经济增长的必要条件之一,要真正实现高铁与经济社会的深度融合取决于市场、政府、规划和具体实现技术的协调。高铁与经济社会的融合发展面临诸多问题,解决这些问题是推动高铁与经济社会深度融合发展,释放“新动能”“新红利”的重要手段。

关键词:京沪高铁;区域经济;产业结构;同城化

1　引言

高铁与经济社会融合发展体现在规划、建设及运营全过程,反映在站区、城市及区域三个层次:①高铁车站产生大量客流聚集,为站区经济发展提供机遇,站区的规划、建设为重塑城市形态,提升城市空间质量提供机遇。②高铁大幅提高了城市的可达性,使核心大城市的优势地位更加突出,辐射能力更强。改善了投资环境,为中小城市吸引投资,提升产业层次提供机遇。有利于加强城市间的人才、技术及信息交流,为中小城市提供更多的高端人才服务,为大城市提供更加丰富的劳动力供给。促进沿线旅游业、会展业等传统产业大规模发展,也使“互联网+”、微创企业等新兴行业发展壮大。③高铁沿线区域因为交通便利性的提高使资源配置更加优化,促进了沿线城市产业结构调整和合理分工,缩小沿线地区经济发展水平差距及收入差距。高铁对国民经济的影响机理如图1所示。

2　高铁与经济社会融合发展的内容及表现

2.1　高铁与其他交通运输方式的融合

高铁运营后对交通运输业的影响主要体现为高铁、民航、公路和城市交通等各种交通运输方式的竞争与合作。具体表现在以下几个方面:

2.1.1　高铁对中短程航空产品替代作用明显

高铁和民航都是高速客运的主要方式,行驶距离的长短、行驶时间以及费用是在两种运输方式之间选择的主要依据。相对于高铁在中短途客运方面的优点,航空运输则在长途运输方面有着明显的优势。高铁可以根据运输距离的长短为不同需求的旅客提供更加合适的运输产品,从而满足不同层次旅客的出行需要。因此,高铁的建成无疑会从民航分流一部分客源,造成民航市场份额的下降,对民航业的生产经营造成冲击。世界银行的研究表明,与民航相比,高铁的优势竞争区间为 0 ~ 3h,按照 250km/h 速度计算,则为 0 ~ 750km。一些学者认为高铁在 300 ~ 900km 区间范围内具有明显的竞争优势,高铁的运营大幅度减少了该区间的航空流量。如武广高铁的开通,导致广州—长沙航线客流量同比下降 48%,航班同比减少 43%,客座率降低 0.3%,平均票价降低了 15%。武广高铁在开通 100 多天后,武汉飞广州的航班从每天最多 13 班减为最多 10 班。郑西高铁开通后不到 50 天,郑州到西安航线所有航班停飞。

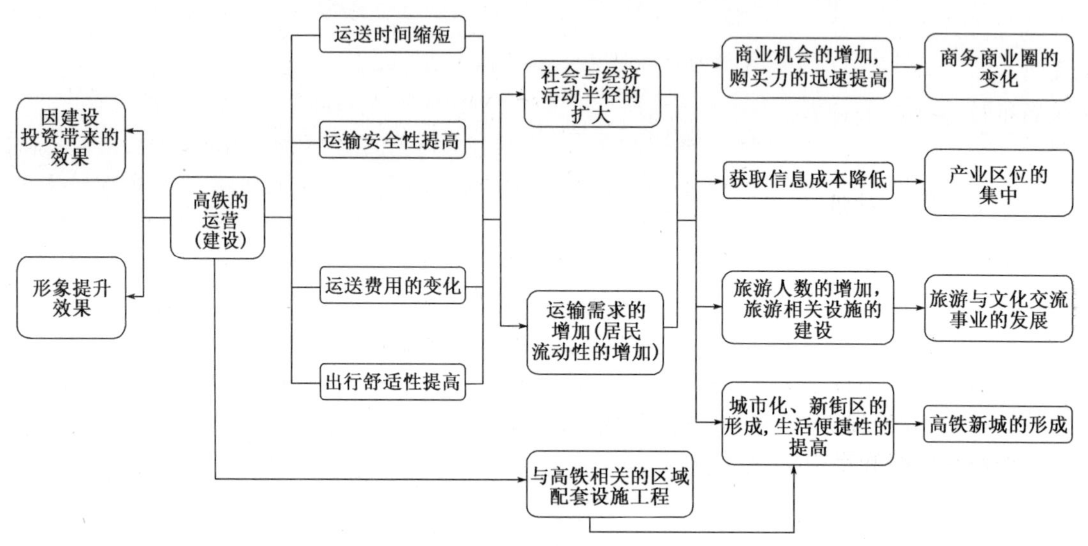

图 1　高铁对国民经济的影响机理

2.1.2　高铁的建设促进综合交通运输协调快速发展

高铁的建设提高了我国综合运输服务能力,改善了我国长期以来综合交通运输体系中铁路能力不足的状况,使民航、公路运输等其他运输方式回归自身的优势领域,优化了综合运输体系结构,提升了整体运输服务效率和水平。部分高铁线路也承担民航客流补给功能,目前,高铁已基本覆盖了我国 80% 的城市,而航空的覆盖率相对较低,尤其是国际机场的覆盖率较低。“高铁 + 航空”逐渐成为居民出行的重要交通方式,即通过乘坐高铁到机场进行中转,这就要求高铁站点与机场之间具有较为便捷的交通联系。目前,我国只有少数城市在机场周边开通了高铁站点,如长吉城际高铁双流站与长春双流机场,虹桥高铁站和上海虹桥机场等。高铁的建设和运营促使部分普铁客流转移到高铁,为普铁货物运输释放空间,提高普铁货运能力。整体上,高铁的建设促进了沿线地区综合交通走廊的快速发展。

2.1.3　高铁与城市交通的快速融合,促进城市交通快速发展

构建快速的城市交通体系,对于快速疏解高铁站点周边人流十分重要,同时高铁站点的建设也促进了城市交通体系的完善,便捷的城市交通和高铁站点共同构成城市的重要交通枢纽。以上海虹桥综合交通枢纽为例,虹桥综合交通枢纽具有高铁、磁悬浮、城际铁路、高速公路客运、城市轨道交通、公共交通、民用航空等各种运输方式的集中换乘功能,整个交通枢纽集散客流量为 48 万人次/日。交通枢纽包括以下几个部分:①机场。整个机场占地约 7.47km^2,规划

旅客吞吐量为3000万人次/年(日均8万人次)。2020年机场的旅客吞吐量规模约为4000万人次/年(日均12万人次)。②铁路客站。虹桥站北端引接京沪高铁、京沪铁路、沪宁城际铁路,南端与沪昆铁路、沪杭甬客运专线、沪杭城际铁路接轨。③长途巴士客站。布局于铁路客站与机场之间。④轨道交通。规划引入4条轨道交通,即2号线、5号线、10号线、13号线及低速磁浮线和机场快速线,形成"4+2"的六线汇聚布局。⑤地面公共交通。有东、西两个公交站,其中一处位于夹层之中,是虹桥枢纽1路、320路、闵行23路和173路公交车的站台;另一处位于铁路广场,是虹桥5路(至奉贤南桥)、虹桥6路(至青浦新城)、虹桥7路(至金山新城)、虹桥8路(至金山朱泾)、虹桥10路(至松江新城)等线路的站台。

2.2 高铁与沿线地区产业的融合发展

高铁对产业经济发展的影响主要表现在两个方面:一是促进与高铁建设和运营相关产业的发展;二是具有速度快、频次高特征的高铁将会导致人流、物流、信息流、资金流等"流空间"区位特征以及传统地理空间区位特征变化,进而促进相关产业的发展,尤其是物流业、旅游业等。

2.2.1 高铁对沿线经济增长的影响

高铁对沿线经济增长的影响主要表现在两个方面:一是高铁的建设和相关产品的生产过程中直接创造的经济增长、建设人员因消费需求而引起的相关产业部门的乘数效应引起的经济增长,如钢铁、建筑业等;二是高铁建设所引起的空间区位势能的变化,将改变交通场强,进而影响交通设施使用者、设施提供者和环境效益等。交通使用者的效益是由时间节约和交通支出减少带来,设施提供者则是高铁运营所获得的利润,以及环境负外部性的减少。

根据对京广线和京哈沿线的调研可以发现,高铁对城市经济增长最明显的作用表现在:城市房价上涨、城市基础设施配套不断完善、城市商业运作环境提升、城市居住人数和就业机会增加等(图2)。

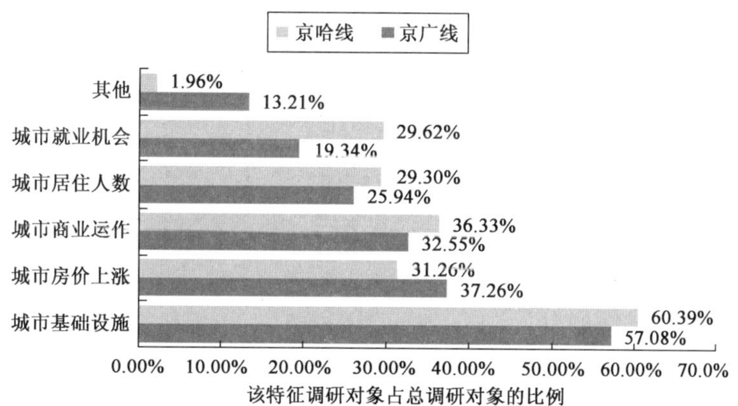

图2 京广线和京哈线高铁对城市经济的影响

注:资料来源于中国铁道科学研究院调研数据。

2.2.2 高铁对产业结构升级的影响

改善传统产业发展环境,提升市场竞争能力,加快转型升级步伐。依托高铁所产生的"同城效应",实现区域资源共享,加快产业梯度转移,有效推动区域内产业优化分工,围绕构建高铁沿线产业链条,形成比较优势,促进沿线地区产业协调互补发展。

诱增新兴产业,促进产业结构调整优化。高铁具有明显的速度优势,能够显著促进旅游、商贸、房地产、文化教育等与人流聚集和速度有直接关系的现代服务业的发展。依托高铁所营造的空间区位优势和势能,能集聚优质生产要素,培育形成一些原本不具发展基础或发展优势的高端服务业,成为带动城市现代服务业发展的新的增长点和增长极。

2.2.3 高铁制造对装备制造业的带动作用

高铁建设可带动基础制造业发展。高铁投资规模大,产业链长,可以增加钢材、水泥等其他建材的有效需求,对扩大就业、提高中低收入者的收入水平、促进消费增长具有重要作用。据经济规划部门统计,高铁每亿元的投资,平均消耗 0.333 万 t 钢材、2 万 t 水泥、3.11 万 t 砂土、5.16 万 m^3 石头以及 0.085 亿元设备,人工方面则消耗 22.86 万工时。按照铁路投资与相关产业 1∶10 比例计算,其对相关产业拉动效益在 10 亿元以上。

高铁建设和运营促进产业链协同发展。高铁可拉动冶金、机械、建筑、橡胶、电力、信息、计算机、精密仪器等上游产业的快速发展。据不完全统计,我国新一代高速动车组零部件生产设计核心层企业近 100 家、紧密层企业 500 余家,覆盖 20 多个省市,形成了一个庞大的高新技术研发制造产业链。以 CRH380 动车组为例,其零部件数量达 4 万多个,涉及机械、电力、信息、计算机、精密仪器等大量上下游产业,一批关键设备制造企业在产业链中迅速成长。

2.2.4 促进沿线旅游业发展,诱发新业态

高铁建设对旅游的影响(图 3)主要体现在两个方面:一是高铁所引致的人流、物流、信息流和资金流等,诱发了潜在的旅客,促进大量旅客在高铁沿线集聚;二是高铁所引致的时间节约,改变了旅客出行方式、扩大了客源市场结构,进而影响旅游业的发展。此外,高铁的建设也将诱发旅游与体育赛事、会议展览、康体养生等业态的合作,进而形成新业态。

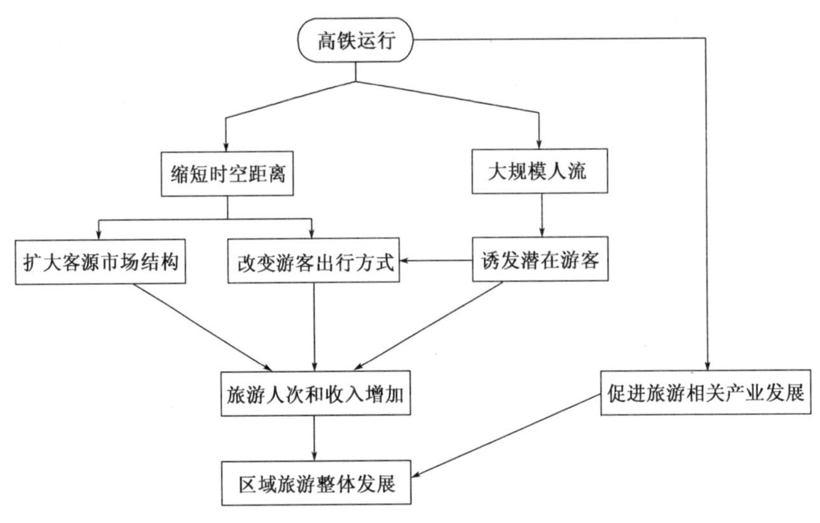

图 3 高铁对旅游业的影响机制

高铁的建设改变旅客出行行为方式。高铁的建设增加了旅客出行选择,同时高铁建设也加剧了不同交通运输方式之间的竞争,尤其是高铁与民航的竞争。高铁与民航良性竞争的结果是双方定价的降低及服务质量的提高,进而带来游客数量的增长,旅游交通工具硬件和软件的升级将有利于旅游业的蓬勃发展。高铁的建设一定程度上也加剧了不同航空公司和机场之间的竞争,不利于旅客数量和旅游业长期稳定的发展。此外,高铁的建设诱增了部分出行,增加旅游客流量。根据研究发现,高铁旅客出行的目的主要以商务出行和旅游为主,其中旅游出行占高铁出行的 1/4 ~ 1/3。

高铁的建设影响客源市场空间结构。快速、便捷的高铁运输，诱发潜在旅客，扩大客源市场范围，改变客源市场空间结构。高铁开通提高了沿线旅游景区的客源市场半径，辐射范围更广，尤其是对旅游地影响较大的主要客源市场的数量增多，且市场份额增长幅度显著。高铁开通提升了旅游地对客源地空间吸引力，且距旅游地空间距离越大，客源市场空间吸引力变化也越显著。旅游地客源空间吸引力值变化率与旅游市场需求变化呈显著相关性，即吸引力变化越大，旅游市场需求变化也越大。

高铁建设推动了区域旅游资源的整合，促进区域旅游一体化。高铁的建设缩短了沿线城市间的旅行时间，扩大了旅游资源的吸引力，增加了对休闲旅游的需求。高铁串珠状的特征有利于有效整合区域旅游资源，实现不同区域旅游资源的优势互补，增加本地旅游吸引力。

2.2.5　促进沿线物流业的发展，诱发高铁快运等新业态

高铁的运营可降低全社会物流成本，为其他运输方式释放空间。高铁开通释放了既有线的运能，有效缓解了货运能力紧张的状况，全社会人流、物流周转明显加快，成本有效降低。我国已开通运营的高铁可为货物运输腾出2.3亿t的年运力。与2007年相比，2014年全国铁路货物发送量增加68154万t，增长21.8%。

高铁建设促进了高铁快运的发展，诱发形成新业态。2011年高铁快递业务首度试水，当年底其业务范围覆盖了151个城市，到2016年10月增加至505个城市；2015年高铁快运运量达303万件，比上年增长3.24倍。高铁快运主要面向批量小、价值高、时效强的商务文件、电商包裹、生物医药、冷链食品和应急物品等市场。

2.3　高铁与沿线区域的融合发展

2.3.1　高铁站点与土地综合开发

根据不同高铁站点的区位特征、发展现状及规划，以及高铁站点与城市的关系，可以将未来我国高铁站点地区开发模式划分为城市副中心、城市次中心、城市功能组团、城市“飞地”和城市交通枢纽等五种类型（图4）。

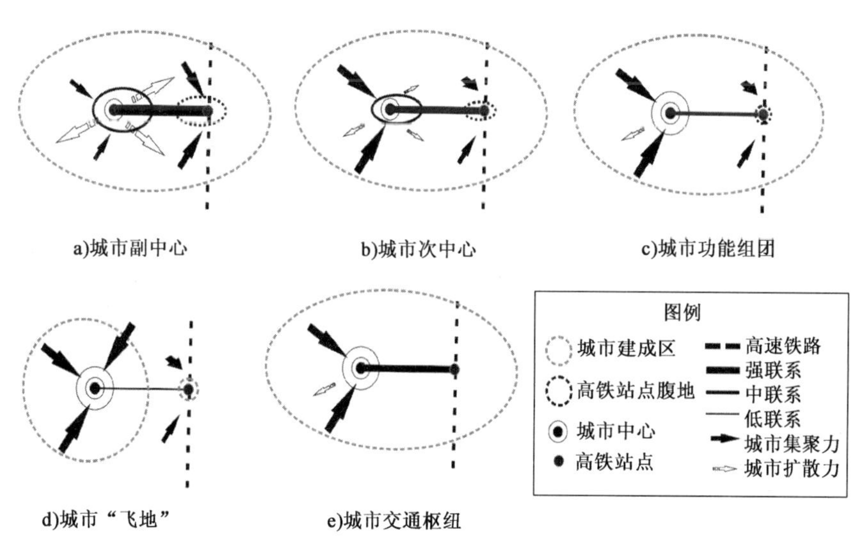

图4　高铁站点地区开发模式

（1）城市副中心

该类站点主要布局在特大城市，其空间布局模式一般属于高发展潜力-近距离型，该类型

站点所属城市经济发展水平相对较高,城市规模较大,城市中心问题已凸显,城市开始向外扩张,急需疏解城市中心人口压力和部分功能。高铁站点地区凭借其优越的区位条件以及与城市中心便捷的交通联系,成为城市中心地区功能疏解主要承载地区,促使城市中心的要素逐步向高铁站点地区集聚。此外,该类型的高铁站点本身具有较强大的节点功能,也会导致周边经济活动和人流向高铁站点地区集聚。在城市中心要素疏散和高铁站点自集聚双重作用下,促使高铁站点地区逐渐发展成为城市的副中心,如广州南站和天津西站。

(2)城市次中心

该类站点主要布局在城市中心规模较大、副中心已初步形成或城市中心仍处于集聚态势的城市。这类站点地区的布局模式多属于高发展潜力-近距离类型或高发展潜力-中距离型。城市中心或副中心具有较强的集聚功能,且强于高铁站点的集聚功能,高铁站点地区的发展受到城市扩散力的影响相对较弱,但高铁站点地区仍存在经济活动和人流的集聚,导致高铁站点地区开发情况弱于城市中心或副中心,而发展成为城市次中心,如苏州北站。

(3)城市功能组团

部分高铁站点主要承担城际交通或者较小的跨区域交通联系的功能,节点功能相对较弱。此外,这类高铁站点所依托城市的经济发展水平和人口规模相对较少,对高铁站点地区的发展带动作用不足,同时还存在一定的竞争。针对这种类型的站点,应该充分发挥其交通区位优势,产业布局和功能地位与城市中心形成明确的分工,并形成自身特色,最终形成城市重要的功能组团。

(4)城市"飞地"

该类站点多位于城市建成区外围,远离城市中心,通常情况下,与城市中心有便捷的交通联系。作为城市对外联系的重要枢纽,凭借其优越的区位优势,促使城市部分经济功能开始向该类站点地区集聚,从而促进该类站点地区发展,逐渐形成远离城市的新城,并与城市中心具有一定的经济联系和产业分工,即形成城市"飞地"。

(5)城市交通枢纽

受某些因素的限制,部分高铁站点地区开发强度相对较低,且其开发受到城市经济社会属性和站点节点功能的影响相对较弱。针对该类站点,未来应该充分发挥其作为城市对外联系枢纽的节点功能,在其周边地区建设较为便捷的交通网络,尤其是与城市经济中心的联系,便于高铁站点地区人流的及时疏散。此外,部分高铁站点布局在机场周边,主要为机场输送客流,这类站点的发展应该纳入机场临空经济区的建设中,将其作为临空经济区内重要的交通枢纽进行打造,如北京南站。

2.3.2 加速区域一体化进程,促进同城化发展

高铁缩短了城市间的旅行时间,促进了城市同城化和区域一体化的发展。从三大城市群城际高铁建设前后的对比,可以发现:

(1)无高铁时,京津冀城市群基本呈现出以北京为主枢纽城市、天津和唐山为次枢纽城市的北京—天津—唐山三角形空间结构模式。京津城际的开通,使北京到天津的旅行时间缩短为0.5h,加强了两者之间的经济联系,促进同城化发展;京广客运专线的开通,使北京到石家庄的旅行时间缩短为1.3h左右,使石家庄进入北京"2小时交通圈"范围,促进北京和石家庄的联系;京沈客运专线的开通运营,使北京到秦皇岛、天津到秦皇岛的最短旅行时间分别缩短为1.6h和1.2h左右,加强了3个城市之间的经济联系,从而促使石家庄—北京—秦皇岛外三角空间模式的形成。整体上,高铁的建设将促使京津冀城市群形成以北京—天津一体化区域为

中心，以石家庄、秦皇岛、唐山为次级中心的三角形空间布局模式，即逐渐形成网络化组织模式。

（2）无高铁时，长三角城市群主要呈现以上海为主枢纽城市、南京和杭州为次级枢纽城市的南京—上海—杭州“>”形空间布局模式。随着沪宁城际和京沪客运专线的开通，提高了上海、南京与上海—南京沿线城市的经济联系，尤其是上海和苏州、南京和镇江之间的经济联系，并促使上海—苏州、南京—镇江地区形成一体化地域空间组织模式；沪杭客运专线的开通缩短了上海到杭州的旅行时间，增强了两者之间的联系，从而进一步强化其作为长三角城市群主枢纽轴线的地位；宁杭客运专线的开通，弥补了南京和杭州铁路联系需要在上海中转的不足，缩短了两者之间的旅行时间，增加了两者之间的联系，并促使其逐渐成为长三角地区次级轴线，从而形成南京—上海—杭州的三角空间模式，其他城市均与3个城市取得联系。整体上，长三角城市群呈现以上海为主中心，杭州、南京为次中心的“轴辐式”组织模式。

（3）无高铁时，珠三角城市群主要呈现以广州为主枢纽城市、深圳和珠海为次级枢纽城市的“∧”形空间布局模式。随着广珠城际和广深城际的开通，将进一步强化广州—深圳、广州—株洲枢纽轴线，同时也促进广州—佛山同城化发展。其次，广州—云浮、广州—惠州以及京广高铁的开通，也加强了其他城市与广州的联系。整体上，珠三角城市群呈现以广州为中心的“放射状”组织模式。

无高铁和有高铁两种情形下三大城市群地域组织模式如图5所示。

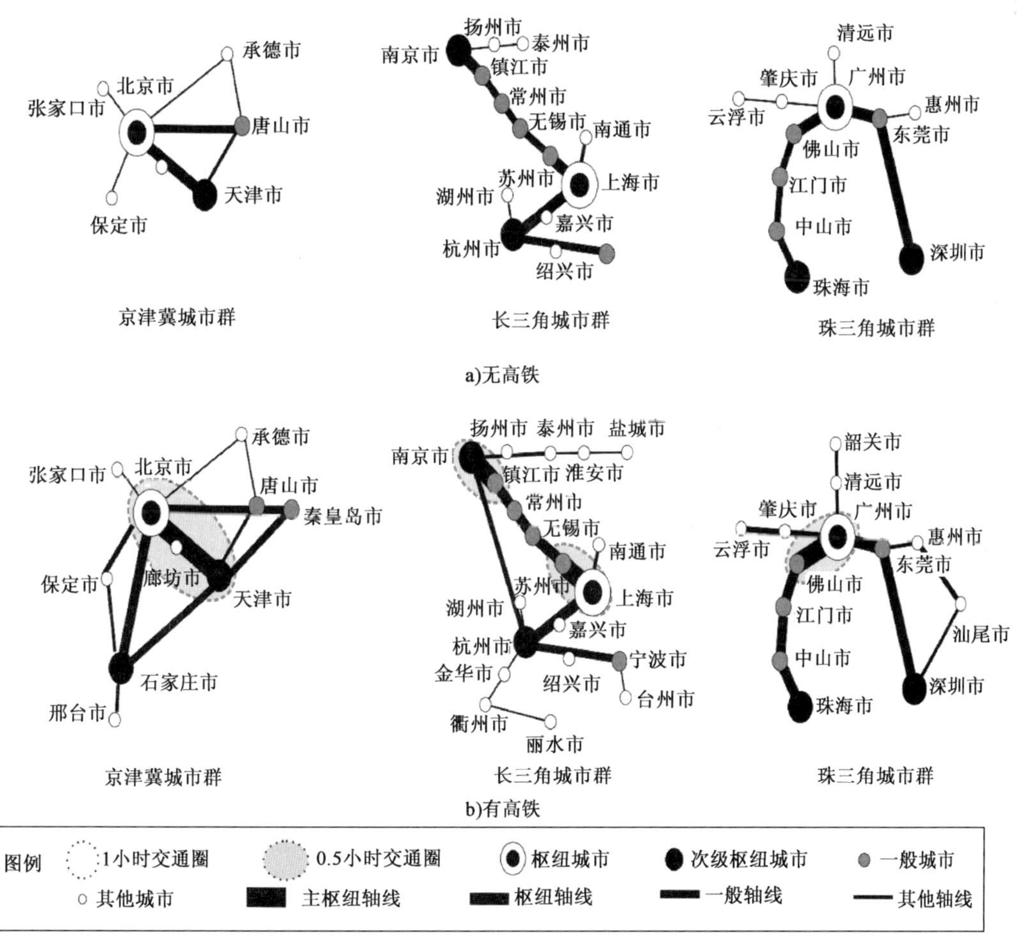

图5　无高铁和有高铁两种情形下三大城市群地域组织模式

2.3.3 高铁促进人口流动,加快新型城镇化进程

从京沪、京广高铁建成运营后前3年既有线和高速线客运量的变化对比来看,高铁建成后,既有铁路线客运量没有显著变化,高铁线的客运量显著增加,其中京沪高铁年均增长85%,京广高铁年均增长50%,充分说明高铁对人口流动具有显著的诱增效应,使原先鲜为人知或知名度高但交通不便的中小城市(镇),因人流涌动和宜居环境,成为吸纳人口的热点,高铁建设正全力助推我国新型城镇化进程。

2.4 其他方面的融合

高铁与经济社会的融合发展还涉及高铁"走出去"国际融合及军民融合等方面,但限于篇幅和资料的可获得性,本研究暂不细化。

3 京沪高铁与经济社会融合发展的现状

3.1 京沪高铁与其他交通运输方式的融合现状

从城市中心到高铁站的平均交通时间分析,京沪高铁24个站点的平均时间约为50min。其中,30min内可到达市中心的车站有北京南站、廊坊站、沧州西站、曲阜东站、滕州东站、枣庄东站、徐州东站、丹阳北站。这些车站中,北京南站位于市区内,且有便捷的城市交通换乘,其余车站城市规模较小、换乘方式较为单一。30~60min可到达市中心的车站有天津西站、泰安站、宿州东站、蚌埠南站、定远站、南京南站、镇江南站、常州北站、昆山南站、上海虹桥站。该类站点距离城市中心较远,其中,天津西站、南京南站、上海虹桥站所在城市等级较高、规模较大,虽然距离市中心有一定距离,但车站均有便利的交通换乘设施,其余车站所在城市规模较小,尤其是定远、蚌埠等中小城市,经济发展水平相对落后,车站换乘接驳方式较为单一,交通不便。大于60min的车站有天津南站、德州东站、济南西站、滁州站、无锡东站、苏州北站。此类车站均远离市中心且缺乏良好的公共交通连接。京沪高铁站点周边与其他交通运输方式融合现状见表1。

京沪高铁站点周边与其他交通运输方式融合现状 表1

高铁站点	高铁站点周边与其他交通运输方式融合现状
上海虹桥站	集航空、高铁、城际铁路、长途客运、地铁(2号线、10号线)、地面公交、出租汽车等多种交通运输方式于一体的综合交通枢纽
苏州北站	地铁(2号线)、公交、私家车、出租车、长途汽车,未来与苏通嘉城际接轨
南京南站	集散高铁运量的城市交通份额:地铁(1号线、3号线)>私家车>公交>出租车
徐州东站	集散高铁运量的城市交通份额:私家车>出租车>公交>长途汽车>出租车,未来有地铁1号线连通,与徐宿淮盐城际接轨正在规划中
曲阜东站	集散高铁运量的城市交通份额:私家车>出租车>公交>长途汽车,公交车直达"三孔"景点
济南西站	集散高铁运量的城市交通份额:私家车>出租车>公交>长途汽车,轨道交通1、5、6号线正在建设,另外还有租车公司、网约车、共享单车等
德州东站	私家车40%、公交40%、出租20%
天津南站	地铁(3号线)占80%~90%,其余是公交和私家车

3.2 京沪高铁车站周边土地规划开发情况

高铁站点地区作为高铁与城市最直接的作用区域,其建设首先会导致站点周边土地价值

和经济活动的变化。从京沪高铁各站区规划的主要功能来看,天津西、上海虹桥、滁州东、徐州东、常州北、苏州北、昆山南等6个车站兼有重要的交通节点功能;天津南、上海虹桥、济南西、南京南、徐州东、苏州北等站区已经定位为城市副中心或区域中心;其他站点地区虽然暂时定位为城市发展新区或功能组团,但发展并不完善。下面以苏州北站为典型案例进行详细介绍。

3.2.1 区位条件

苏州北站位于苏州市相城区元和街道、澄阳路以西,朱泾村北侧(图6)。苏州作为苏州北站所依托的城市,其市辖区内的城市化水平高达100%,且具有较大规模的人口和经济总量,为苏州北站地区的发展创造条件。苏州北站距离市中心相对较远,到市中心的直线距离和道路网距离分别为12km和20km。

图6 苏州北站区位示意图

苏州北站作为苏州4个客运站(苏州站、苏州北站、苏州园区站和苏州新区站)之一,主要承担京沪高铁和通苏嘉城际铁路的客运功能,站点设有2站台6线,日均发送旅客量达到6000人左右,是京沪高铁沿线重要的中间站。目前,苏州北站周边交通路网已基本形成,并通过14条公交和轻轨交通2号线与城市中心进行联系,并通过太阳路、澄阳路、太阳东路、相城大道等与城市干线路网系统连接,加强高铁站点地区与城市其他功能区之间的联系。

3.2.2 发展战略及规划

高铁新城的建设综合考虑苏州市总体发展战略的需要,合理有效地进行功能区划(图7)。《苏州市城市总体规划(2007—2020)》将苏州市定位为国家文化旅游和风景旅游基地、国家历史文化名城和国家高新技术产业基地等,中心城区将打造成"T轴双城两片区"的空间结构,城市东部作为主城区主要的发展方向,而北部相城区则作为次级发展方向,并将建设以交通枢纽、商贸物流和居住为主要功能的苏州北部新城。《苏州市高铁新城片区总体规划(2012—2030)》明确了苏州北站地区功能定位、空间结构和功能布局等。苏州高铁新城总体规划面积为28.9km^2,以"高铁枢纽、创智枢纽"为引擎,大力发展创意经济、数字经济,致力打造成苏州乃至长三角地区的产城融合示范区。

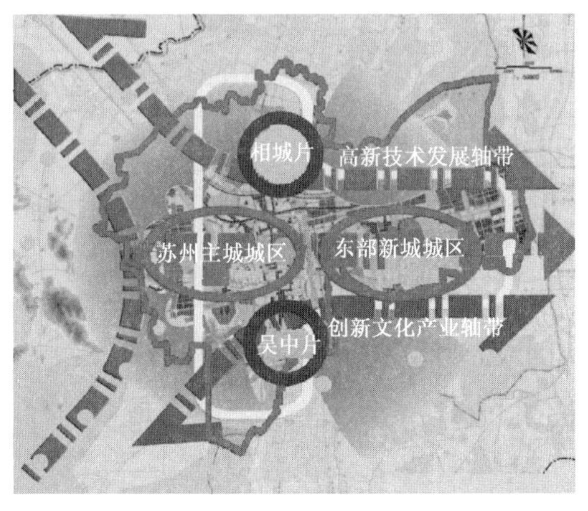

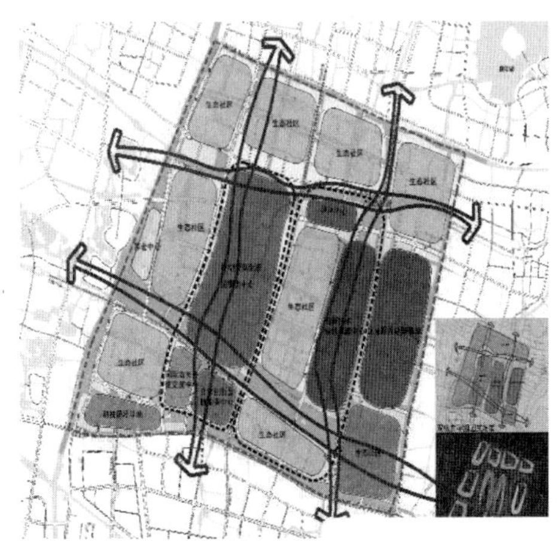

图7 苏州市中心城区用地规划图(左)和高铁新城片区功能结构图(右)

3.2.3 苏州北站站区开发现状

苏州北站作为苏州相城区未来重点发展的地区(图8),逐渐由原来的以低附加值的木业和五金制品厂等为主,向以现代服务业等高附加值行业为主转变。目前已有清华紫光、国家广播电视总局电影频道制作基地等300多个现代服务业项目,并与大连亿达软件园合作,着力打造苏州服务外包高地和服务外包产业集群,这均为站点地区产业升级改造创造了条件。

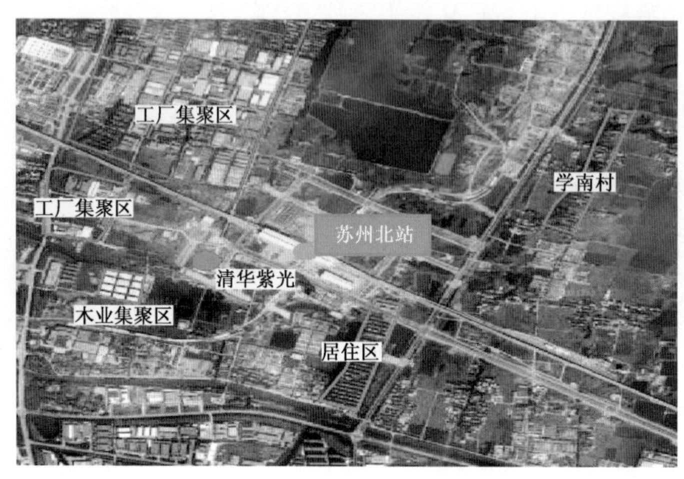

图8 苏州北站站区开发现状

3.2.4 小结

整体上,苏州北站已充分发挥其作为高铁站点和城市重要枢纽的节点功能,同时随着城市交通运输系统的不断完善,其节点功能将进一步强化。苏州北站现代服务业发展势头良好,为打造成苏州市的产业高地奠定基础。

3.3 京沪高铁车站与城市的区位关系

车站与城市的区位关系主要指京沪高铁沿线站点在城市内部的位置(即是否位于建成区内,距市中心区的距离)以及站点周边用地、人口及经济发展状况等。这也反映了高铁对于城市经济和空间发展的作用。目前,京沪高铁沿线24个站点中有4个车站位于城市中心,9个位于城市外围或郊区,其余11个车站在农村。各站点与城市中心的距离范围为3~24km,具体如下:

(1)距离在0~4.9km的车站有4个,分别是廊坊站、枣庄西站、蚌埠南站和昆山南站,虽然这4个车站距离市中心较近,但其城市的规模等级较小,发展水平相对较低,尤其蚌埠南站和枣庄西站不在建成区范围,其站点的相关配套设施也较为落后,不能满足站区发展的需求。

(2)距离在5~9.9km的站点最多,共12个。其中沧州西站、曲阜东站、滕州东站、徐州东站既位于其所在城市建成区外,也位于各省经济基础发展相对较为薄弱的地区,其站区的发展需要较大的基础设施投入,为站区的发展带来一定不利因素。

(3)距离在10~15km的车站有2个,分别是天津南站和滁州南站,二者所在城市的发展水平不同,相较而言,滁州南站的周边环境较差,配套设施较为落后。

(4)距离在15km以上的车站有6个,分别是德州东站、定远站、宿州东站、无锡东站、苏州北站和上海虹桥站，其中德州东站、定远站、宿州东站所在城市发展水平较低，站区又位于建成区外，周边环境和配套设施都远不如其他3个站点；无锡东站和苏州北站也位于建成区边缘，周边环境有待提升；上海虹桥的建成环境和配套设施较好。

3.4 京沪高铁与区域空间结构重塑

京沪高铁的建设扩大了以北京为中心城市群的空间范围，促使南京和上海城市群或都市群形成一个整体，并增加了徐州和济南周边城市对其依赖程度，基本形成了以北京、济南、南京、上海等4个城市群或都市圈为重要节点的组织模式（图9）。

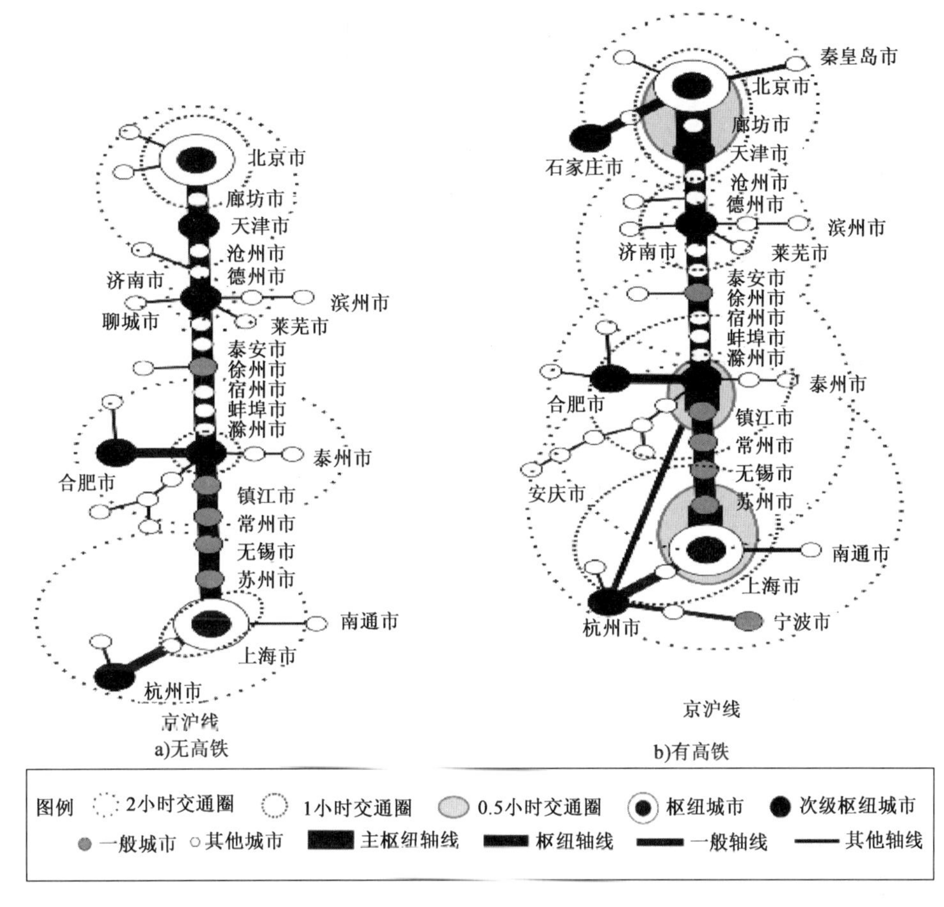

图9 京沪高铁对沿线城市群的空间结构影响分析

4 高铁与经济社会深入融合发展面临的问题

（1）既有的高铁委托运输管理体制容易导致责权的分离，影响了高铁企业与区域性铁路局、高铁与地方经济社会融合的激励与约束机制的建立。

（2）高铁自身财务效益较差，运营效率有待进一步提升。高铁自身财务可持续性较弱。截至2016年底，国铁负债4.7万亿，其中约70%为建设高铁所带来的，高铁投资的边际效益递减。我国东部主要高铁干线已基本实现盈利，而大部分中西部高铁项目处于较为严重的亏损状态。但是即使是效益最好的京沪高铁，不同车次的客座率也存在较大差异。以2017年4月19日为例，在客座率90%以上的车次数占比为32.7%的同时，客座率低于70%的车次数占比也高达21.1%。另外,各高铁项目旅客运输密度差异较大,与国际最高水平相比仍有差距。

(3)与其他交通运输方式衔接在部分站点存在不协调现象。

①有些城市的公共交通配套能力严重不足。有些大城市高铁站没有地铁衔接,衔接的公交运力不足,私家车和出租车成为集散旅客的主要方式。

②与城市公共交通时刻配置衔接存在问题。部分高铁站点地区公共交通时刻配置没有考虑高铁的时刻配置问题,导致乘坐末班高铁的乘客,无法及时疏散。

③高铁与航空服务衔接不足。如虹桥站作为上海重要的高铁站,大部分国际旅客需到浦东机场乘机,增加机场和高铁站换乘的难度。与航班和长途客运时刻配置也存在衔接问题,高铁时刻配置很难兼顾航班延误问题,增加了机场换乘高铁的难度。

(4)部分高铁站区开发建设与城市发展不协调,缺乏相关产业和人口的支撑。

①高铁站点距离城市中心较远,与城市总体规划不协调。2015 年,我国 505 个高铁站点到行政中心的直线距离平均为 12.67km,多数位于中心城区的边缘地区,距离城市中心较远,增加对城市交通衔接的要求。截至 2015 年,我国有 70 多个高铁站规划高铁新城,主要集中在哈大线、京沪线、京广线等沿线。这些高铁新城在规划和建设上都存在较大的雷同,导致部分高铁新城成为“空城”,如滁州、蚌埠等城市的高铁新城。

②部分城市存在高铁站区开发规模过大,存在定位过高和规划超前的问题。部分城市将高铁新城作为“由头”,将其定位为城市新的商务区、新中心区或者副中心,但是由于每个城市的经济水平、发展条件不同,因此部分高铁站区存在开发规模过大、定位过高、投资超前或负债过度的问题,缺乏相关产业和人口的支撑。以京沪高铁为例,虽然京沪高铁的开通给高铁沿线的土地增值做出了较大的贡献,但由于与实际的市场需求总量和结构相比,初期规划的规模过大,投入过于超前和负债过多,致使除了苏州北站外,其余各高铁站点的开发投资很难在设想的期限内收回。

(5)在高铁规划、建设与运营的全寿命周期中,缺乏铁路部门与地方政府综合协调机制。

(6)实现高铁快运的新红利面临一定的难度。

①高铁快运所需专业设备与设施不配套,没有设计专用的动车组,没有专用站台、行包房、专用车辆等配套设施。

②铁路运输企业与非国铁快运企业的合作存在体制性障碍。

③高铁快运价格相对较贵,缺乏市场竞争力。

(7)高铁引致的“虹吸现象”给部分中小城市带来负面影响。以德州为例,京沪高铁的运营给德州带来了“同城效应”的同时,也带来“虹吸效应”,在一定程度上出现了本地人才向北京、天津和济南流出的情况。

(8)缺乏科学合理的反映高铁与经济社会融合发展的国民经济账户和统计指标体系。该体系的缺乏给较为科学地计量和分析高铁对区域经济的影响带来较大困难,使研究的结果可靠性不强,各方争议较大。

5 结论与建议

5.1 结论

高铁对区域经济社会发展的促进作用是明显的:第一,高铁缩短了沿线城市间的旅行时间,提升其时空竞争力;第二,高铁加速沿线人流、物流、信息流和资金流等流动。具体体现为:

拉动沿线城市经济增长；促进沿线产业结构升级；促进相关产业发展，诱发新业态；加速区域一体化进程，促进同城化发展；增加沿线土地综合开发强度，促进高铁枢纽经济发展；促进综合交通运输的协调快速发展；高铁改变居民出行行为；高铁增加战备机动和运输能力。但是在不同地区影响程度和融合效果各异，例如曲阜东站、天津南站、德州东站对经济社会的影响仅体现在站区层次，徐州东站则体现在站区及高铁站所在城区层次，苏州北站、济南西站更多地体现在高铁站所在城区及城市范围内，南京南站、上海虹桥站体现在省市特大城市群及全国区域范围内。

高铁只是促进区域经济增长的必要条件之一，如不能与市场需求、产业结构调整和城镇化发展等相匹配，则可能出现“高铁空城”和“虹吸效应”。高铁与经济社会的深度融合取决于市场、政府、规划和具体实现技术的协调，具体体现在：

(1)高铁与其他交通运输方式的衔接与配合；

(2)高铁站区规划与城市总体规划的配合；

(3)高铁新区产业发展与城市总体产业发展的配合；

(4)高铁经济发展与政府保障措施的配套。

5.2 政策建议

(1)根据2016年颁布的《中长期铁路网规划》，到2025年，高铁营业里程要达到3.8万km左右，需新建1.9万km，新投资2.8万亿元左右。因此新建项目应吸取既有高铁建设和运营的经验教训，力争真正实现高铁与经济社会的深度融合。在增加新动能和新红利的同时，应避免“高铁空城”“虹吸效应”的发生。

(2)要以解决影响高铁与沿线经济社会融合存在的体制和机制问题作为新旧动能转换的出发点，不断释放出既有高铁项目的新红利。重点内容包括：继续加快铁路行业市场化改革的步伐，采取灵活多样的高铁运价制度，将通勤需求作为需求的增长点；进一步加强高铁与其他运输方式的衔接；以新建相关城际铁路项目为契机，不断增进相关高铁车站与周边物业开发的融合度。

(3)把京沪高铁与沿线经济社会发展深度融合作为示范工程。京沪高铁是企业效益和社会效益俱佳的高铁项目，在铁路建设、技术和运营管理水平方面均居全国领先水平。在此基础上，若能有针对性地解决其在与经济社会融合方面存在的问题，对增添新动能和释放新红利具有重要意义。

(4)加强顶层设计，充分发挥市场、政府、规划和技术的作用，建立更加有效的高铁建设和运营全寿命周期的路地融合组织与协调机制。

(5)结合中国的国情和路情，认真学习和借鉴国际经验。不断建立高铁与经济社会融合的法律法规体系，制定高铁沿线一体化城区发展纲要，并建立一套以铁路为核心与城市一体化发展相融合的操作方法。

参 考 文 献

[1] 林晓言，等. 高速铁路与经济社会发展新格局[M]. 2版. 北京：社会科学文献出版社，2017.

[2] 武剑红. 新常态下西部铁路发展要注意的问题[J]. 改革内参，2015(14)：27-30.

[3] 荣朝和，武剑红. 我国铁路债务危机处置与加快铁路改革的思路[J]. 综合运输，2012(1)：

27-32.
[4] 武剑红,马明,武晓明. 从国际比较探讨中国铁路运价改革的方向[J]. 中国铁路,2016(03):1-6.
[5] 武剑红. 铁路改革远未完成[J]. 财经国家周刊,2014(6):72.
[6] 武剑红. 政企分开是民资入铁的前提[J]. 改革内参,2012(26):5-8.

国际经验对我国高铁与经济社会融合发展的启示

武剑红　罗　江　王一骁　康兆霞　等

(北京交通大学经济管理学院,北京,100044)

摘　要:我国高速铁路(以下简称"高铁")与经济社会的融合发展存在诸多问题,而日本和欧洲高铁与经济社会融合发展的经验对我国高铁与经济社会深度融合发展具有重要的借鉴意义。日本和欧洲的经验表明,高铁站点与地区经济社会的融合是一个渐进和长期的过程,体现在以下几个阶段:区域交通门户、跨区域或区域交通枢纽、高铁新城、诱发新业态。同时,高铁是推动沿线城市经济发展的必要条件却不是充分条件,而高铁给沿线城市带来的效益多少依赖于城市规模和核心区域的人口和经济、城市区位、与大城市的距离等因素。

关键词:高铁;区域经济;日本新干线;欧洲里尔

1　引言

高铁经济是伴随我国高铁飞速发展而产生的新概念,主要是指高铁建设和运营所延伸和/或衍生产业链在时间和空间上所产生的综合经济社会影响,既包括微观的财务效益,也包括中观的国民经济影响和宏观的区域经济影响。从本质上说,这种概念与日本、欧洲等市场经济发达国家所提出的高铁对国民经济和区域经济的影响机理基本是吻合的。与其他的交通运输方式相比,我国高铁发展时间较短,且在与经济社会融合发展方面存在很多问题,借鉴国际经验具有重要意义。

2　日本新干线与经济社会融合发展的基本做法与经验

2.1　新干线运输产品供给与旅客需求的融合

日本新干线运输产品的供给与旅客需求的融合主要体现为通过重视旅客出行调查和灵活多样的票价机制来最大限度地提高高铁列车的客座利用率。国铁民营化改革后,决策主体由原有的国铁公司垄断式决策转向区域居民和相关学者组成的公共团体进行旅客出行调查之后提供票价运营建议,决策主体的下放和多元化取得了较好的供需融合效果。

新干线灵活多样的票价机制满足了不同乘客的需求:

(1)新干线票价二部制定价法:乘车券(基本运费)+特急券(附加运费)

东京—新大阪:8750 +5700(指定席)=14450(日元)

+4870(自由席)=13620(日元)

+10170(一等座/舒适座)=18920(日元)

一等座车厢、指定席车厢、自由席车厢(即不指定座位、可能为站票)。运行速度越慢,自由席车厢越多。东海道三种速度:NOZOMI(希望号,速度最快,所有车均16节车厢,自由席3节)、HIKARI(光速号,自由席5节)、KODAMO(子弹号,自由席10节)。乘车途中3天之内可以自由下车,再乘车时只能乘坐自由席。购买了指定席特定时刻,没有赶上车次,也可以乘坐之后的列车,只是座位由指定席变成自由席。乘坐新干线之前、之后的JR(日本铁路公司的名称)线免费。

(2)波峰波谷差别价格:新干线的繁忙期(夏休、冬休、黄金周)、闲散期(平常工作日)、通常期(周六日),指定席特急券价格调整(加200日元、减200日元)。

(3)指定席与自由席:自由席的特急券价格比指定席减价520日元(最高减50%)。

(4)购买往返票价:乘车券打九折,特急券不变。单程乘坐包括JR既有线的距离超过600km。

(5)购买往返票附加一晚以上住宿(与高铁公司下属的旅行社合作的宾馆):票价优惠30%~50%。预约在出发前3天为止。

(6)回数券打折(即一次买6张、通勤或家庭出游,不记名):6张一套减价3%~5%,3个月内有效,用不完可以手续费回购。不记名亲朋好友可以共同使用。回数券二手交易市场,站前金券交易窗口可以买单张回数券。

(7)团体票(8人以上)减价10%(繁忙期)~15%(闲散期)。陌生人可以互约一起购票。中学生以上学生团体,为成人运费的50%。小学生以下团体,为儿童运费的30%,带队教师为成人运费的30%。

(8)学生票:乘车券减价20%。单程距离100km以上。

(9)提前预约、网络购票、免费会员制购票,乘车券优惠20%~45%。各条线路自行开发,吸引客源效果明显。JR东日本,13日之前购票,减价30%~35%;JR东北、北海道,14日之前购票,减价25%~40%;JR东海道,3日前购票减价11%~17%。一等座减价20%以上;JR山阳,22日之前购票,冈山—新山口之间各站到东京、横滨乘坐NOZOMI时票价减25%,一等座减29%。

(10)通学、通勤月票打折:一般限定在200~300km距离。只可以乘坐自由席。与每次买票相比较,新干线月票的减价幅度可以达到60%以上,是新干线票价制度中最廉价的。一般算法是,新干线月票,是同距离既有线月票的1.8~1.9倍。

2.2 高铁与其他交通运输方式的融合

日本新干线与其他交通运输方式的融合主要体现在三个层次:①新干铁和既有铁路线的融合共站;②5min步行圈(业态:商务、旅馆、办公楼)、15min公交圈(公共办公大楼、住宅、学校、公园等,重点在于老城的联系和外城的辐射);③大动脉与支脉(大动脉即高铁,支脉即原有的铁路)。

新干线与其他交通运输方式的融合主要通过制定相应的法律法规体系和各级政府制定再编实施规划等工具完成的。

法律法规体系:

(1)交通政策基本法、地区公共交通活性化及再生法(前两个要求建设时制定地区公共交通网形成规划)、全国新干线整备法;

(2)地区公共交通网形成规划——构建以交通枢纽为核心的公共交通网络;

(3)公共交通协议会——交通供给侧与需求侧的协调。

地区公共交通活性化及再生法(简称“活性化再生法”),于2014年5月进行修正,并于2014年11月实施。实施后,要求开始制定地区公共交通网形成规划。地区公共交通网形成规划进一步明确了与区域现状相匹配的公共交通网的蓝图/总体规划,它是以国家所制定的基本方针为依据,地方政府通过召开协议会与交通运营者等主体相协商的基础上制定的。地区公共交通相关主体——居民、交通运营者、交通行政管理者等,要发挥相应的作用。

为了进一步提高公共交通网络的便捷与效率,在对重点区域实施网络再建时,必须制定地区公共交通再编实施规划。此规划的制定,必须以地方政府赢得交通运营者的同意为前提。

地区公共交通网形成机制见图1。

2.3 新干线规划与土地开发利用规划的融合

日本新干线通过采取TOD(图2)等方式来实现高铁规划与站点周边土地开发利用规划的融合(表1),主要体现在三个层次:广域(辐射范围超过100~200km区域)与区域交通的枢纽、新城格局形成、新产业形态。

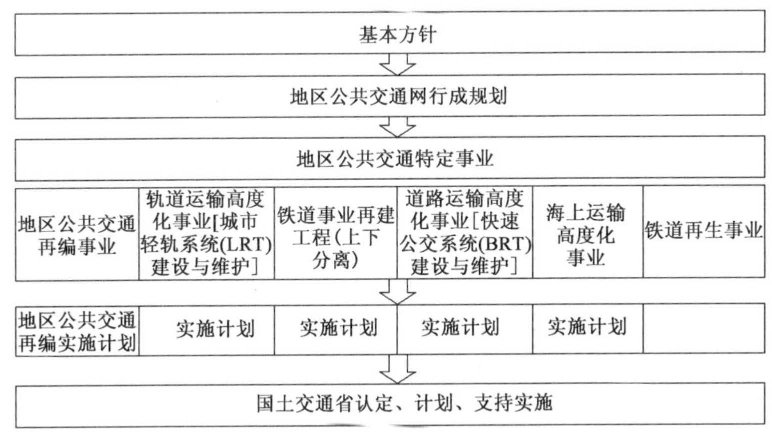

图1 地区公共交通网形成机制

图2 新干线名古屋TOD综合站点开发

新干线名古屋综合站点基本情况 表1

项　目	值	项　目	值
高度	245.1m	占地面积	82191m^2
层数	地上51层,地下4层,塔屋3层	建筑面积	416565m^2

3 欧洲高铁与经济社会融合发展的基本做法与经验

欧洲高铁的发展历史,可以追溯到1981年法国巴黎和里昂高铁第一阶段的建成通车。之后,法国高铁网络逐渐成为西北欧高铁网络的核心。尽管德国、意大利、西班牙等国家同样也在高铁专用线建设上进行了投资,但仅西班牙形成了与法国相当的规模。欧洲高铁在相对较长的建设与运营历史中积累的经验,特别是高铁与经济社会的融合、高铁建设过程中部门间的融合经验值得中国借鉴参考。

3.1 高铁与运输需求的融合

欧洲高铁的规划、建设、运营优先考虑财务效益。通常情况下,欧洲高铁不会利用政府的补贴来承担主要建设成本。因此,如果一个铁路网不能充分缩短城市之间的旅行时间,或者吸引充足的客流,运营后的效益将很难达到所承诺的效果,这是投资方所不愿看到的。根据世界银行报告显示,高铁对人口密度要求较高,只有在人口密度高、接近主要铁路车站(里尔等)的地区,才有可能实现预期上座率和客票收入。因此,对于法国、德国、西班牙、荷兰、英国等欧洲国家,高铁的发展模式都是首先连接人口密集的大城市,如巴黎3700人/km^2、伦敦5600人/km^2、马德里4800人/km^2、柏林3000人/km^2、巴塞罗那4500人/km^2、罗马3500人/km^2、里昂1400人/km^2、里尔2400人/km^2、阿姆斯特丹3300人/km^2。除了满足自身财务效益,高铁还带来了大量的商务旅客、游客以及通勤人流,为高铁站点所在的城市带来了发展商业、金融业、休闲娱乐业、旅游业等产业的新机会。而服务业需要依靠人群的聚集促进消费,因此充足的客流是让高铁发挥集聚效应的基础。

另一方面,新站的选址、中间站点的设置以发挥高铁的竞争优势为目的。考虑建设成本等情况,欧洲普遍认为高铁的最佳运营距离在400~600km。在此范围内,城市之间可以在2~3h范围内到达,高铁较航空和公路运输具有明显的优势。特别是在大都市区,高铁服务的目标是尽可能地与民航保持相当的竞争力。根据相关研究结论,如果出行时间为3h,选择高铁和民航的比例大概是各50%;如果出行时间少于2.5h,65%的出行者会选择高铁出行。为了尽可能提升与民航的竞争力,巴黎—里昂高铁线路避开了主要的居民聚集区,从而缩短了超过100km路程。

3.2 高铁与其他运输方式的融合

3.2.1 高铁与其他公共交通的接驳

高铁与其他公共交通的接驳、联运主要体现在高铁站与公路、公共交通实行一体化管理,实现无缝衔接,如在时刻表上相互协调、实施通票等,相互间形成紧密的合作,保证高铁新站与沿途中小城市既有线车站和市中心的衔接。例如,德国汉堡站等在规划布局、换乘衔接组织、联合运输体系与信息共享等方面进行全面设计,形成包括高铁在内的高效快速轨道交通网,最大限度地提高换乘效率和乘客舒适度。里尔高铁通过柯布西耶高架桥城市空间体系,使公共汽车站、地铁站、地下停车场和城市快速路在空间上保持了紧密的联系,极大地方便了人们的出行。停靠里尔欧洲站对应公交车站的线路包括里尔地铁2号线、里尔有轨电车R线和T线,以及里尔公交12路、50路、86路、88路、91路和L91路等。

在经济层面,法国高铁的经验表明,如果拥有到高铁新站的既有线或大巴,那么即使高铁没有经过该城市或市中心,该地也会获得来自高铁的收益。例如,上皮卡第高铁站位于亚眠与圣康坦两市之间,其车程均在45min左右;洛林高铁站北距洛林首府梅斯28km,南距南锡36km;香槟—阿登高铁站南距埃佩尔奈站24km。

3.2.2 空铁联运

高铁通过为机场提供接运服务,已经逐渐成为航空运输的集散运输模式,而不是单纯的竞争对手。目前,法兰克福机场(汉莎、德铁)、巴黎戴高乐机场(法航、大力士)、伦敦希思罗机场实施了空铁联运。实施空铁联运的措施主要有:空铁旅客联运,如法国航空公司同高铁运营商合作,在多条至巴黎的高铁线路上提供空铁联运;马来西亚航空公司与法国高铁合作,实现一票覆盖全程。实施空铁联运的具体措施包括联网订票、高铁与航班时刻表的衔接、高铁站办理登机和托运、代码共享协议等。

以法兰克福机场的空铁联运为例,法兰克福机场于1995年就基本完成了空铁联运的基础设施建设,主要包括区域火车站、远程火车站和空铁联运大楼等。区域火车站在一号航站楼地下层,拥有三条轨道、两个站台,每天约220班次火车。区域火车站线路除了市中心和周边区域外,还包括至科布伦茨、萨尔布吕肯(150km)和维尔茨堡的线路。远程火车站和空铁联运大楼位于机场航站楼和高速公路之间,通过连廊与航站楼衔接,远程火车站是空铁联运大楼的一部分,火车站上一层即是办票航站楼。1999年开通运营以来,所有德国南部和北部至汉诺威和汉堡的铁路都直接通至机场。

法兰克福机场的空铁联运包括两种水准的服务。一是铁路设施(区域铁路、高铁)直接衔接机场,使旅客可以通过铁路便捷地进出机场,办理办票和行李托运等各种手续都将在机场内进行。二是机场和航空公司为旅客提供的铁路和飞行之间的联程服务,为从铁路到航空的中转旅客自动办理行李转运,这就要求火车站应有登机办票柜台和行李输送系统,并可通过航空公司的订票系统购买联程票。

2001年德铁开通了法兰克福机场到斯图加特的"零米高度支线飞行"服务,2003年实现了法兰克福机场到科隆的"零米高度支线飞行"服务。目前"零米高度支线飞行"服务架次占每日1200架次飞机的10%。如表2所示,自1999年开通远程火车站以后,旅客进出机场的交通模式所占比例发生了很大变化,通过高铁提高了机场公共交通的比例,高铁从支线航班中赢得了旅客。

高铁开通后进出法兰克福机场的各种运输方式的市场份额变化(%) 表2

运输方式	1999年	2000年	2004年
小汽车/出租车	54	48	46
出租车	18	17	18
巴士	5	7	6
区域列车	13	11	11
高铁	9	15	18
其他	1	2	1
始发旅客量	100	100	100

另外,由于空铁联运的实施,汉莎航空公司在2003年首次取消了至法兰克福机场的35%的支线飞行,由此节省了5%的跑道时隙。这虽不能代替新建一条跑道的作用,但至少提升了竞争力,有利于枢纽机场的可持续发展。

欧洲经验表明,空铁联运可以使机场运营和铁路运输互利双赢。空铁联运既能够提高进出机场的公共交通比例,改善机场地面交通和机场可达性,还能不断拓展枢纽机场的市场辐射范围,扩大和稳固市场资源。

3.3 高铁规划与城市发展的融合

以法国里尔市的高铁车站地区综合开发项目"欧洲里尔"为例,分析在一定的社会经济条件下,里尔市顺应时代要求,对各种优势条件进行整合,借助高铁车站成功实现经济结构转型的实践经验。

里尔地区位于法国北部,属于北加莱海峡大区。里尔市是里尔地区的首府,2005年人口约16.6万人。里尔市还是里尔市镇联合体(Communaute Urbaine de Lille,简称CUDL)中人口最多的城市。CUDL由85个地方政府组成,人口超过110万。从20世纪60年代末开始,整个北加莱海峡大区遭受传统工业衰退的打击,煤炭、钢铁、机械制造和纺织等传统支柱产业不断萎缩。由于缺少发展新型工业(例如电子等高科技产业)的基础和动力,里尔地区相对于法国其他地区处于发展劣势,高科技产业和相关服务业的岗位数量一直比较少。里尔市作为法国北部最大的工业城市,随着失业等社会问题的凸显,面临日趋衰败的命运,迫切需要经济结构的转型。由此,里尔市开始积极寻找经济转型、发展第三产业的机遇。1973 年,皮埃尔·马龙(Pierre Mauroy)开始担任里尔市市长,也开始了里尔建设高铁车站的时代。

里尔市的地理位置十分优越,距离比利时边境仅 10 余公里,处于伦敦—巴黎—布鲁塞尔三角地的中心。这也是欧洲人口最稠密、经济最活跃的地区。法国国家铁路公司(SNCF)主张将高铁的车站设在里尔市南部的塞克林(Seclin),这样既节约建设成本,也会缩短路程。为此,皮埃尔·马龙提出"不要让高速列车停在沙漠中",并力主在里尔市中心设站。后来,SNCF得到了 8 亿法郎,用于补偿其提高的建设成本和损失的利润,使其改变了初衷,把高铁车站改至里尔市中心。该补偿金则由法国政府、北加莱海峡大区、里尔市共同承担(分别为4 亿、2.64亿、1.36 亿法郎)。

在地方分权、市镇获得一定自主权的大环境下,"欧洲里尔"这一耗资巨大的项目,充分运用了联合开发的方式,借助多方力量,促使开发建设顺利进行。为了推动规划的实施,在设立ZAC 的基础上,常常由具有一定商业背景的公共机构,或者市镇政府作为股东的有限责任规划组织,组成综合开发机构 SEM(Société d'Economie Mixte)。"欧洲里尔"运行了 ZAC 规划模式,又建立了 SEM 作为项目执行机构,算得上是典型的"法国式"项目。对于 ZAC,政府掌握开发建设,并承担经济运营的主要风险;对于 SEM,地方政府控制开发建设,但只承担部分投资风险。1988 年初,"欧洲里尔"开发公司(Euralille-Metropole)成立,这是一个私人开发公司,包含一个研究机构,对该项目进行可行性研究。经过研究机构的评估,开发委员会确定了建设新的高铁车站,以及包括办公、服务、商业、文化、居住、公共设施及城市开放空间在内的综合开发项目。

"欧洲里尔"开发公司由多位有影响力的人物组成,并由"欧洲里尔"的项目负责人贝托(Jean-Paul Baietto)负责指挥。由于里尔市长皮埃尔·马龙曾在 1981 年到 1984 年担任法国总理,凭借他的政治影响力以及开发公司的推动,逐渐有多家银行、SNCF 以及地方商业机构向"欧洲里尔"项目投资。1990 年,公私合作组织 SAEM(Société Anonyme d'Economie Mixte)取代了原有的"欧洲里尔"开发公司。SAEM 代表了多个层面:从区域政府来说,有里尔地区的多个城市(里尔、鲁贝、图尔昆、维伦纽夫)、北加莱海峡大区、里尔城市联合体等;从投资组织来说,有法国国家银行(Caisse des Dépôts)、里昂信贷银行(Crédit Lyonnais)、法国东方汇理银行(Banque Indosuez);还包括里尔、鲁贝、图尔昆的具有一定私营成分的工商业联合会,以及多家地区级银行。

SAEM 的目标很明确,即负责高铁车站建设及车站地区的综合开发(表 3),并进行项目的投资管理、运营、国际协作,具体体现了 SEM 的作用。SAEM 还负责某些相对独立工程的开发,如停车场和会展中心。其他的部分,开发权出售给公共或私人开发商,再由开发商将完成的建筑卖给投资者。投资者作为业主,可以将物业自用或者出租。

"欧洲里尔"(第一期)房地产开发指标 表 3

土地所有者	欧洲里尔 SEM(里尔市)	
内容	建设量	单位
总占地	700000	m^2
总建筑面积	273710	m^2

续上表

土地所有者	欧洲里尔 SEM(里尔市)	
内容	建设量	单位
办公	45720	m^2
私人服务	22290	m^2
会议、展览	38000	m^2
永久居住	6380	m^2
临时居住	11220	m^2(407 套)
休闲娱乐	15600	m^2
商店	31000	m^2(净面积)
旅馆及餐饮设施	18600	m^2
教育	11400	m^2
公共服务	4000	m^2
地下空间	8500	m^2
停车	6100	车位
建设费用(包括高铁)	53	亿法郎

根据法律规定,地方政府的投资比例超过50%,并且拥有投资的分配权。SAEM 的初始投资为 3500 万法郎,1994 年增至 5000 万法郎(表 4)。

1994 年“欧洲里尔”的资金来源及所占比例 表 4

资 金 来 源		比例(%)
政府	市政府(里尔 16.5%,马德林、鲁贝、图尔昆、维伦纽夫各 2.5%)	26.5
	里尔市镇联合体	16.5
	省政府	5.5
	大区政府	5.5
私人投资	地区银行	14.6
	国家银行	19
	国际银行	4
	保险公司及其他	2.4
法国国铁(SNCF)		3
地方商会		3

截至 1997 年夏,“欧洲里尔”一期开发全部完成。共耗资 53 亿法郎,其中 37 亿(占 70%)来自私人投资,5 亿(占 9%)来自半公共机构投资,11 亿(占 21%)来自公共投资。

里尔高铁车站开发的三圈层(图 3):

第一圈层:建筑分别为里尔会演中心,火车站商业中心。设计师把他们和里尔车站一起都集中在一个巨大的三角形的建筑基座内。里尔会演中心(位于基地南侧,是供演出、会议、展览等的综合性场所,展览部分建筑面积为 $20000m^2$,会议部分建筑面积为 $18000m^2$,其中会议厅为 5500 座);火车站商业中心(商业中心部分的建筑面积为 $92000m^2$,娱乐及其他活动部分的建筑面积为 $1510m^2$,演出大厅的建筑面积为 $2810m^2$,里尔商业高等学校部分的建筑面积为 $11400m^2$,其上高层塔楼部分的建筑面积为 $43000m^2$,停车场有 3400 个车位)。

第二圈层：辐射半径约1.5km，有里尔银行大厦、欧洲大厦、城市公园。里尔银行大厦（紧邻商业中心东北侧，跨于新火车站之上，为办公建筑，建筑面积为14600m²）；里尔欧洲大厦（紧邻商业中心东北侧，跨于新火车站之上，为办公建筑，建筑面积为25124m²）；城市公园（位于商业中心北侧、新老火车站之间，占地约100000m²）。

第三圈层：辐射半径约3km，有Seint-rice街区住宅、Carnot街区住宅。里尔车站的第三圈层是边缘地段开发，是安置于基地边缘地段的住宅办公等开发项目，为在建或待建工程。

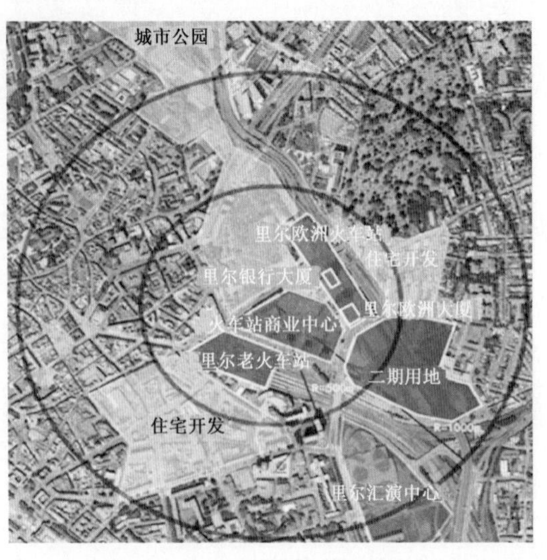

图3 里尔高铁车站开发的三圈层

高铁与新旧车站、国际与国内、城际与城市内交通网络的良好接驳，使“欧洲里尔”一跃成为欧洲可达性最好的城市。这让里尔在欧洲的重要性获得提升，成为法国北部边境的门户。“欧洲里尔”的建成，对当地的失业情况有所改善。1996年，“欧洲里尔”共有2800个就业岗位，其中2000个是新增加的。按照规划，全部项目共有5000个就业岗位。“欧洲里尔”项目完成以来，商业活动十分繁荣。和里尔市中心的传统商业相比，“欧洲里尔”的商业开发侧重于特色精品店，更时尚且更国际化，从而与里尔市中心实现了错位发展，互为补充。“欧洲里尔”吸引了周边城市以及比利时等地的大量年轻消费者。同时，也为紧邻的里尔市中心带来了众多游客，保存完好的19世纪工业城市风貌得以充分展示。里尔成为工业城市转向工商服务业城市的典范。高铁对里尔城市的影响总结见表5。

高铁对里尔城市的影响 表5

区位环境提升	高铁与新旧车站、国际与国内、城际与城市内交通网络的良好衔接使里尔一跃成为欧洲可达性最好的城市
激活经济发展	作为新城中心和商贸中心，为城市带来了收益，增加了就业
产业转型	里尔从传统工业城市转变为一个以商务办公为主的城市
促进房地产发展	“欧洲里尔”的房地产开发总量为80万m²，其中80%为办公和商业服务设施，20%为住宅
提升城市知名度	里尔成为工业城市转向工商服务业城市的典范，不仅大大提高了知名度，更成为欧洲“精神地图”的新节点

在法国，地方政府通常把引入高铁网络作为振兴当地经济的契机，并积极运作，希望拥有高铁站点，并且雄心勃勃地为车站地区制订各种发展规划。但是，越来越多实践经验和研究表明，与其说高铁车站是发展地方经济的动力源，不如说它重新分配了既有的经济资源。高铁作为一种高效的交通运输方式，最根本的作用是通过缩短时空降低出行的时间成本。高铁扩大了资源流向的选择范围，而资源是否流向某个站点所在的城市，则由该城市自身各方面的潜力来决定。因此，高铁扮演的是“催化剂”的角色，并不直接参与拉动地方经济，只有在地方经济基础等各种条件都具备的时候，它的催化作用才能真正体现。“欧洲里尔”的筹划阶段，地方经济已渡过传统工业的结构转型危机，正向服务业和高科技经济转型。城市迫切需要创造转型的契机。时值英法海底隧道计划确定，北部欧洲高铁网络建设提上日程，这都是不可多得的

机遇,为高铁发挥“催化剂”作用提供了温床。“欧洲里尔”的规划建设,则是在市场自由竞争机制下的城市开发与政府规划管理体系的完美结合。依据社会政治、经济、市场环境的变化,建设规模、建设内容和建设方式经过多次调整。以典型模式进行规划,并建立与之适应的开发方式,充分实现各级政府、社会团体和私人投资者的合作,最终实现了共同的目标。

通过对里尔案例的分析可以看出,“欧洲里尔”的成功是多种有利因素共同作用的结果。因此对于高铁车站综合开发项目,应具体问题具体分析,积极发挥优势条件,避免盲目开发,浪费资源。

4 结论

日本和欧洲的经验表明,高铁站点与地区经济社会的融合是一个渐进和长期的过程,一般是以区域交通门户起步,逐步成为跨区域或区域交通枢纽,而后形成高铁新城,诱发出与高铁特点相适应的各种高级商业业态。同时,高铁是一种高效的交通运输方式,对带动车站地区城市发展、振兴地方经济具有催化作用。但是高铁车站的催化作用并非自然产生,而是内在与外在的各种条件综合作用的结果。因此,高铁是推动沿线城市经济发展的必要条件却不是充分条件,而高铁给沿线城市带来的效益多少依赖于城市规模和它核心区域的人口和经济、城市区位、与大城市的距离等因素。总的来说,高铁所带来的人流聚集和发散效应同时发生,表现为高级别的专业活动朝更大城市地区迁移,专业程度稍低的活动向更小的城市迁移。欧洲的普遍观点是,高铁沿线城市可以扩大其参与竞争的市场范围,但从大都市地区向沿线城市转移的产业分散却鲜有发生。

参考文献

[1] Roger Vickerman, Klaus Spiekermann, Michael Wegener. Accessibility and Economic Development in Europe[J]. Regional Studies, 1999, 33(1):1-15.

[2] Francés J M D U, Batalla C R, Tordesillas J M C, et al. Situaciones y retos territoriales de la Alta Velocidad Ferroviaria en España[J]. Ciudad Y Territorio Estudios Territoriales,2006:397-424.

[3] Francés J M D U, Antín M G, Tordesillas J M C. Nuevos procesos de metropolización facilitados por la alta velocidad ferroviaria[J]. Ciudad Y Territorio Estudios Territoriales, 2009:213-232.

[4] Plassard F. Le train à grande vitesse et le réseau des villes[J]. Transports, 1991,345:14-23.

交通枢纽与经济融合发展问题研究及对策建议

祝　超　顾　涛　周　凌　张　帅

(北京交通发展研究院,北京,100073)

摘　要:近年来,枢纽经济作为交通枢纽与经济融合发展的一种新兴经济形态应运而生。本文通过对枢纽经济概念、发展历程、阶段性特征的梳理,结合未来发展新趋势判断,识别枢纽经济发展的新动能、新红利。重点从枢纽经济发展的微观层面,对交通枢纽土地综合开发进行关键问题和关键环节研究,提出多主体规划协调难度大、土地政策有待突破、管理体制有待完善等问题,并结合国内外城市创新经验,从技术进步、制度创新等方面提出发展对策建议。

关键词:交通政策;枢纽经济;土地综合开发;对策建议

1　引言

交通枢纽既是城市综合性交通换乘中心,也是生产要素、经济要素的交换场所。以交通枢纽为切入点,突破单纯强调枢纽运输功能传统,不断拓展和提升枢纽功能,发展临港、临空、临站等不同类型的枢纽经济,成为交通运输与经济社会融合发展的新形态。枢纽土地综合开发作为枢纽经济的代表性发展模式,对实现枢纽土地资源、综合配套设施和城市环境资源的集约化利用,加速现代服务业聚集、推动产业转型升级,培育城市经济发展新动能具有重要意义。当前枢纽土地综合开发仍面临政策、体制等障碍,如何破除多方面的掣肘,形成交通枢纽与周边土地功能开发、与城市社会经济的良好互动,是深度融合的关键问题。

2　枢纽经济内涵及发展趋势

2.1　枢纽经济内涵及发展阶段

枢纽经济作为交通枢纽与经济融合发展的一种经济形态,以交通枢纽为中心,吸引包括原材料、劳动力、资本等多种生产要素和包括物质流、资金流、人才流、技术流和信息流等多种经济要素在枢纽区域内集散,将枢纽交通条件转化为枢纽经济优势,带动区域产业集聚、经济繁荣。

交通枢纽虽然在区域内只是单点,但是汇集了多种交通运输方式,通过各种交通运输网络的连接具有较高的可达性,在进行各种生产要素和经济要素集聚的同时,也承担着“搅拌器”和“放大器”的功能,通过高效、有序、规范的流动,不同要素在实现自身价值的同时,通过循环流动,要素规模逐渐扩大,从而实现该区域经济规模不断扩大、经济持续发展的目标。

枢纽经济的发展阶段与交通枢纽自身的发展阶段契合,但又有一定的差别。交通枢纽的发展阶段和等级由枢纽交通线路数量、客货流量等因素决定,但枢纽经济的发展不能仅仅依靠枢纽本身,枢纽与区域交通和当地社会经济发展的协调程度也决定了枢纽经济的发展水平。因此,根据发展成熟度的不同,可以将枢纽经济的发展分为起步阶段、转型阶段和腾飞阶段。在起步阶段,重点工作是加强枢纽相关基础设施的建设,提高枢纽可达性,并初步发挥枢纽对于各种要素的集聚功能,但枢纽与经济融合的效果尚未显现。在转型阶段,重点工作是加强与交通枢纽相匹配的要素平台和载体建设,加强枢纽与城市整体的衔接协调,进而加强区域对经济要素的"搅拌"和"放大"功能,逐步向枢纽经济转型。在腾飞阶段,交通枢纽及相关平台、载体相继建设完成,枢纽交通优势逐步转化为经济优势,枢纽所在区域成为经济发展增长极,枢纽与城市功能、社会经济进入深度融合发展时期。

总的来说,枢纽经济的发展阶段就是枢纽与城市功能、社会经济从无紧密联系到深度融合的过程。枢纽经济的发展就是以载体建设为抓手,将枢纽优势转化为城市转型发展优势和产业竞争优势,最终的目标是实现枢纽与城市功能、社会经济的深度融合发展。

2.2 枢纽经济发展趋势判断

当前我国大部分地区的枢纽经济发展仍处于转型阶段,常规发展形式为局限于区域内的基础设施建设和枢纽产业发展,以交通枢纽及周边土地综合开发为主要融合发展形式,未能与周边土地功能开发和城市整体的社会经济发展形成良好互动。

在新的时代背景下,我国先后提出一系列重大战略举措,推动以交通枢纽为核心打造城市经济发展新模式,交通枢纽与社会经济融合发展将越发深入。"十三五"时期是我国推动经济转型升级的关键时期,交通运输发展逐渐经历瓶颈制约、初步缓解、基本适应的过程,从跟跑型向引领型转变,枢纽经济发展时机更加成熟,即将在我国经济转型中发挥重要作用。"一带一路"提出依托沿线主要城市和港口,建成安全高效的陆海空通道网络,突出枢纽在其中的关键节点作用,打造航空港、国际陆港、海港经济区,建成物流枢纽中心,使经济联系更加紧密。长江经济带明确提出大力建设各等级交通枢纽、合理布局、有序建设衔接,以枢纽城市为核心,打造"一轴两翼三极多点"的发展新格局。京津冀协同发展立足于建设"以首都为核心的世界城市群",着重发挥北京首都国际机场、天津滨海国际机场等空港枢纽以及北京南站、天津站等高铁枢纽的集散辐射能力,实现多种产业在枢纽区域内的集聚融合,推动经济要素在区域内自由流动,促进区域经济水平的发展。

因此,如何更好地解决空间优化、功能整合、产业布局定位,引导枢纽经济从转型到腾飞,更好地实现枢纽设施、枢纽产业和城市功能的深度发展融合,形成更多的红利和动能是枢纽经济发展的关键问题。

3 枢纽土地综合开发存在问题及分析

枢纽经济从宏观上来讲是城市与交通协调发展、提升城市能级的经济发展新模式,从微观上来讲是枢纽土地综合开发,通过对枢纽进行商业、办公、酒店、文化娱乐等多种功能混合的土地开发,实现枢纽土地资源、交通基础设施、综合配套设施和城市环境资源的集约化利用,引导并加速产业集聚,推动产业转型升级。

交通枢纽土地综合开发仍处于探索发展阶段,目前主要存在四个方面的问题:综合开发理念与现行规范冲突;政府缺乏动力和考核机制、管理体制不完善;规划建设缺乏统筹协调、枢纽地区综合开发难以实现;土地政策有待创新、用地供应方式难以突破。

3.1 综合开发理念与现行规范冲突

综合开发设计理念和准则与国家及地方相关城市规划标准冲突是综合开发实施的障碍之一。在轨道综合开发方面，尽管 2015 年住建部出台了《城市轨道沿线地区规划设计导则》（以下简称《导则》），在规划设计标准层面保证了轨道综合开发规划设计理念在中国的实施，但是大多数的地方相关规划设计标准还是与《导则》开发设计理念存在冲突。

一是道路宽度方面，《导则》提出道路网络按照单向二分路（将主要干道拆分为两条单向车道，使对向通行更加顺畅）、公交走廊、大街、支路和非机动车道划分，公交走廊宽度最大 40m，干路不超过 40m，二分路 30m，支路最大 20m。而在国家和地方标准的道路宽度数值普遍高于《导则》，或存在较大弹性（表 1）。

《导则》与国家和地方标准道路宽度对比（单位：m）　　表 1

<table>
<tr><td colspan="2">《导则》规定</td><td colspan="8">国家和地方标准中道路宽度的相关规定</td></tr>
<tr><td rowspan="2">道路分类</td><td rowspan="2">红线宽度</td><td rowspan="2">道路分类</td><td rowspan="2">国家规范</td><td rowspan="2">北京</td><td colspan="3">江苏省</td><td rowspan="2">济南</td><td rowspan="2">昆明</td></tr>
<tr><td>规划人口≥200 万人</td><td>规划人口50 万～200 万人</td><td>规划人口<50 万人</td></tr>
<tr><td>公交廊道</td><td>40</td><td>快速路</td><td>45</td><td>60～80</td><td>40～60</td><td>35～50</td><td>—</td><td>>60</td><td rowspan="4">与国家标准相同</td></tr>
<tr><td>单向二分路</td><td>30</td><td>主干道</td><td>55</td><td>40～80</td><td>40～55</td><td>35～50</td><td>30～45</td><td>40～60</td></tr>
<tr><td>过境干路</td><td>33～40</td><td>次干道</td><td>50</td><td>30～45</td><td>30～45</td><td>25～35</td><td>25～30</td><td>25～40</td></tr>
<tr><td>支路</td><td>15～20</td><td>支路</td><td>30</td><td>20～30</td><td>15～30</td><td>15～25</td><td>12～25</td><td><25</td></tr>
</table>

二是道路密度与街区规模方面，《导则》设计理念主张用细密的"城市格网"交通网络系统代替现有"超大街区系统"的主干道系统。"城市格网"的设计理念中，由 100～200m 的小街区作为基础部分组成城市空间网络。按"城市格网"小街区规模计算的城市整体路网密度取值大致为 10.8～12.4km/km^2。而在《城市综合交通体系规划标准》（GB/T 51328—2018）中，规定中心城区内道路系统的密度不宜小于 8km/km^2，数值上小于《导则》"城市格网"中的路网密度值，该路网密度对应的街区规模 400m×400m，属于"超大街区"，与《导则》"密网小街区"理念冲突。

三是慢行交通系统设计方面，《导则》提出营造便于自行车交通的路网来降低机动车需求，相应的开发标准规定在城市中建立慢行专用道网络，该网络仅允许自行车/步行/公共交通通行，并保证两条慢行专用道路间隔不超过 800m。在所有道路上（低速本地道路除外）设置自行车道，且每一方向至少 3m 宽。在《城市综合交通体系规划标准》（GB/T 51328—2018）中，规定步行道宽度不小于 1.5m，自行车道间距为 1000～1200m，在数值上略大于《导则》标准。

四是土地混合利用方面，《导则》提倡在步行可达范围内混合设置工作岗位、服务业、零售商业、娱乐休闲以及住房，避免在一个超大街区中重复单一的建筑模式，鼓励在规划过程中将同一地块内部混合设置多种不同功能或性质的用地，其中，规定城市枢纽站在满足综合交通功能的基础上，鼓励进行综合开发，包括商业、办公、会议、酒店、娱乐等功能；城市中心站应考虑城市综合体的建设模式，以商业服务、商务办公、公共管理与公共服务等功能为主，兼容公寓等集约型建设的居住功能，居住开发不超过总建设量的 30%，鼓励以多种形式提供公共开放空间（表 2）。然而，在《城市用地分类与规划建设用地标准》（GB 50137—2011）中规定，"用地分类按土地实际使用的主要性质或规划引导的主要性质进行划分和归类，具有多种用途的用地应以其地面使用的主导设施性质作为归类依据”。标准中没有对混合用地做出单独的分类。

《导则》中关于土地混合使用的规定　　表2

用地类型	多层住宅	高层住宅	高塔住宅	多层商业	高层商业	高塔商业
居住用地	P	P	P	N	N	N
办公用地	G	G+1	G+1	P	P	P
商业用地	G	G+1	G+2	P	P	P
产业用地1	N	N	N	P	P	P

注:P-允许混合;G-仅首层混合;G+1-2层及以下允许混合;G+2-3层及以下允许混合;N-禁止混合。

3.2 缺乏动力和考核机制,管理机制不完善

综合开发规划在短期内无法创造立即回收的经济效益,却能在未来较长一段时间内通过方便快捷的交通服务、优良的步行街区环境、合理的城市功能布局吸引大量居住和就业,但因为品质提升而带来的地价、房价增值却不能通过房产税的形式被政府享用,导致政府对综合开发不是真正地感兴趣。同时,综合开发的实施需要政府、房地产开发商、城市规划者和中转运营商等多方利益相关者的共同努力,这给各方带来了高昂的沟通和协调成本,在综合开发效果还没有量化纳入政府官员的绩效考核机制的情况下,政府部门很难将综合开发作为首要任务,通常在遇到矛盾和冲突时,要为经济利益和建设进度等因素让路。

目前,在国内具有代表性的“轨道+物业”模式在综合开发的过程中缺乏有效的法律保障,在激励约束机制以及风险分担、利益共享、争议解决机制等方面依然缺乏配套措施和实施细则,同时也存在政府、地铁公司和开发商责任不清、权利不明等问题。

3.3 规划建设缺乏统筹协调,枢纽地区综合开发难以实现

综合开发中涉及的房地产开发和交通基础设施建设通常属于不同主体,交通设施建设属于政府审批类投资项目,房地产开发属于不使用政府投资的核准类项目,两类项目的投资来源不同,在规划、政府审批、建设环节的时序不一致,且存在明显的脱节,综合开发同步难以实现。同时,城市规划和交通规划之间存在错位,城市规划通常预先制定10~20年,不能轻易改动,很难适应交通设施迅速发展的需求,二者缺乏有效的管理和技术协同机制,尚无有效且指导性的控制性规范。此外,由于综合开发的复杂性,涉及的政府部门众多,没有统一的审批流程,目前基本处于一事一议的阶段,难以推动国内城市交通枢纽综合开发工作的开展。

3.4 土地政策有待创新,用地供应方式难以突破

一是综合枢纽建设主体存在不能竞得综合开发地块的风险。现行的土地供应制度是以《中华人民共和国土地管理法》《中华人民共和国城市房地产管理法》为基础,以《中华人民共和国土地管理法实施条例》等行政法规、部门规章、地方性法规为支撑的体制。政府供应国有土地的方式有两种,即划拨方式和有偿使用方式,其中有偿使用方式是政府供应土地的主要方式,根据《招标拍卖挂牌出让国有土地使用权规定》,政府供地中的商业、旅游、娱乐和商业住宅等各类经营性用地,必须以招标、拍卖、挂牌方式出让。因此,综合交通枢纽的经营性用地需要通过招拍挂的方式出让土地,这样则会导致枢纽建设主体存在不能竞得地块土地的风险。此外,即便项目公司通过招拍挂的渠道获得土地开发权进行交通设施与物业一体化开发,仍需要向政府缴纳一次性高额土地出让金,导致前期交通社会建设成本、土地使用权转让成本与物业开发成本等多重压力。

二是土地分层确权缺乏操作细则。以地铁车辆段上盖为例,国内实施的是土地用途管理制度,地铁用地作为公共设施用地,通过划拨的形式无偿供地,但是地上物业经营用地、中间转换层用地等不属于国家《划拨供地目录》的范围,必须通过招拍挂等方式有偿使用。在国土资源管理层面上,这不是一般意义的国有建设用地供应,通常建设用地的使用权是平面的,要求同一地块上建筑的经营性质是相同的,既然是地铁建设用地,使用权就应当归地铁建设,不能再有其他用途,而现在的地铁上盖物业是立体的、多层次的,不同的层面有不同的用途:地下要行车、地上要办公和交通转换,更上层要与城市规划相融合,要有商业、房地产开发。应当如何设定使用权?2007年发布实施的《中华人民共和国物权法》明确规定,建设用地使用权可以在土地的地表、地上或者地下分别设立;《国务院关于促进节约集约用地的通知》也强调开发利用地上地下空间。但是,《中华人民共和国土地管理法》作为土地部门的上位法,并未将土地划分为地表、地上和地下。同时,现行的规划编制和规划审批流程也不能满足地下空间建设的需要,地铁沿线的地下空间的相关要求没有纳入控规,地下空间鲜有控制性规划的标准,目前的规划条件更多的是二维坐标方式。

三是公共交通设施周边容积率较低,缺乏指导标准。交通设施周边综合开发导向与开发模式展示了未来综合交通枢纽的总体方向,引发土地综合开发效能的重要因素就是容积率(土地开发强度),国内大部分城市对交通设施周边(如轨道交通、综合枢纽等)的土地容积率有一定控制。如北京市,根据《北京市城市建设节约用地标准(试行)》和控制性详细规划编制的一般规定,交通用地的容积率一般较低,建筑开发强度不能太大,“轨道交通站点周边(500~1000m)居住用地(一类居住用地除外)的容积率最高不超过2.8”。

4 枢纽土地综合开发建议

针对枢纽土地综合开发过程中存在的开发理念冲突、政府缺乏动力、规划建设缺乏统筹协调、土地政策有待创新等问题,主要发展建议如下:

(1)制定统一、协调的技术规范进行指导和约束

在规划设计层面确保综合开发规划理念的实施,在国家和地方标准中,允许在部分区域、针对特殊情况,对部分指标,如路网密度、街区规模、慢行交通系统、土地混合利用等进行调整,使其符合综合开发的设计理念。此外,为保证综合开发理念在实际规划设计中实施到位,可以考虑制定技术规范加以约束鼓励和指导,尤其在重点枢纽、城市中心区等区域鼓励综合开发理念的实施。

(2)建立健全激励约束、风险分担、利益共享机制

将综合开发发展理念纳入城市发展的首要任务,在综合开发的前期规划阶段、物业开发阶段和物业经营管理阶段制定联合开发操作流程,确保各主体之间责任划清、权利分明,避免条块分割造成利益分割不明、用地浪费、换乘低效等问题。为多主体联合开发提供有效的法律保障,建立健全激励约束、风险分担、利益共享以及争议解决机制,制定配套措施和实施细则。此外,考虑推出长期征收的房地产税,改变“土地出售的一次性收入成为政府的主要收入,而因为品质提升带来的地价、房价增值却不能通过地产税的形式被政府享用”现状,从根本上解决政府开展综合开发规划动力不足、开发主体忽略综合开发模式带来更高效益的问题。

(3)在规划、审批、建设环节,实现一体化推进

在城市规划过程中,整合交通规划和用地规划,实现“多规合一”,在枢纽场站及周边实现“一张空间布局图”。

在规划审批过程中，为提升项目规划和设计方案深度，审批不仅应包括二维的控制性详细规划，也应增加三维城市设计方案审批，及早识别项目全生命周期风险并加以规避，加强与市场需求的对接，为今后建设中结构预留提供指导。

在建设过程中，严格遵循规划设计方案，建立“规划+交通+建筑+经济+工程”等多部门的协同合作机制，确定各自角色及任务安排，并通过“责任制”建立统筹协调机制，最终实现枢纽规划、审批、建设的一体化推进。

(4)创新土地政策，推进地区联动开发

首先，创新土地出让方式，对于不可拆分但可经营的上盖物业，可采取招拍挂和带条件转让相结合或土地作价出资的方式出让土地，选择合适的开发主体，鼓励枢纽公司直接开发核心区土地；其次，对同一块土地、不同性质的用地，探索土地分层使用政策的推广，吸纳地方性政策法规，制定面向全国的技术标准细则；再次，制定支持地下空间开发的政策，将枢纽地下空间的相关要求纳入控制性详细规划，建立相关规划标准，并就与枢纽联系紧密的地下空间供地及等级发证制定详细的操作细则和办法；最后，适当提高枢纽周边土地规划容积率，按照区域平衡、适当集中的原则，以枢纽为中心进行不同强度的开发，优化空间结构，与地区发展整体联动。

5 结语

枢纽经济作为交通运输与社会经济深度融合的重点领域，如何释放新红利新动能是发展的重点。本文在梳理枢纽经济内涵及发展历程的基础上，结合国家重大战略规划，进行发展趋势判断。着重从土地综合开发的视角切入，从综合发展理念、考核机制、统筹协调机制、土地政策等方面分析土地综合开发存在的障碍，并提出针对性的发展建议，对政府、企业、市民等都有一定的现实意义。

参考文献

[1] 李霞，王明杰. 成都经济发展新思考：枢纽经济[J]. 中共成都市委党校学报，2014(4)：79-82.

[2] 吴文化，向爱兵，李名良. 以枢纽经济为抓手塑造城市经济发展新模式[R]. 北京：综合运输研究所，2017.

[3] 申封，李亮，翟辉.“密路网、小街区”模式的路网规划与道路设计——以昆明呈贡新区核心区规划为例[J]. 城市规划，2016，40(5)：43-53.

[4] 陈育霞，张晓妍. 北京市交通枢纽综合开发的体制障碍及对策[J]. 综合运输，2012(10)：80-83.

[5] 李孟然. 土地使用权“分层设置”破题——深圳地铁上盖物业土地使用权分层出让调查[J]. 中国土地，2008(8)：33-36.

城市综合交通枢纽规划建设管理实践与经验

张 帅 顾 涛 周 凌 祝 超
(北京交通发展研究院,北京,100073)

摘 要:随着城市规模的不断扩大,综合交通枢纽对城市发展和社会经济的作用日益突出。综合交通枢纽的功能也日益复杂,已不再是单一的客流集散区,而是城市功能混合区,这对其规划、建设、开发和运营管理都是极大挑战。本文选取北京、上海和深圳三市为典型案例,阐述各地在综合交通枢纽规划设计理念、投资建设、运营管理等方面做出的探索。指出综合交通枢纽规划和建设中应切实加强政府主导作用和统筹协调力度,综合重在"一体化"设计,并促进轨道交通走廊与城市的融合发展。

关键词:综合交通枢纽;规划设计;建设;运营管理

1 引言

综合交通枢纽是城市综合交通运输体系中多种交通方式相互连接的重要节点和中心环节,是决定综合交通运输体系能否高效运行的关键。在当前的规划设计和空间组织理念下,综合交通枢纽已不再是单一的交通客流集散空间,它还同时承担了服务社会经济的功能,利用其聚集扩散能力,吸引各种生产要素和经济要素在本地区集散,成为城市功能混合区和城市发展增长极,是社会经济文化交流地和城市重要门户。

随着我国经济社会的不断发展,各种交通条件不断改善,特别是随着城际高速铁路线网、机场规划建设的不断加快,各地兴起综合交通枢纽的建设热潮,形成了一系列好的经验和做法。本文以北京、上海和深圳三市为例,介绍其综合交通枢纽规划建设开发管理过程中的经验。

2 北京市综合交通枢纽投资建设管理经验

2.1 北京市枢纽建设发展基本情况

2017 年,国务院批复了《北京城市总体规划(2016 年—2035 年)》,提出遵循中华营城理念、北京建城传统、通州地域文脉,构建蓝绿交织、清晰明亮、水城共融、多组团集约紧凑发展的生态城市格局,形成"一带、一轴、多组团"的空间结构。

在交通建设方面,提出标本兼治,缓解城市交通拥堵,坚持以人为本、可持续发展,将综合交通承载能力作为城市发展的约束条件。在枢纽建设方面,新版总规提到加强客运枢纽和交通节点建设，提高换乘效率和服务水平。围绕2个国际航空枢纽、10个全国客运枢纽、若干个区域客运枢纽，构建“2+10+X”的客运枢纽格局。完善枢纽规划建设政策机制，实现对外交通与城市交通之间高效顺畅衔接。

国务院出台的《关于城市优先发展公共交通的指导意见》(国发〔2012〕64号)提出：“要发展多种形式的大容量公共交通工具，建设综合交通枢纽，优化换乘中心功能和布局，提高站点覆盖率，提升公共交通出行分担比例，确立公共交通在城市交通中的主体地位。”

两个重要文件都将枢纽建设作为内容，而枢纽本身作为城市交通发展的重要环节，也是落实“公交优先”理念、实现多种交通方式高效转换、提升城市公共交通分担率的重要载体。

2004—2020年北京中心城区交通枢纽规划提出，在中心城内保留原规划枢纽站16座，新增枢纽站17座，共33座。

截至2017年，已投入使用枢纽有10处，分别是动物园、六里桥、北京西站南、北广场、北京南站、东直门、西直门、西苑、四惠、宋家庄。

2.2 综合交通枢纽投资建设运营及管理模式

最早在20世纪80年代，北京市就提出了综合交通枢纽的规划建设。随着城市的发展和城市规划理念的进步，对枢纽的认识也从最初的“枢纽是公交场站的一部分，用以公交换乘”发展到“与城市功能结合，公共交通体系的重要组成，引导城市空间结构调整，带动区域经济发展”。

已建成的10座交通枢纽的建设投资模式经历了三个阶段(图1)：

第一阶段：“开发代建设”阶段。

第二阶段：“政府投资纯交通枢纽”阶段。

第三阶段：正在研究落实“一体化建设”模式。

图1 北京市交通枢纽建设投资发展历程

2.2.1 开发代建设模式

2007年以前采用开发代建设模式。彼时随着城乡经济快速发展，北京市交通拥堵加重，在政府的主导下，采用开发代建设模式，由相关建设单位负责筹措资金，进行综合开发，通过增加开发面积等方式无偿为政府建设枢纽。这一阶段建成的综合枢纽有东直门、西直门、动物园以及六里桥客运枢纽。开发代建设模式的优势和劣势如表1所示。

开发代建设模式的优势和劣势 表1

优势	建设资金全部由开发商解决，减轻政府投资压力
劣势	(1)注重开发规模和商业利益，交通功能不全、弱化，影响枢纽功能实现； (2)受开发商业投资影响，周期过长，配套设施不全； (3)政府仍要承担相应配套设施的建设及运营成本

2.2.2 政府投资纯交通枢纽模式

2007年以后，为加快枢纽建设进度，市政府加大了财政支持力度。由枢纽公司负责申请立项,市政府按投资计划全额负担,并以补贴方式承担后期运营管理费用。用五年时间先后建成了西苑、四惠、北京南站、西客站南广场、宋家庄(包含一定的综合服务面积)等五座非经营性的纯交通枢纽。政府投资纯交通枢纽模式的优势和劣势如表2所示。

政府投资纯交通枢纽模式的优势和劣势　　表2

优势	(1)建设进展明显加快,交通功能得到很好的体现; (2)取得了很好的社会效益
劣势	(1)一次性投资较大,政府资金压力大; (2)缺少综合服务设施; (3)土地利用率低; (4)后期运营成本高; (5)企业竞争力没有得到提升

2.2.3 一体化建设模式

自2012年开始,北京市交通枢纽建设进入新阶段。以苹果园交通枢纽为样本,开始一体化建设模式的概念研究。所谓一体化建设模式,在宏观层面上需要综合考虑区域规划和交通网络布局,在微观层面上则需要考虑功能融合、多种交通方式集成和运营管理衔接。在规划城市基础设施用地方面,需要在保证交通功能的前提下,尽量配套商业服务设施,既可提高枢纽服务水平,也可为今后运营带来效益,实现枢纽的可持续发展。

具体操作是将公益性基础设施和商业开发建设相结合,把土地入市价格作为引入社会投资的谈判条件,由市公联公司与投资单位组成新的项目法人单位,通过招标获得土地使用权,共同建设枢纽及综合开发部分,地铁部分资金由地铁投资单位负责,市政府给予枢纽建设一定的补贴。利用部分开发收益代建公益性基础设施,项目建成后向政府移交基础设施,商业部分可自主经营。一体化建设模式的优势和劣势如表3所示。

一体化建设模式的优势和劣势　　表3

优势	(1)极大地缓解政府投资压力; (2)枢纽的交通功能和城市服务功能有效结合,提升枢纽服务水平; (3)提升土地综合利用水平
劣势	(1)多家投资主体,项目立项、审批、施工协调难度较大; (2)土地综合利用政策有待进一步突出; (3)投资规模巨大,对项目收益及运营成本要求提高

3 上海虹桥综合交通枢纽规划建设管理经验及经济效应研究

3.1 上海虹桥综合交通枢纽基本情况

2005年3月,上海市政府提出了在虹桥机场西侧发展综合交通枢纽的构想。同年5月,上海市政府与铁道部决定原规划七宝铁路客站北移,建设虹桥综合交通枢纽,并正式开始启动虹桥综合交通枢纽的规划设计工作。2006年7月,上海申虹投资发展有限公司正式成立,并全面负责虹桥枢纽(除机场内部)的开发建设,而虹桥机场内部的规划与建设实施则由虹桥机场集团负责。经过4年多的建设,2010年底随着沪宁城际铁路的开通,虹桥综合交通枢纽全面投入运营。

虹桥综合交通枢纽规划用地面积约 26.26km^2,将机场、高速铁路、磁悬浮、地铁站、长途汽车站、公交站等多种交通方式融于一体。

3.2 上海虹桥综合交通枢纽规划建设管理经验

3.2.1 将明确功能定位和建设目标作为综合交通枢纽规划的前提条件

综合交通枢纽的规划建设总目标是"服务社会经济、协调城乡发展"。为了保证枢纽成功规划建设并对区域城市发展长久持续地提供动力,在规划之初就应明确建设综合交通枢纽需要满足的功能和达到的目标。因此,虹桥枢纽在构想之初,就从区域城市网络的现状和规划、区域综合交通网络的现状和规划、所在城市的现状和规划三个方面进行研究,确定了其功能定位是长三角城市网络和综合交通网络的关键性节点,以及上海服务长三角的门户,它的目标是促进长三角社会经济和综合交通体系的一体化。虹桥枢纽功能定位如图 2 所示。

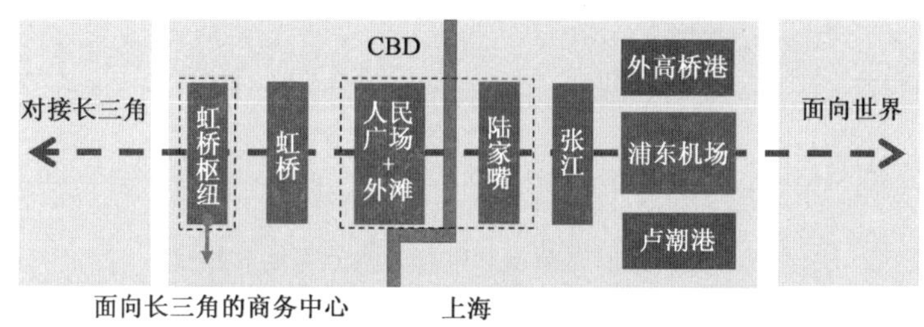

图 2　虹桥枢纽功能定位

3.2.2 采用要素规划,创新规划方法

要素规划是虹桥综合交通枢纽规划中的一个主要创新点。由于各类交通设施都有比较刚性的技术要求,例如,铁路和轨道的转弯半径、坡度要求,机场跑道长度和净空保障等,这些指标是保证交通枢纽功能顺利实现的关键,是无法打折扣的。因此,对此类交通设施要先进行规划和协调布局。

开展要素规划,充分考虑了各种交通方式对城市空间的制约,使主要交通设施的布局比较早地确定下来,避免了大量不必要的反复,大大提高了规划设计工作的效率,保证了各交通方式之间的紧密联系,实践了"交通与规划并行,甚至先行"的理念。

3.2.3 多元投资模式,明确产权划分

为了对各种设施的边界进行明确划分,以利于吸引各种投资,达到投资多元化的目的,在综合考虑了所有设施的技术要求、管理体制之后,将所有设施按照两个不同的经纬度——是否可拆分和是否可经营,划分为不可经营不可拆分、不可经营可拆分、可经营不可拆分和可经营可拆分四类(图 3)。

在确定了上述四类设施的区分和布局后,进一步明确各个设施的投资者和运营管理者,也就有了各个设施运营的目标。为推进项目规划建设工作的落实,上海市政府成立了申虹投资发展有限公司,并让这个公司作为公共投资者出面承担政府应当承担的义务,承担一个"兜底"的职责。也就是说,找不到投资者、运营者的设施就由申虹公司来负责兜底,而由此得到的土地增值收益、商业开发收入也就归入了申虹公司。最终,在土地模式上很好地解决了政府、开发商和运营单位之间的利益分配问题,在当时的背景下,一定程度上实现了土地开发的市场化。虹桥综合交通枢纽设施的融资模式与运营目标如表 4 所示。

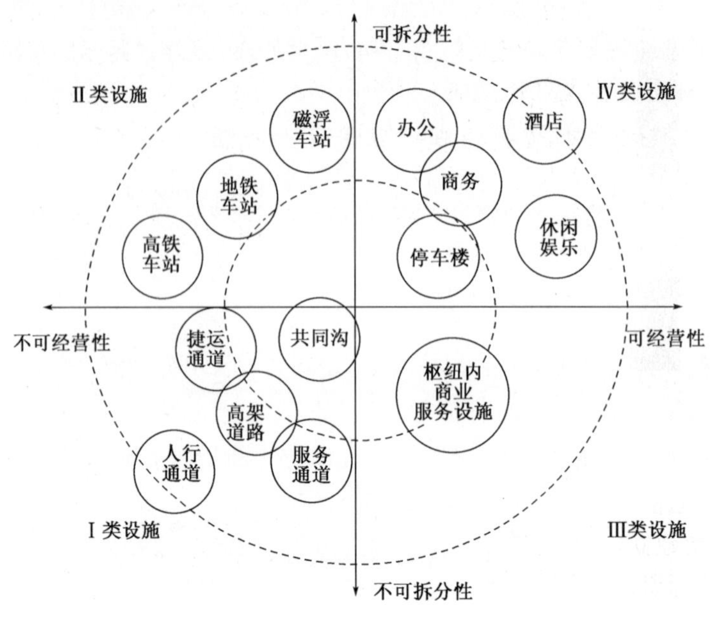

图3　虹桥综合交通枢纽的设施分类

虹桥综合交通枢纽设施的融资模式与运营目标　　表4

设施类型		设　施	融资模式与运营目标
Ⅰ类	不可经营 不可拆分	人行通道、服务通道、共同沟、捷运通道、高架	公共投资者(或政府)投资、建设、运行管理;或捆绑到其他设施中进行开发。 用以提供一流服务
Ⅱ类	不可经营 可拆分	地铁车站、磁浮车站、铁路车站	先由公共投资者(或政府)投资建设,再委托社会化、专业化管理;或通过补贴方式,交由社会投资者开发。 用以提供一流专业服务
Ⅲ类	可经营 不可拆分	枢纽内的商业服务设施及部分物业	先由公共投资者(或政府)投资建设,再出售经营权;或捆绑到其他可经营性设施中一起进行投资开发。 提供枢纽运营费用
Ⅳ类	可经营 可拆分	停车楼、酒店、办公、商务、休闲娱乐等设施	全部交由社会投资者开发。 收入用以提供枢纽运营费用
Ⅴ类	可供开发的 土地	土地	把“生地”做成“熟地”,然后交由社会投资者开发。 收入用以提供枢纽设施的投资

3.2.4　多种交通方式的独立与融合

为了在保证各个交通方式能够安全运营,同时最大限度地整合这些交通方式,虹桥枢纽做了以下几点创新和突破:

(1)综合交通设施一体化

虹桥枢纽在设计之初,就将“使用最少的资源(人、财、物),提供最便捷的旅客流程”作为首要原则和目标,确立了交通设施“一体化”。最终方案正是将各种交通方式的基础设施尽可能地整合在一起,将设施群整体作为一个建筑物来进行设计。虹桥枢纽的设施布局如图4所示。

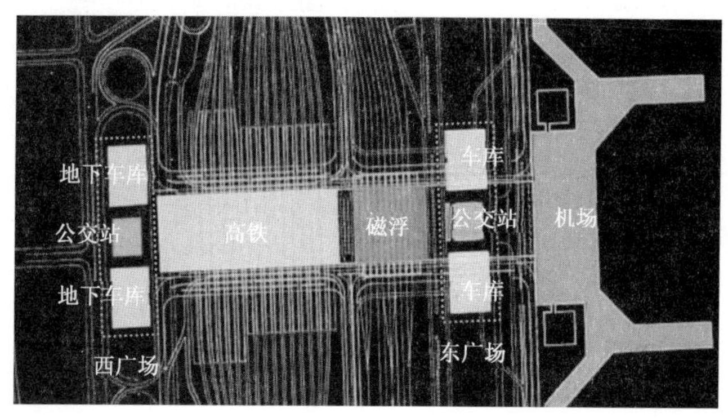

图4　虹桥综合交通枢纽的设施布局

(2)统一引导标识

引导标识是交通枢纽内部最基础的信息系统,其设计原则是简单明了、易于理解。但在综合交通枢纽内部,要建立一套标准规范的标识系统并不容易。当时,交通部、中国铁道总公司、民航局都有自己的标识系统设计规范和标准,其中差异巨大,相互之间亦没有替代关系。在这种情况下,如果任由各单位自主设计,势必会给出行者造成混淆,导致出行不便。

因此,规划团队在设计最初阶段就结合民航、铁路、地铁和磁悬浮的标识系统设计规范,编制了约束虹桥综合交通枢纽所有标识设施的"虹桥综合交通枢纽标识系统设计技术要求",对标识的符号、文字、颜色等做了详细明确的规定,并发给了所有设计单位,在所有最初设计中得到了实施。虹桥枢纽引导标识如图5所示。

图5　虹桥综合交通枢纽引导标识

除了设计理念上的转变,更难能可贵的是虹桥综合交通枢纽勇于打破体制机制壁垒,在设计审核和工程验收的过程中,请各行业专家"就事论事"地审批设计和建造,不再按照各自行业的标准验收评价。

(3)综合交通设施一体化

虹桥综合交通枢纽的所有交通信息已经实现了一体化,能做到在一块屏幕上显示所有交通信息。真正实现了"信息互联、信息共享、统一发布、统一指挥",这一点在全国范围内还是独此一家。为了实现信息的一体化,设计团队首先在项目策划阶段就制定好综合信息平台的接口标准,按照枢纽运营指挥的体制生成该综合交通枢纽的信息平台(图6)。其次通过实现缜密的商务谈判,甚至通过行政命令在所有参与者之间达成信息共享互联互通的具体协议,并将其作为综合交通枢纽信息系统规划设计的前提,保证最终能够实现交通信息共享、统一发布的目的。

虽然虹桥综合交通枢纽在基础设施一体化、标识和信息一体化方面做了很多工作,基本做到了统筹规划、一体化建设运营,但在这个过程中,仍然因循了以往基础建设、运营归政府与各部委(当时的铁道部、民航局)的模式,没有真正发挥市场的引导作用,实现市场化。

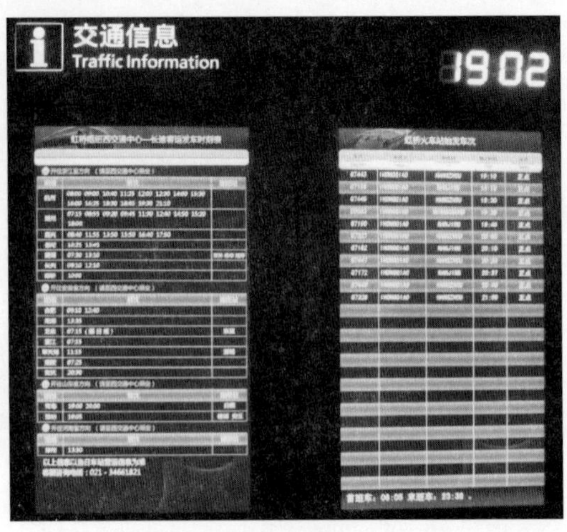

图6　虹桥综合交通枢纽交通信息显示屏

(4)多式联运,便民出行

综合交通枢纽的另一大好处就是对多式联运的保障和支持。位于长三角综合交通网络关键节点上的虹桥综合交通枢纽,轨道、陆、空运输都很发达、便捷,为20多个城市间的多式联运,尤其是空铁联运、空陆联运创造了良好条件,真正实现了运营的一体化。

虹桥综合交通枢纽以航空为核心,为实现多式联运着眼于解决两个关键问题。一是联运的票务问题,最好的情况是一票联程,或者在同一地方可以购买多票联程,真正方便旅客。二是行李运输问题,最好的情况是远程值机和远程交运行李。而基于虹桥综合交通枢纽的长三角空铁联运,规划分为三步:首先在虹桥综合交通枢纽实施浦东国际机场的远程值机。上海世博会之前已经实施,持浦东国际机场机票的旅客到虹桥综合交通枢纽可以办票、交运行李,然后自己乘地铁或公共汽车去浦东国际机场。其次在昆山和嘉兴尝试机场的远程值机。该计划得到了昆山市政府的大力支持,当地政府提出当地建设设施,机场提供相应的服务,昆山城市航站楼很快就将开通。最后,在长三角地区各个车站逐步实现远程值机服务。最后,随着手机通信技术的迅速发展,手机值机也成了很多乘客的选择。据统计,当前虹桥机场的手机值机率已经超过了70%。同时,手机可以随时接收航班信息,在航班晚点的情况下,可以及早通知乘客,未到达机场的乘客就能重新规划安排时间,避免在机场不必要的逗留时间。

3.3　上海枢纽经济发展成果

上海建成浦东国际机场、虹桥空铁换乘综合交通枢纽,对外利用浦东和虹桥两个国际机场,打造"东亚一日往返航空圈";对内利用虹桥高铁站,打造北至北京、西至武汉、南至厦门的"一日往返高铁圈",覆盖了长三角等经济发达区域,便捷的对外交通联系与空铁换乘提升上海在东亚交通网络中的地位。在上海市内部,利用地铁2号线将两场直接连接,并在此轴线上串联了上海市主要的商务办公、商贸活动区,打造"两场一轴"的城市格局,形成现代服务业的集聚效应,经济活动频率、效率均得到巨大提升。便捷的内外交通联系,加之上海市对于自贸区的优惠政策,使得众多世界级企业纷纷将亚太区总部设置在上海,从而加快了上海从"交通中心"向"经济中心"的演进,总部经济在上海得以快速发展(表5)。

截至2015年底,地区总部投资总额累计达457亿美元,户均超过8800万美元;营业收入达5926亿元,户均超过11亿元;纳税总额达417亿元,户均超过8000万元;吸纳就业达17.73万人,户均达343人。

2016 年上海总部经济发展情况 表 5

上海总部类型		数量(家)
外资企业	跨国公司地区总部	580
	外资投资性公司	330
	外资研发中心	411
亚太地区总部		95
亚洲区总部		10
北亚区总部		5

2016 年,上海总部经济有了进一步的发展,全市第三产业税收百强榜中,跨国公司地区总部占据了 12 席,跨国公司地区总部已经达到 580 家。2010 年虹桥综合交通枢纽加成投入使用之后,上海总部数量出现快速增长,枢纽对于全市经济的带动作用明显增强(图 7)。

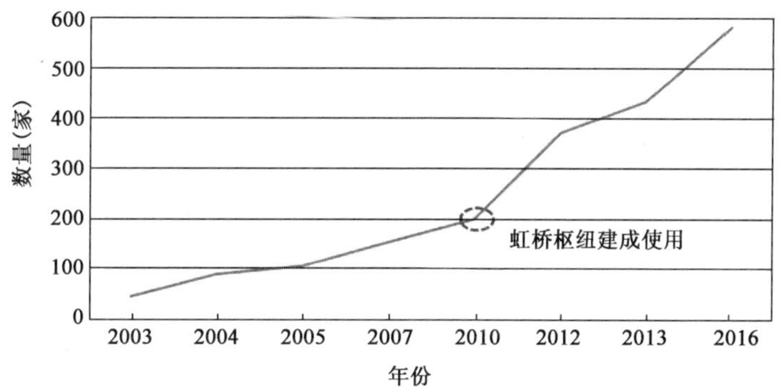

图 7 上海跨国公司地区总部数量变化

4 北京市和深圳市轨道交通沿线资源利用情况研究

4.1 北京市轨道交通沿线资源综合利用情况

北京市在轨道物业上盖开发方面做了一些尝试,主要是针对轨道交通车辆段和停车场进行综合开发,通过开发轨道上盖物业的形式,利用以公共交通为导向的开发(TOD,Transit-Oriented Development)理念引导轨道交通与城市主要功能区协同发展。目前北京已建车辆段和停车场共有 26 个,已进行施综合利用的车辆段有四惠、郭公庄、平西府、五路等 4 个车辆段(图 8)。

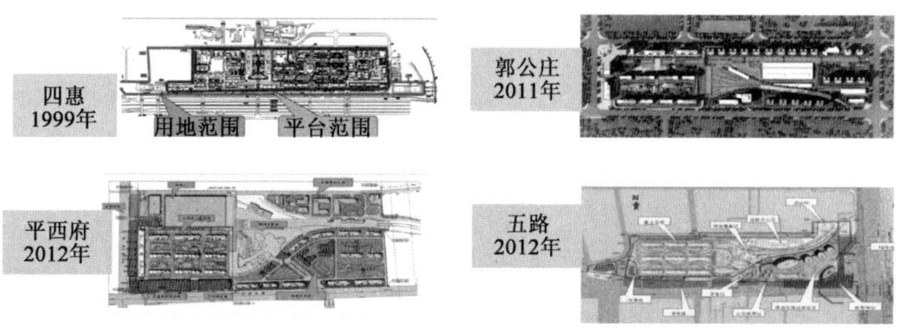

图 8 北京市轨道交通车辆段上盖开发情况

平西府车辆段位于轨道交通 8 号线的北端(图 9),占地总面积 60.69 公顷,一期 39.34 公顷,二期 21.35 公顷。平西府车辆段规划用地西起规划城市次干道站前东街,东至规划城市主干道黄平西侧路,北起规划城市主干道七北路,南至规划城市主干道回南北路(图 10)。

图 9　昌平线与 8 号线联络线路示意

图 10　平西府车辆段规划示意

平西府车辆段采用一体化开发设计,规划分为四部分,其中总图西南部为落地开发区,东南部为平西府地铁车站,中部为车辆段咽喉区上盖平台,咽喉区平台西侧为运用库上盖开发区。

平西府车辆段上盖物业开发包括了车辆段运用库上盖物业开发及咽喉区上盖物业开发(图 11)。咽喉区上盖平台上主要规划有景观绿化、道路、运动设施等,运用库上盖 1 层为汽车库,汽车库顶上为 3 排 9 栋住宅楼。此次上盖开发项目包括:

(1)车辆基地及地铁车站用地:总面积 28.8 公顷,建筑控制高度 30m,容积率 0.5。

(2)车辆段及地铁车站上盖部分:上盖面积 8.9 公顷,建筑控制高度 60 ~ 80m,容积率 2.2。

(3)落地开发建设用地:用地面积 10.6 公顷,建筑控制高度 80m,容积率 2.5。

(4)可实现商业开发性物业:住宅 32.66 公顷,公建 3 公顷,车库 13.5 公顷,小学、幼儿园 1 公顷。

图 11　平西府车辆段综合利用鸟瞰图

平西府车辆段上盖物业开发按照“一次规划、分期实施”的原则进行建设。其中运用库平台、运用库上盖、运用库上盖汽车库、汽车库顶及咽喉区上盖平台等车辆段功能部分属于一期工程建设范围,运用库及咽喉区上盖平台以上部分(不含平台)为二期工程的建设范围,二期工程属于房地产商业开发部分。

4.2 深圳市轨道交通沿线资源综合利用情况

深圳市轨道交通一期工程于1998年经国务院批准立项,1999年初步设计通过专家评审,2001年3月全线开工,并于2004年底开通试运营。二期工程于2011年6月28日建成通车。截至2017年底,深圳市已经形成了地铁1号线到5号线的骨架运营网络,总里程达到285km。

轨道交通沿线土地的开发建设能够引导城市人口重新分布,促进产业结构调整,优化城市资源配置,改善城市空间布局,加快城市形态从"平铺式"向沿轨道交通走廊各主要交通枢纽为中心的"珠链状"格局转化,使城市功能布局和产业结构分布更加合理,让城市与交通协调发展成为可能。

但由于轨道交通投资巨大,随着深圳市轨道交通快速建设期的到来,政府面临建设资本金、运营补贴的财政压力以及轨道交通建设、运营和管理等多重压力。为了缓解这些压力给城市轨道交通建设的可持续健康发展带来的压力,深圳市借鉴香港地铁的成功经验,尝试走"地铁+物业"一体化开发的路线。深圳市在地铁二期工程中已经在部分站点进行了尝试,地铁上盖物业也开始成为轨道交通开发建设模式的重要组成部分。对部分线路的站点及其上盖物业的开发过程进行总结,可以发现有两种操作模式:

(1)整体建设式。将地铁站与上盖物业作为一个整体共同进行开发建设,为地铁运行留出地下和半地下空间。例如,罗湖站交通枢纽整体、国贸站金光华广场、皇岗站联检大楼等。

(2)通道相连式。在已经成熟的商业区或者物业下方修建地铁站,通过地下通道将地铁与物业完美结合。这种方式不仅可以节省地下空间,而且通过在通道中修建大型地下商业街或地下商场,在提高地下空间利用率的同时,获取一定的商业价值。

最典型的例子就是福田综合交通枢纽。为了实现轨道交通与周边商业开发之间的顺畅衔接,福田站共设置32个出入口,与周边16栋建筑物(包括深交所、时代金融中心、市民广场)、配套公交、出租车场站、停车场进行了无缝连接。另外,福田枢纽还充分利用了地下空间,沿福田站(国铁站)的地下综合换乘大厅一直向南走,就能到达连城新天地地下商业街、连城新天地商业街(图12)19个地下出口与周边多个甲A级写字楼直接相连,地上地下空间形成了良好互动。

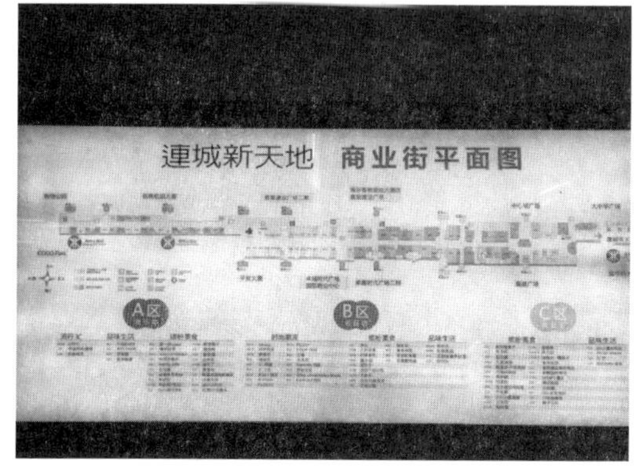

图12 连城新天地商业街平面图

在城市宏观层面上，为了充分释放轨道物业开发带来的效能，深圳市期望能在全市范围内推广 TOD 模式，最终达到转变城市发展模式的目标，包括构建低成本、高效率的城市形态，遏制城市无限蔓延，提高土地利用效率，减少小汽车的非理性出行，鼓励公共交通出行方式等。为此，深圳研究了全市的 TOD 框架体系，将 TOD 的理念贯穿到整个城市和交通规划、设计、建设、管理的全过程，形成了系统的技术指导体系。

5 综合交通枢纽规划建设管理经验总结

5.1 北京市枢纽建设发展经验

北京市综合交通枢纽投资建设模式经历了从“开发代建设”模式，发展到“政府投资纯交通枢纽”模式，再发展到当前的“一体化建设”模式。这一发展过程代表着城市规划理念的进步和转变，其认识从最初的“枢纽是公交场站的一部分，用以公交换乘”发展到“枢纽应与城市功能结合，是公共交通体系的重要组成，是能够引导城市空间结构调整、带动区域经济发展的重要交通节点”。

在一体化开发过程中，北京市也在不断探索宏观和微观层面上枢纽与城市融合。但目前，“一体化”建设模式仍处于探索试验阶段，受土地性质、地理位置、交通功能属性、社会功能需求等多方面的影响，仍需要进一步深入探索政府主导、市场化运作、兼顾交通功能与商业利益的有机结合。

5.2 上海虹桥综合交通枢纽建设管理经验

综合交通枢纽涉及部门多，影响的利益面大，这就要求政府必须在综合交通枢纽规划和建设中切实加强主导作用和统筹协调力度。上海市政府通过整体布局、顶层设计，不断创新体制机制，从构想、规划、设计、投资到建设，都进行了完备的筹划。

综合交通枢纽贵在综合，“一体化”设计是成功的关键，应强化枢纽与城市功能“一体化”、多种交通方式“一体化”的指导思想。上海虹桥综合交通枢纽将机场、高速铁路车站、磁悬浮车站、地铁站、长途汽车站、公交站等多种交通方式的站点于一体，充分发挥枢纽作用，对多式联运提供了保障和支撑，极大推动了上海市总部经济的发展。

5.3 北京市和深圳市轨道交通沿线资源综合利用经验总结

一方面，在土地法允许的范围内，探索土地分层政策的创新，为综合交通枢纽的开发建设和多层空间利用提供支撑。北京通过出台土地分层出让的政策，采用“立体钉桩”及“三维出让”分层出让和供地的方式，明确了车辆段用地和开发用地的权属界面，为土地使用权设定和登记发证提供技术和政策支持。地铁车辆段用地实行平面区域复合利用、竖向空间立体开发，地表、地上和地下空间土地用途明确，权属界限明晰。深圳市福田综合交通枢纽的建设虽然晚于周边中央商务区（CBD，Central Business District）的开发建设，但通过充分利用城市地下空间，仍然做到了交通与城市建筑的紧密衔接与融合发展，其经验值得其他城市借鉴。

另一方面，要充分利用 TOD 的发展理念引导轨道交通与城市主要功能区协同发展。深圳市做了大量探索，将城市总体规划、法定图则和控制性规划分别与轨道网络规划、轨道详细线路规划、轨道站点交通与城市设计进行对应，实行了一套“宏观层面协调、中观层面调整、微观层面结合”的轨道规划设计体系，轨道建设与城市规划互动，落实 TOD 发展意图。

6 结语

本文通过对北京、上海和深圳三地在综合交通枢纽开发建设方面的经验介绍和解读，对

TOD 理念引导城市发展、综合枢纽一体化开发和多层空间利用、综合交通枢纽体制机制创新等方面的经验进行了系统的总结梳理,其经验值得其他城市借鉴。

参考文献

[1] 李乾,董宝田,季常煦.综合客运枢纽一体化建设的意义与影响[J].综合运输,2009(10):9-12.

[2] 刘武君.综合交通枢纽规划[M].上海:上海科学技术出版社,2015.

[3] 赵海波,顾承东,刘武君,等.虹桥综合交通枢纽开发融资策划[J].城市轨道交通,2007(1):7-10.

[4] 刘武君.一体化、可持续的综合交通枢纽规划[J].城市交通,2015,12(5):30-35.

[5] 刘武君.建设虹桥枢纽 服务区域经济[J].铁道经济研究,2013(6):53-56.

[6] 沈健,王敬.北京地铁 8 号线平西府车辆段上盖物业开发设计[J].现代城市轨道交通,2011(S1):32-35.

[7] 郭丽娜.城市轨道交通与土地利用协调发展的研究[D].北京:北京交通大学,2006.

[8] 袁晶矜,王建明,付强.深圳市轨道交通沿线土地开发模式探讨[J].城市公共交通,2015(6):25-32.

[9] 张晓春,田锋,吕国林,等.深圳市 TOD 框架体系及规划策略[J].城市交通,2011,9(3):37-44.

加快发展空港经济的目标城市选择分析

马 剑 谷芸芸 程婧洁

（北京临空国际技术研究院有限公司，北京，101312）

摘 要：新常态背景下，以“速度经济”和“高附加值经济”为特征的空港经济能够释放更多的新红利、新动能。我国已经先后有10座城市获批国家临空经济示范区，进入经济发展的快车道，同时与我国经济转型和寻求经济新动能的要求相比仍然存在一定差距。基于此，本文通过建立我国发展空港经济目标城市选择的六大原则，并依据此六大原则从西北、东北、西南和中部选择11个城市，作为进一步加快发展空港经济和释放空港经济新红利的对象，并提出相关政策建议。

关键词：空港经济；机场；空中丝路；新动能

1 引言

随着经济全球化的不断深入，机场及以机场为核心的空港经济在改革开放中发挥了排头兵的作用，成为经济稳定增长的助推器。当前我国经济正处于换挡调速、提质增效的关键时期，探讨如何通过推动航空运输与经济社会深度融合，大力发展空港经济来寻求潜在的新动能、释放经济增长的新红利，推动经济结构升级就成为应有之义。

结合我国空港经济发展实践来看，我国空港经济尽管取得了突飞猛进的发展，但与我国经济转型和国家的战略需要相比，仍存在数量少、区域分布不均衡、与国家战略需求不相适应等问题。2013年3月7日，国务院批复郑州航空港经济综合实验区发展规划，标志着我国首个航空港经济发展先行区正式起航。此后，北京、青岛、重庆、上海、广州、成都、贵阳、长沙和杭州临空经济区[1]也先后获国家发改委批准，标志着我国空港经济加快发展进入一个新的历史阶段。既有空港经济区主要集中于中东部发达地区，而面积广袤的东北、西北则没有一个。

十九大报告明确指出“区域发展协调性增强，‘一带一路’建设、京津冀协同发展、长江经济带发展成效显著”，肯定了我国区域经济协调发展取得的成就，但十九大提出的“发展不平衡不充分的一些突出问题尚未解决……”等不足和挑战，特别是中西部和东北地区人民日益增长的美好生活需要和不平衡不充分的发展之间的矛盾显得更加迫切和重要。对于地广人稀的西部和东北地区而言，与高铁经济相比，大力发展空港经济的优势则更加明显，因而在中部、

[1] 这里不再对空港经济与临空经济做概念上的区分。

西部、东北地区就成为航空经济示范工程推广的重点区域。在上述区域内应选择哪些发展目标城市？选择应坚持哪些原则？选择的理由是什么？本文拟对上述问题进行作答。

2 目标城市选择的原则

我国地域辽阔、民族多样性强。目标城市机场的选择不应是自下而上“一窝蜂”的政策游说，而是应当坚持自上而下的统筹考虑。

2.1 区域经济协调发展原则

协调发展是“十三五”规划《中共中央关于制定国民经济和社会发展第十三个五年规划的建议》提出的五大发展理念之一，推动区域协调发展是协调发展的重要内涵。由于自然、地理和社会历史等多重因素影响，我国区域经济发展水平存在较大差异。从全国发展态势看，2008年以来，东、中、西三大地带的相对差距总体上在缩小，但就某些地区看，由于一些地区经济转型滞后，与先进地区的差距在缩小后，还可能重现扩大态势。对依托机场的空港经济而言，航空运输能够直接加快中西部地区的经济发展，促进区域经济协调。因而，区域经济协调是我们选择发展空港经济目标城市的一个重要原则。

2.2 落实国家战略需要原则

在坚定不移贯彻落实西部大开发、振兴东北老工业基地和中部崛起等国家传统战略的基础上，党中央国务院又在“十三五”时期提出积极构建新的增长带和增长极，着力推动“一带一路”建设、京津冀协同发展、长江经济带发展，培育区域发展新格局。落实国家战略仍然离不开航空运输和空港经济的发展，因此落实国家战略成为我们选择发展空港经济目标城市的第二个重要原则。

2.3 力争新动能多点开花原则

当前我国经济进入新常态，经济转型压力巨大。具体到空港经济而言，尽管我国空港经济已取得长足进步，但与我国经济社会发展和经济结构转型的需要相比，新动能新红利仍显不足。目前国家已批复10个城市设立国家临空经济示范区，大部分都处在东部，这与我国中西部经济现实和社会发展需要相比，航空经济这一“速度经济”的优势远远没有体现出来。基于航空枢纽或区域枢纽的干线航空和支线航空网络仍有很大的发展空间，这必将带动空港经济的快速发展，释放更多新动能新红利。

2.4 经济效益和社会效益兼顾原则

中国特色社会主义市场经济道路，基于效率的经济效益是必要的和优先的。从局部来看，经济效益是确保空港经济健康发展的一个重要原则。但从整体来看，国家的整体稳定和安全高于一切。要为空港经济发展提供一个安全稳定的发展环境，客观上要求进行顶层设计，兼顾社会效益，尤其是在地广人稀的西部地区。要遵循航空经济发展规律，兼顾经济效益和社会效益，扩大航空基础设施网络，构建与公路、水路、铁路等有机衔接的综合交通运输体系，增加有效供给，提升运输服务保障能力，进一步突出对中西部社会经济发展的带动作用。

2.5 与其他交通运输方式平衡原则

从某种意义上讲，航空与公路、水路、铁路等运输方式是一种竞合关系，它们一起共同构成我国立体的交通运输网络，是现代经济发展的“血管”。要充分发挥立体交通运输网络效用最大化，就必须坚持与其他交通运输方式平衡原则。以铁路，尤其是高铁为例，铁路与航空运输就存在显著的竞合关系。一般认为，在800km范围内，高铁有优势；超过800km，民航就更有优势。在经济欠发达、人口数量偏少的西北西南地区，各主要城市之间的距离普遍较远、且地形复杂，建设和运营高铁的成本明显很高，更适合航空运输和空港经济发展。

2.6 分期分批、分阶段推进原则

发展空港经济要充分考虑不同区位、不同级别、不同经济发展水平的城市实际情况并采取相应的有效措施。在发展空港经济的资源配置上做出通盘考虑和长期打算，注意各自定位准确，要分期分批有重点、分阶段加以实施。机场新建或改扩建的标准要因地制宜，坚持从实际出发，确保适度需要和长远发展。

3 发展空港经济的目标城市机场选择及可行性分析

在既有航空经济试点城市的基础上，依据上述发展空港经济的六大原则，结合我国区域经济和相关机场空港经济发展基础，以及十九大提出的“一些改革部署和重大政策措施需要进一步落实”的任务要求，本文分别从西北、东北和西南选出11个空港经济的示范工程推广对象❶。

3.1 西北地区的目标城市机场选择

西北地域辽阔，人员稀少，地形环境比较复杂。普遍处在高原或高高原，特别适合支线航空发展，具有投资少、工期短、见效快、通达性好的特点。西北经济优势非常突出，大型煤炭电力、化工、有色金属、天然气基地分布在西北。西北是全国未来经济发展的“黄金地段”，是“丝绸之路经济带”的核心区域。“十三五”规划的实施，西北大开发继续推进，经济发展能量不断显现。目前西北空港经济发展迎来了前所未有的发展机遇。就现阶段而言，我们认为，西北地区以下城市机场具备发展空港经济的基础和必要性。

3.1.1 乌鲁木齐机场

新疆是我国面积第一大省，乌鲁木齐是新疆省会、“一带一路”倡议核心通道和关键支点。乌鲁木齐的发展事关国家安全和民族团结，因而大力发展空港经济的经济效益和社会效益巨大。

乌鲁木齐机场发展基础好、空间大、动力更强。2016年末，乌鲁木齐机场旅客吞吐量、货邮吞吐量及起降架次分别为2020万人次、15.8万t、16.2万架次，分列全国第17、17和19位。2006—2016年间，旅客吞吐量和货邮吞吐量两大指标实现年均20%以上的增长率，具备打造中国版“迪拜机场”的潜质(图1)。

3.1.2 喀什机场

喀什是南疆的经济、政治文化中心，辖内有5个国际一级口岸，辐射整个中亚和南亚。作为“一带一路”倡议关键工程的中巴经济走廊的起点，战略地位举足轻重。

喀什具备发展空港经济的扎实基础。2016年，喀什机场旅客吞吐量和货邮吞吐量分别达到182万人次和6550t，位列全国第51和61位。且2006—2016年间旅客吞吐量和货邮吞吐量两大指标均呈现快速上涨态势，排名稳步上升。势头良好，具备爆发式增长的潜力，也是南

❶ 从空港经济发展的条件来看，尽管东部地区部分机场发展空港经济的基础很好，但考虑到区域经济的均衡性，以及与大机场的物理距离，本课题组不建议再在东部地区新增示范工程的推广。

疆经济发展的核心稳定器(图2)。

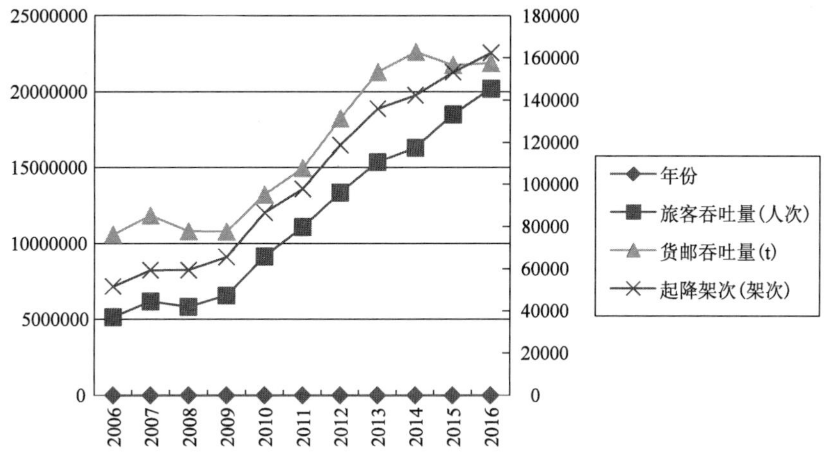

图1 2006—2016年乌鲁木齐机场运营状况

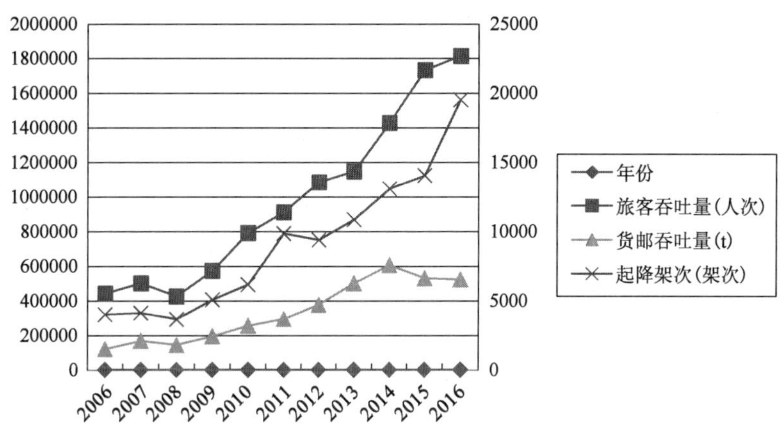

图2 2006—2016年喀什机场运营状况

3.1.3 西安机场

西安是我国西北政治经济文化中心、陕西省省会、老牌的国内航空枢纽、陆上丝绸之路起点、传统十大中心城市之一。西安还是我国的航空工业重镇,政治、经济、军事地位十分重要。

西安发展空港经济优势毋庸置疑。2016年,西安机场旅客吞吐量和货邮吞吐量分别达到3300万人次和23.4万t,位列全国第8和14位;且2006—2016年间旅客吞吐量和货邮吞吐量两大指标均呈现快速上涨态势,排名稳步上升,发展势头良好,具备爆发式增长的潜力(图3)。

3.1.4 兰州机场

兰州是甘肃省省会,河西走廊中心城市、丝绸之路核心节点城市,地理位置十分重要。

兰州机场发展基础良好。2016年末,兰州机场旅客吞吐量和货邮吞吐量分别达到1890万人次和5.9万t,位列全国第28和32位。且2006—2016年间,兰州机场旅客吞吐量和货邮吞吐量两大指标整体呈现快速上涨态势,排名基本稳定。周边离其他重要城市距离较远,是连接新疆、青海、宁夏、内蒙古、陕西、四川、西藏等地的重要中转站,具备发展空港经济的基础(图4)。

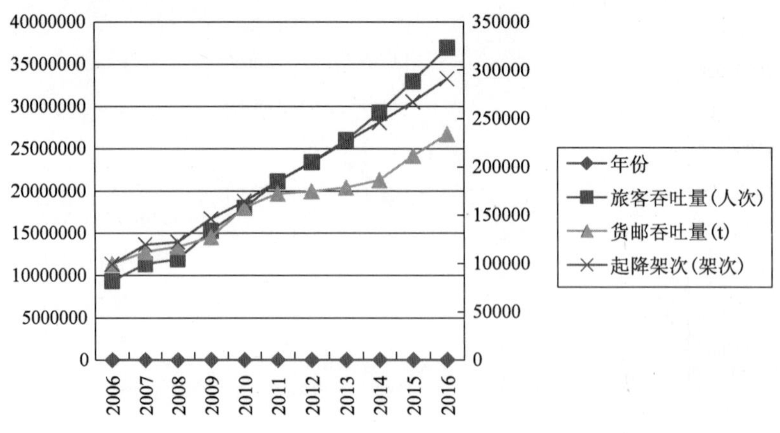

图3　2006—2016年西安机场运营状况

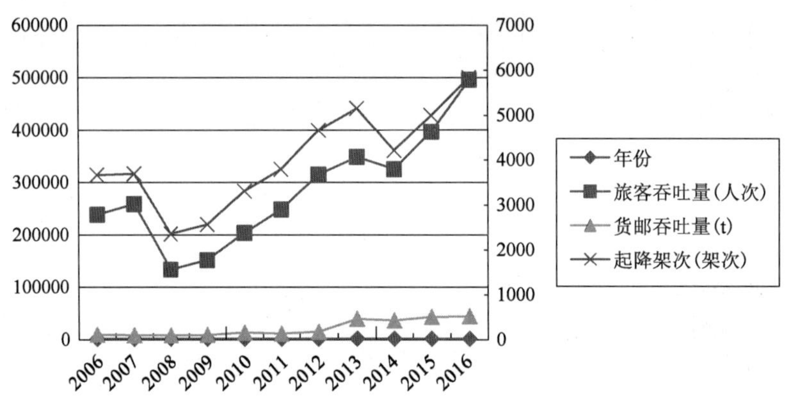

图4　2006—2016年兰州机场运营状况

3.2　东北地区的目标城市机场选择

东北地域也比较辽阔,作为老工业基地,经济发展基础较好,但是在转型升级结构调整的过程中掉队了。东北振兴战略亟待加强就现阶段而言,我们认为,东北地区以下城市具备发展和加强空港经济的基础和必要性。

3.2.1　哈尔滨机场

哈尔滨是黑龙江省省会、副省级市,是东北北部交通、政治、经济、文化、金融中心。哈尔滨地处东北亚中心地带,是第一条欧亚大陆桥和空中走廊的重要枢纽,也是国家战略定位的"沿边开发开放中心城市""东北亚区域中心城市"及"对俄合作中心城市"。区位优势明显,政治、经济、军事地位十分重要。

哈尔滨机场发展空港经济优势十分明显,也是振兴东北经济的重要举措。2016年,哈尔滨机场旅客吞吐量和货邮吞吐量分别达到1627万人次和12.5万t,分列全国第21、22位。且2006—2016年间旅客吞吐量和货邮吞吐量两大指标均呈现年均10%以上的上涨态势,排名稳中有升,具备发展空港经济的良好基础和空间(图5)。

3.2.2　长春机场

长春是吉林省省会、副省级市、东北亚经济圈中心城市,是国务院定位的中国东北地区中心城市之一、我国重要的工业基地、国家历史文化名城和全国综合交通枢纽。

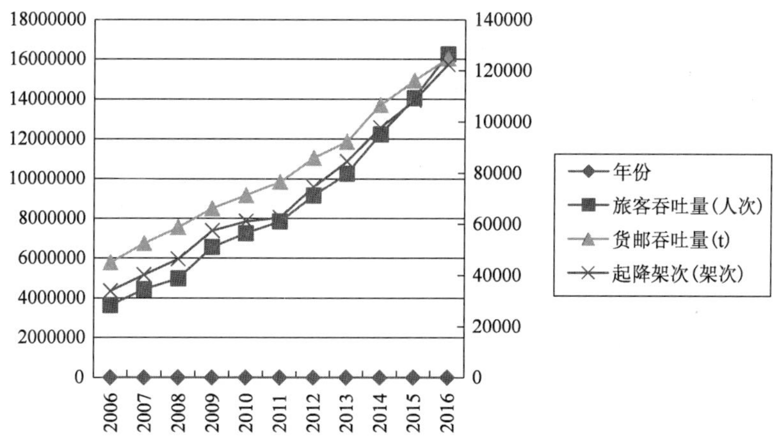

图5 2006—2016 年哈尔滨机场运营状况

长春机场发展空港经济的基础雄厚,也是振兴东北经济的主战场之一。2016 年,长春机场旅客吞吐量和货邮吞吐量分别达到 949 万人次和 8.7 万 t,均列全国第 30 位。且 2006—2016 年间旅客吞吐量呈现年均 15% 以上的上涨态势,排名稳中有升,具备发展空港经济的良好基础和空间(图 6)。

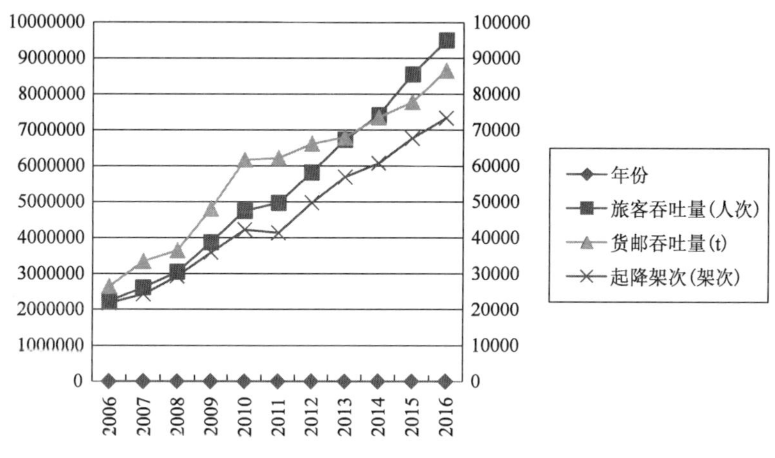

图6 2006—2016 年长春机场运营状况

3.2.3 沈阳机场

沈阳是辽宁省省会、国务院批复确定的东北地区重要的中心城市、先进装备制造业基地和国家历史文化名城。沈阳地处东北亚经济圈和环渤海经济圈的中心,是长三角、珠三角、京津冀地区通往关东地区的综合枢纽城市,也是中国最重要的以装备制造业为主的重工业基地,有着“共和国长子”和“东方鲁尔”的美誉。

沈阳机场发展空港经济的基础雄厚,也是振兴东北经济的主战场之一。2016 年,沈阳机场旅客吞吐量和货邮吞吐量分别达到 1497 万人次和 15.6 万 t,分列全国第 24 和 18 位。且 2006—2016 年间旅客吞吐量呈现年均 10% 以上的上涨态势,排名基本稳定,空港经济发展基础良好(图 7)。

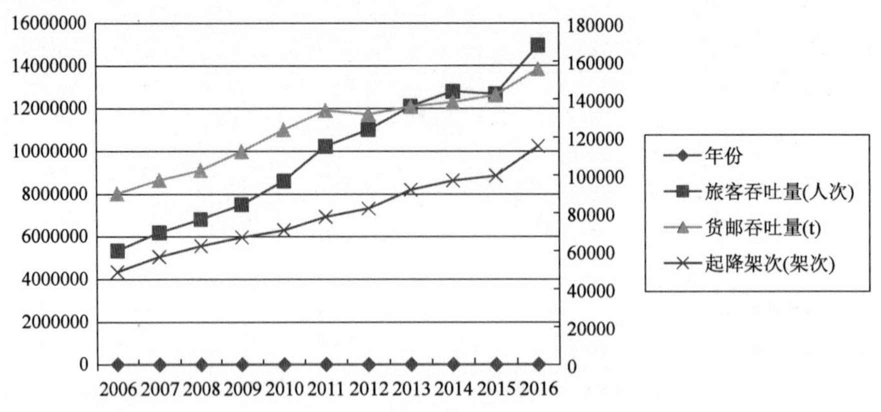

图7　2006—2016年沈阳机场运营状况

3.2.4　大连机场

大连是辽宁省副省级市、计划单列市，我国东部沿海重要的经济、贸易、港口、工业、旅游城市，也是我国东北对外开放的窗口和最大的港口城市，地理和经济地位十分重要。

大连机场发展空港经济的基础雄厚，也是振兴东北经济的主战场之一。2016年，大连机场旅客吞吐量和货邮吞吐量分别达到1526万人次和14.9万t，分列全国第22和19位。受东北经济整体下滑的影响，2006—2016年间旅客吞吐量和货邮吞吐量两大指标在全国排名均呈现6~7位的下滑，但由于起点高、基础雄厚，并不影响其空港经济发展的前景（图8）。

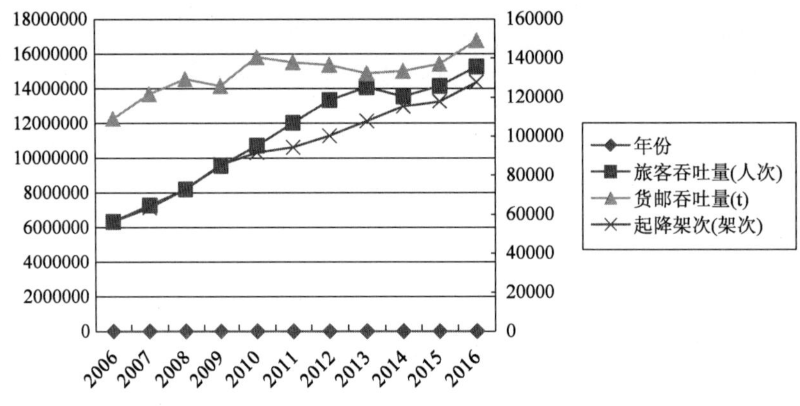

图8　2006—2016年大连机场运营状况

3.3　西南地区的目标城市机场选择

与西北地区相比，拥有丰富地理地貌和自然植被的西南地区的后发优势明显。近几年的经济增速已经证明了这一点。为进一步加快西南地区经济发展，落实长江经济带、西部大开发等国家战略，以及"一带一路"倡议，就现阶段而言，西南地区以下城市具备发展和加强空港经济的基础和必要性。

3.3.1　昆明机场

昆明是云南省省会，我国面向东南亚、南亚开放的门户城市，国家历史文化名城，我国重要的旅游、商贸城市，西部地区重要的中心城市之一。东亚大陆与中南半岛、南亚次大陆各国进行经济贸易往来及政治联系的陆路枢纽。

昆明机场发展空港经济的基础雄厚,也是西部大开发的主战场之一。2016 年,昆明机场旅客吞吐量和货邮吞吐量分别达到 4120 万人次和 38.3 万 t,分列全国第 5 和 9 位。2006—2016 年间旅客吞吐量稳中有升,一直排在前 7 名,客流主要以游客为主。货邮吞吐量稳中有升,尽管全国排名有所下滑,但整体仍处于第一梯队,所运货物以鲜花为主。作为传统枢纽机场,空港经济发展势头较猛。随着产业结构逐步升级,昆明空港经济发展前景广阔(图 9)。

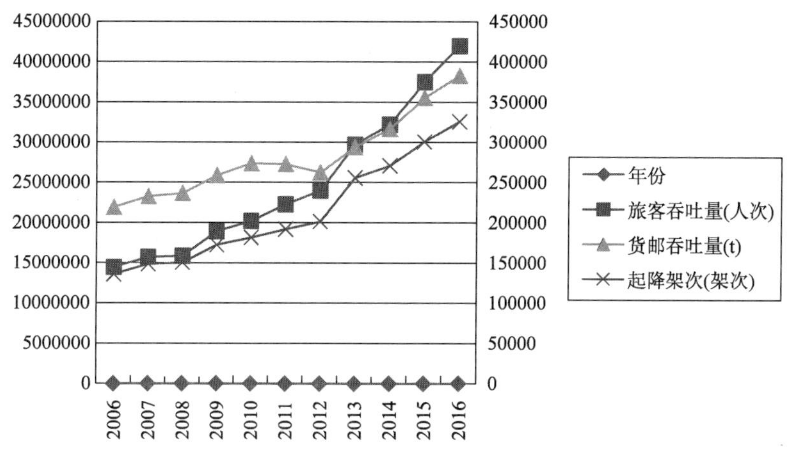

图 9　2006—2016 年昆明机场运营状况

3.3.2　南宁机场

南宁是广西壮族自治区首府,中国面向东盟十国核心城市和边境区域中心城市,环北部湾城市群特大城市,西南出海综合交通枢纽城市,中国东盟博览会暨中国东盟商务与投资峰会的永久举办地,“一带一路”海上丝绸之路有机衔接的重要门户城市。

南宁机场发展空港经济的基础雄厚,也是西部大开发的主战场之一。2016 年,南宁机场旅客吞吐量和货邮吞吐量分别达到 1156 万人次和 10.5 万 t,分列全国第 27 和 25 位。2006—2016 年间旅客吞吐量和货邮吞吐量基本稳定。随着产业转移和结构升级,南宁空港经济发展前景可期(图 10)。

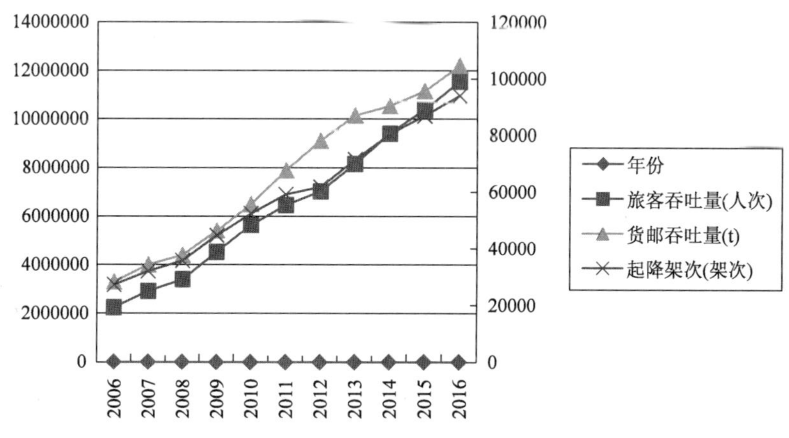

图 10　2006—2016 年南宁机场运营状况

3.4　中部地区的目标城市机场选择

由于中部承东启西,经济发展水平居中,且中部六省已经有了郑州这一国家级航空港经济综合实验区。就现阶段而言,我们认为,中部地区目前先选择武汉一城足以。

武汉是湖北省省会、中部六省唯一的副省级市和特大城市、中国中部地区的中心城市,全国重要的工业基地、科教基地和综合交通枢纽。

武汉经济雄厚,也是长江经济带的核心城市之一。武汉机场 2016 年,武汉机场旅客吞吐量和货邮吞吐量分别达到 2077 万人次和 17.5 万 t,分列全国第 14 和 16 位。2006—2016 年间,武汉机场旅客吞吐量以每年 14% 的速度增长,货邮吞吐量增速也接近 10%。在中部崛起、长江经济带战略的利好带动下,武汉空港经济发展前景广阔(图 11)。

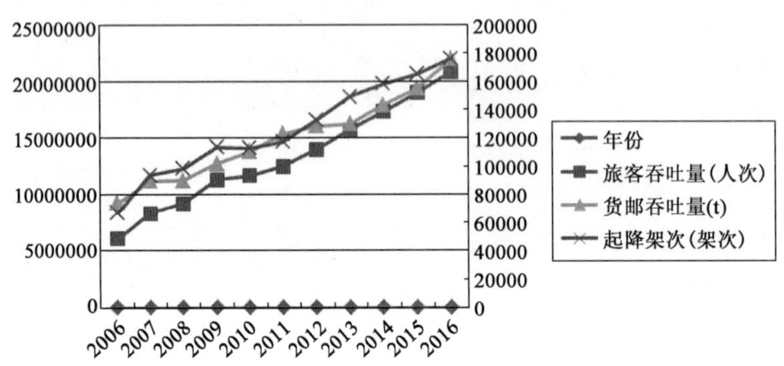

图 11　2006—2016 年武汉机场运营状况

4　加快推动上述城市空港经济发展的政策建议

大力推动上述城市空港经济发展的总体思路:以十九大报告精神和习近平主席在 2017 年 5 月举办的首届"一带一路"国际合作高峰论坛发表的主旨演讲精神为指引,以打造"空中丝路"为目标,坚持全面深化改革,坚持新发展理念,统筹航空交通设施建设、促进产业互补,推动空间对接、合理分工、深度融合,形成全面对外开放新格局,为我国经济转型和区域经济发展提供新动能、释放新红利。

4.1　创新空港经济发展的体制机制,开创深度融合新局面

空港经济与经济社会深度融合需要建立一套与国际接轨,特别是与"一带一路"沿线国家接轨的新制度体系。

一是要不断推进体制机制创新、合作创新和理念创新。加快形成以创新为主要引领和支撑的空港经济发展体系和模式,培育带动区域发展的创新高地。借鉴国内外成功经验,在社会管理、海关监管、口岸建设、财政金融、用地管理、人才引进等方面改革创新、先行先试,为空港经济建设提供强力支撑。

二是要建立政府和市场的作用有机结合的管理体制。一方面,成立政府机构规划引导推动空港经济的发展;另一方面,在政府指导下成立空港经济投资开发实体以及投资引导基金,充分对接市场的主导作用,加快园区基础设施建设,进一步提高开发经营效益,共同推动空港经济的发展。

三是要建立健全推进空港经济发展工作联动机制。整合各方资源,形成发展合力,把临空经济区发展纳入城市发展总体规划和土地利用总体规划,实行统一规划、统一政策、统一协调、统筹重大项目建设。

四是要推动综保区向自贸区转型升级。加快研究空港型自由贸易园区的发展条件、路径,积极采取有效措施,在政策、资金、用地、配套设施和通关环境等方面加大对发展空港经济的扶

持力度。要定期对重大规划、政策、项目等进行衔接,加大对议定事项的落实力度,确保各项政策措施落地生效。

4.2 大力发展航空交通基础设施,强力推进“空中丝路”建设

“空中丝路”是党中央布置给我们的时代新命题,我们必须站在国家战略的高度,做好谋篇布局,不辱时代使命。作为空港经济的血脉和“空中丝路”的核心支撑,高规格的航空交通设施网络必不可少。

一是要架起我国与“一带一路”沿线65个国家的节点城市的“空中丝路”。充分发挥空港经济在“陆上、海上、天上、网上”四位一体的联通中的核心作用,着力于构建以民航运输为基础,以民用机场建设、北斗导航网络构建、航空运营管理提升为保障,以民用飞机制造、航空物流、跨境电商、商务会展、航空金融等航空密切关联产业为核心,以沿线城市机场地区为产业转移的优先承载区,建立起我国与“一带一路”沿线国家之间的航空运输互通及相关产业联通的经济合作创新模式。

二是要以机场航空运输为核心,构建多式联运的立体化综合交通运输网络。在科学研判、前瞻性规划设计、注重节约土地和注重生态保护的前提下,有步骤建设功能相对完备的机场设施,提升客货流的进出能力和承载能力,同时加快推进航空口岸便利化建设。根据空港经济发展的要求,梳理机场周边各层次基础设施系统的关系,加快交通、市政以及生活配套等设施的规划建设,支撑空港经济的高端发展。其中,交通系统应先行规划建设,尽快打通与机场联系的关键道路,完善相应配套设施,实现城市道路、公路、轨道交通、铁路等各种交通方式的无缝接驳,从而建立立体化的综合交通体系。

三是要构建国内机场和“一带一路”沿线机场参与的“空中丝路”协调机制。根据通航两点城市之间各自的资源禀赋和综合条件,有选择地开展点对点贸易往来,实现彼此协同发展、共享发展收益。加强国内各主要航空枢纽机场之间的协同和产业布局的错位竞争,以打造“空中丝绸之路”为抓手,统一构建面向世界的“空中丝路”,推动更高层次的开放型经济再上新台阶。建议在中央“一带一路”领导小组统一协调下,以郑州—卢森堡“空中丝路”等建设专项规划为蓝本,各地探索出台符合自身特点等“空中丝路”行动方案。

4.3 以发展特色产业为切入口和突破口,构建现代空港经济产业体系

一是要把打造特色空港经济作为切入点和突破口。坚持高端定位和特色化发展思路,充分利用两个市场、两种资源,集聚各类要素,大力培育发展具有临空指向特点的特色空港经济,最终走出一条差异化竞争的空港经济与经济社会深度融合发展的道路来。

二是要加快构建现代高端空港经济产业体系。在特色临空产业培育和发展的基础上,形成特色优势产业的生产供应链和消费供应链,带动高端制造业、现代服务业集聚发展,构建以航空物流为基础、航空关联产业为支撑的空港经济产业体系,发挥产业集群综合效应,最大限度释放经济新动能。

三是要合理确定空港经济区的空间布局和功能定位。各地不应贪大求全、一哄而上,不应超越自身发展约束条件去盲目发展空港经济,而是要认真学习借鉴国内外空港经济发达地区的成功经验,结合实际去选择自身的发展路径、切入点和突破口。条件成熟地区要研究制订本地区空港经济发展具体方案,分阶段设定规划目标、主要内容和实施路径,科学组织实施,杜绝盲目投资和重复建设,积极稳妥、扎实有序地推进本地区空港经济发展。

国内外发展空港经济的经典案例及启示

郝爱民

(航空经济发展河南省协同创新中心,郑州,450046)

摘　要:以"速度经济"和"高附加值经济"为特征的空港经济能够对地方经济发展产生重大而深远的影响。在我国航空运输快速发展的今天,总结和梳理国内外空港经济经典案例的成功经验,对发挥空港经济的引领带动,加快释放新红利、寻求新动能,具有重要的借鉴意义。基于此,本文选取美国孟菲斯国际机场、中国香港国际机场、韩国仁川国际机场和荷兰史基浦机场四个经典案例进行深度梳理和剖析,并得出我国发展空港经济的五大启示。

关键词:空港经济;枢纽机场;临空产业

1　引言

实践表明:任何交通运输方式的革命性变化都将对人类的经济增长、社会变迁和生活方式产生深远的影响(郝爱民,2015)。航空运输作为最晚出现、技术含量最高、速度最快的运输方式,其一产生就对全球的运输格局产生了深刻变化。世界机场协会 2011 年公布的数字显示,按重量计算,航空货运仅占全球货物贸易的 1%,海运占 80% 以上,但航空货运价值却占到了 36%,并且正在以超过海运 2 倍的速度快速增长。从产业发展趋势看,具有时间约束的产品及生产方式在经济发展中比重越来越大,空港产业开始向(枢纽)机场集聚,新动能更加凸显。学术界对"空港(airport)"基本形成如下共识:即包含了机场基础功能设施和相关功能设施,这些设施随着机场运营时间的增加和规模的扩大而不断完善(王晓川,2003)。空港经济则是指围绕机场建立一个经济区,发展相关的优势产业,促进区域经济增长(苏海龙等,2015)。尽管还有临空经济、航空城和航空都市区这几个概念与空港经济较为接近(其中空港经济与临空经济意思最接近),但考虑到本文探讨的重点,这里就不再对其区别和联系进行赘述。

从 1959 年爱尔兰香农自由贸易区成立起,国际上对航空港经济发展进行了持续的实践和探索,并形成了各具特色的空港经济发展案例。总结和梳理国内外空港经济经典案例的成功经验,对我国发挥空港经济的引领带动,加快释放新红利、寻求新动能,具有重要的借鉴意义。

2　国内外发展空港经济的经典案例分析

国内外发展空港经济的成功案例很多,但是考虑到其发展类型、我国国情及当前寻求经济新动能的需要,本文从中选取美国孟菲斯国际机场、中国香港国际机场、韩国仁川国际机场和荷兰史基浦机场四个经典案例进行深度剖析。

2.1 孟菲斯空港经济区

2.1.1 孟菲斯国际机场概况

孟菲斯国际机场(Memphis International Airport,MEM)位于美国田纳西州孟菲斯,是世界最大航空货运机场。机场主要呈现以下特点:

区位优势明显。由于地处美国国内航线网络的中心,以及著名的俄亥俄快递中枢带上,孟菲斯国际机场东西兼顾,南北适中,两小时以内的航程几乎覆盖了全美所有大中城市。

航线网络发达。作为西北航空公司的三大枢纽之一,孟菲斯国际机场集散了美国南部以及中美、加勒比地区的航空客货,并与位于明尼阿波利斯和底特律的两个中心共同构成了西北航空公司国内枢纽网络。该网络通过与跨大西洋、跨太平洋的国际航线网络整合,实现大规模国内、国际航班客货的有效转接,进一步奠定了孟菲斯国际机场的国际航空物流货运枢纽地位。

功能定位明确。孟菲斯国际机场始终定位于国际顶级货运枢纽。机场占地约1500公顷,由南北两个矩形区域构成。其北部的半壁江山全部为联邦快递公司(FedEx)的货运基地,有一条东西向的货机专用跑道,长约3000m。跑道北侧有70万m^2的货机坪和160多个货机位。FedEx在此修建了占地约30万m^2的各类货物仓储和中转设施。

综合交通完善。场区交通由纵横交错的快速公路网构成,机场西侧建有地面交通枢纽,与通往市区的高速公路相接。布局上,机场范围内以空港货运物流业为核心,以联邦快递为重点,为空港经济发展提供源源不断的动力源泉。

2.1.2 孟菲斯空港经济区产业发展

孟菲斯空港经济区已经形成以航空物流产业为主导,关联产业共同发展的典型模式。

一是以联邦快递为带动,航空物流业世界领先。孟菲斯航空物流产业的发展得益于联邦快递。1973年,联邦快递将孟菲斯国际机场确定为美国国内货运中心,之后的30多年里,联邦快递迅速成长为世界四大航空物流公司之一,使得孟菲斯国际机场一跃成为世界物流中心。

在联邦快递的带动下,一批世界先进的航空物流企业入驻,如UPS、Cathay Pacific、KLM、DHL等都在该机场开设航空物流驻点机构。其中,拥有完善货运团队和物流递送网络的美国UPS、FedEx等大公司,使得孟菲斯国际机场拥有在美国境内任意两个地点和居民点之间可以做到24小时内送货上门的优势,使之成为航空货运效率最高、物流设施最完善、航空物流规模最大的空港。

二是以航空物流为先导,临空产业加速聚集。强大的航空物流产业使孟菲斯成为吸引众多知名企业的磁石,在孟菲斯这些企业能以最快的速度将零部件、产品运入或者运出。航空物流产业的发展带动了机场周边很多产业的发展,如汽车零部件、医疗设备、生物医药、电子通信等等。联邦快递成就了孟菲斯的航空物流产业,而航空物流产业进一步影响了其他产业的发展。

三是以龙头项目为依托,空港经济蓬勃发展。围绕孟菲斯国际机场这个最大物流空港,周边聚集了一批商务机构,为孟菲斯创造了17万个工作岗位、208亿美元的经济增长量,对90%以上的就业和经济发展产生了深远影响,从而使得孟菲斯航空港区在世界航空物流界独树一帜。

2.1.3 孟菲斯空港经济区特征与优势

一是科学制定了航空城发展规划。孟菲斯国际机场与当地政府以及合作伙伴组织成立了相关委员会,共同制定了航空城发展规划,使得航空城不仅满足了速度、灵活度和联结性的核心要求,还适应了多方利益主体的特殊要求。优秀的航空城规划使孟菲斯机场的货物能在48 小时内到达世界任何一地。孟菲斯的机场规划始终贯彻了以货运为主的发展策略,具有货运枢纽的鲜明特色。孟菲斯航空城发展规划具有前瞻性,机场在 20 世纪 80 年代一直徘徊于世界顶级机场 30 强之外,却在 1986 年就规划要位列世界货运第一,甚至计划 2015 年货运吞吐量要达到 680 万 t。不仅如此,机场还在南部和东部为 FedEx 和 UPS 未来货运的发展预留了 200 多公顷用地空间。

二是多种运输模式协同发展。除了拥有全球最繁忙的空运机场外,孟菲斯市拥有发达的公路、铁路和水路运输系统。东西方向横穿美国的公路将孟菲斯与美国的第 55 州相连,而第 55 州是南北方向横穿美国的公路的中心,此外有 7 条高速公路在孟菲斯相交,这使得美国的 152 个大城市到达孟菲斯都只有一个晚上的行程。孟菲斯拥有 5 条 Ⅰ 级铁路、6 个铁路码头,都具有联合运输的能力,平均每天有 220 班列车。孟菲斯还是美国第四繁忙的内河码头,每年大约有 63 亿 t 的内河运输货物,孟菲斯码头拥有 44 个私营站,8 个政府运营站,超过 30 个国际货物运输代理公司在孟菲斯码头运营。可以说,孟菲斯具备一个集航空、水路、铁路、高速公路,多模式的综合运输系统。

三是机场与城市、企业密切合作。在与城市合作方面,机场为孟菲斯市创造了大量的就业岗位和巨大的生产总值,而孟菲斯市的发展,产生大量的客货运输需求,推动空港的发展。在与企业合作方面,联邦快递成立之初拟将总部设在阿肯色州小石城,但当地政府认为航空物流业的发展前景暗淡,拒绝了联邦快递的建议。然而,孟菲斯国际机场却主动地以最优质服务、最优惠价格向联邦快递提供支持。结果,在孟菲斯国际机场的支持下,联邦快递业务迅速拓展,最终成为世界最大的快递服务商。

得益于上述措施和经验,20 世纪 90 年代,孟菲斯国际机场逐步跨入美国乃至世界大型货运枢纽机场的行列,相继超过成田、香港、洛杉矶等著名货运机场,成为令世人瞩目的最为繁忙货运机场之一(谭惠卓,2002)。自 1992 年至 2009 年,连续 17 年位居全球机场航空货运吞吐量第一。2018 年,孟菲斯国际机场航空货运吞吐量达到 447 万 t(国际机场协会,2019)。

2.2 香港空港经济区

2.2.1 香港国际机场概况

香港国际机场位于中国香港特别行政区离岛区大屿山,距离香港市中心约 34km。自 1998 年在赤鱲角启用以来,一直跻身全球最繁忙机场之列。2015 年,机场的客运量达 6850 万人次,货运量共 438 万 t,飞机起降量 406000 架次。香港国际机场也是全球最具效率的航空枢纽之一。如今,共有超过 100 家航空公司在香港提供航空服务,往来全球超过 190 个航点,其中 39 个位于中国内地。作为首屈一指的国际及区域航空中心,香港国际机场对维持香港的亚洲国际都会地位有着举足轻重的地位。香港地理位置优越,从这里出发,可于 5 小时内飞抵全球近半数人口聚居的地方。凭此,再配合机场广阔的航空网络,奠定了香港的国际商业中心地位。

2.2.2 香港空港经济区产业发展

香港空港经济区产业结构的特征表现为航空运输业与机场商业并重发展。

香港赤鱲角国际机场自 1998 年 7 月启用以来,以其高效的运作机制和先进的管理理念,致力于为旅客和用户提供舒适便捷的服务,航空业务量持续增长,先后多次获得国际知名独立航空调查机构的“全球最佳机场”称号。

在做大航空运输业的同时,香港国际机场积极发展机场商业。在香港机场管理局的领导下,香港机场构建了成功的商业模式,成为全球机场商业的楷模。为将香港机场打造成休闲购物天堂,机场管理局于 2004 年扩建香港机场购物廊,机场店铺总数增至 160 家,增设 200m 长的“名店大道”,集合了 25 家国际知名的奢侈品商店。2006 年香港机场开始建设“航空城”(Sky City)项目,第一期开发包括 2 号航站楼、翔天廊、机场世贸中心、亚洲国际博览馆、海天码头、航天城酒店和高尔夫球场等大型项目。

2.2.3 香港空港经济区特征与优势

一是机场商业发达,是一座商贸城。机场商业是以机场可供商业开发空间为基础,满足国内外旅客消费需求的新兴商业。香港国际机场是发展机场商业的成功典范。“航天城”的建设使得香港国际机场成了一座商贸城(shopping mall)。香港机场集中的购物、餐饮、休闲娱乐等多功能商业设施,拓展了机场的服务功能,机场不仅为旅客提供航空运输的地面服务,而且为旅客以及附近居民提供购物、休闲等商业服务。

二是普遍采用特许经营、专营的管理模式。航空货运、航空地面辅助服务、配餐、机场商业、餐饮、广告等,香港国际机场都普遍采用了特许经营、专营的形式,交给专业的第三方进行经营管理。机场当局在特许经营期内收取一定的特许经营费,而且特许经营费中往往会约定与收入挂钩的机制。由于实行特许经营,机场当局得以摆脱不必要的多元化经营,专门致力于机场规划、建设和管理。

三是协调海关,实现一站式服务。香港国际机场提供“一站式”服务,香港国际机场的空运货物处理系统与海关的空运货物清关系统互相连接,在货物抵港前 3 小时,已可传送有关的货物信息。

四是与其他物流枢纽相衔接,发展多式联运。由于航空运输的可得性有限,空运必须与陆运、水运结合,因此多式联运是物流业发展的趋势。香港国际机场的海运码头连接机场与珠江三角洲内 20 个河港,提供门到门服务,真正做到了多式联运。

2.3 仁川空港经济区

2.3.1 仁川国际机场概况

仁川国际机场坐落在韩国著名的海滨度假城市仁川广域市西部的永宗岛上。距离首尔市 52km,离仁川海岸 15km。仁川国际机场是 2001 年 3 月 29 日开航的韩国最大的国际机场,是东北亚最大的航空枢纽。周围无噪声源影响,绿化率达 30% 以上,环境优美舒适,其整体设计、规划和工程都本着环保的宗旨,被誉为“绿色机场”。

仁川国际机场是韩国国际客运及货运的航空枢纽,同时也是韩国最大的两家航空公司大韩航空及韩亚航空的主要枢纽。仁川机场在 2018 年启用全新的第二航站楼。第二航站楼是由大韩航空、达美航空、法国航空和荷兰皇家航空组成的天合联盟的专用航站楼。2018 年,仁川国际机场旅客吞吐量达 6828 万人次,国际航线旅客重回 10% 增长。

2.3.2 仁川空港经济区产业发展

仁川空港经济区的产业特征表现为航空运输业与旅游休闲业并重发展。仁川空港经济区丰富的旅游资源决定了旅游休闲产业的发达。

仁川国际机场所在地——永宗岛，环境优美，有“水之翼”之称，占地面积138km²，具备海水环绕的优越地理环境。港区中心除发展航空物流外，还着力发展旅游产业、购物休闲产业，在港区周围建设了梦幻主题公园、时装主题公园、水上世界公园、航空城公园等4个休闲主题旅游项目，以其显著的人文环境、生态建设凸显自由经济区的特色。

机场地区西侧——龙游岛和舞衣岛，是海洋观光的最佳地点。利用优越的自然条件，仁川空港经济区大力发展休闲旅游产业，结合岛上的自然风景建设大量国际旅游综合设施，发展有特色的旅游休闲项目，包括疗养区、海上世界、游乐园等。空港经济区最大的开发项目为“梦幻世界”，包括一个主题公园和一个综合度假村，预计“梦幻世界”将于2020年全面投入使用。由各具特色的永宗、青萝和松岛3个岛屿组成的仁川空港经济区，将仁川国际机场发展成一个集休闲、旅游、购物、娱乐、会议和物流中心为一体的多功能航空城。

另外两个岛屿——松岛和青萝岛，松岛（53km²）重点打造了集教育、文化、居住、后勤保障、国际商务、研发等功能为特色的产业群；青萝岛则重点建设国际金融商务中心、外籍员工居住社区，并配套构建了高尔夫球场、休闲运动中心等娱乐设施。

在轻松愉快的氛围中，仁川国际机场在突出的休闲、旅游、娱乐设施衬托下，打造出了集物流、金融、贸易等产业为一体的新型空港经济模式，并不断发展壮大。预期未来的仁川国际机场航空城项目完全落成后，该产业发展模式将为仁川国际机场空港辐射区带来高达6亿韩元的直接经济增长值和将近15万个新增工作岗位。这在空港经济产业发展的历史中可谓独具特色且浓墨重彩的一笔。

2.3.3 仁川空港经济区特征与优势

一是出台优惠政策吸引跨国物流企业入驻。韩国政府在仁川国际机场的建设上，突出强调枢纽城市以及航空和物流产业的发展，将仁川国际机场定位于一个物流网络中心。韩国建设和交通部，在政策方面确立了通过物流产业发展降低物流成本，提高国家竞争力的政策目标，并明确提出要以仁川国际机场为中心，建设物流网络体系。目前，由韩国建设和交通部规划建设的仁川国际机场物流园区一期项目，已经完成并正式投入运营。

为了吸引外来物流企业入驻，韩国政府出台了一系列配套政策：进驻园区的外资企业根据不同行业和投资规模，可享受减免国际税、地方税、土地使用费等优惠政策。进驻园区的国内外货物，可享受免除关税、酒税等各项优惠待遇。

二是依托机场设立自由经济区。2003年韩国政府正式确定，依托仁川国际机场设立仁川自由经济区。自由经济区在税收、外汇管制等方面实行了一系列特殊的经济政策，取消或放宽了对外商投资的各种限制：第一，对外资企业实施税费激励政策。第二，放松政府管制。自由经济区内开放教育、医疗等服务行业；实行外汇制度自由化，允许主要的外国货币在自由经济区内自由使用；允许外国广播电视进入。第三，改善外国人居住环境。在自由经济区内，政府除了建设大量绿地与休闲娱乐设施外，还在政府服务中使用英语，并建立国外高校的分校，引进国外的医疗机构等。

三是加强物流配套设施建设，简化海关通关程序。韩国海关以构建“21世纪世界最佳海关”为目标，全面提升空港海关管理的效率与效力，具体包括改善进出口物流管理系统，加强快递货物的通关服务，完成“电子海关”建设等措施，如安装以互联网为基础的申报系统，与以电子数据交换（Electronic Digital Interchange，EDI）为基础的业务系统合并运行；整合31个不同的单独系统，加强内部管理系统的联通性能；建立覆盖进出口申报和检疫申请的“一站式”电子化通关系统。

四是实现开发模式创新,鼓励企业参与园区的开发与建设。韩国政府还对原有的"修建-运营-移交"(Build-Operate-Transfer,BOT)开发模式进行了创新,改为"修建-移交-运营"(Build-Transfer-Operate,BTO)的方式开发、管理机场周边物流园区及工业园区。以物流园区建设为例,在 BTO 模式下,大韩航空公司根据需求向机场申请土地,然后建造符合自己要求的货站设施;在建造完成后,所有权移交给仁川国际机场;大韩航空获得货站设施 20 年的运营权;在运营期满后,大韩航空公司可以和机场协商后续合同。BTO 的开发模式在利用承包商专业开发经验和先进技术的同时,也为韩国政府和机场当局节约了大量投资建设资金,并且降低了投资风险。

2.4 史基浦空港经济区

2.4.1 史基浦机场概况

著名的史基浦机场,位于荷兰首都阿姆斯特丹城西南部 15km,是荷兰的空中门户,也是整个北欧地区重要的空中门户与航空网络中心。以航空产业为基础,史基浦机场本身已发展为"机场城市",成了阿姆斯特丹市经济的主要增长极。在史基浦机场周边区域有 500 多家企业,已形成三大板块——物流园区、商务区和航天航空产业园区。

2.4.2 史基浦空港经济区产业发展

史基浦空港经济区的产业结构特征为综合发展多种产业,产业横跨第一、二、三产业。在 19 世纪 80 年代机场扩建之前,史基浦机场周边产业类型多为第一产业。随着机场扩建,旅客吞吐量持续增长,史基浦空港经济区产业发展大致经历了三个阶段:

第一阶段:产业构成以与航空运输活动相关的产业为主,主要是服务于机场和航空公司的产业,例如候机服务、机场维修、航油航材、地勤服务等。

第二阶段:产业结构发生了两个方面的变化:第一,客货运量的增加促进了机场商业的发展,机场修建了多样化的商业办公设施和休闲娱乐设施;第二,由于航空物流产业的发展使得运输成本降低,产品运输依赖于航空物流的制造业开始在空港经济区内聚集。

第三阶段:产业发展的特征是航空核心产业和航空关联产业的规模和质量进一步提升,航空产业的产业链不断拓展,航空引致产业进入空港经济区,形成了以航空服务、电子信息、航空航天、生物医药等为主导的航空产业集群。作为欧洲四大中转站之一的史基浦机场,客运量排名居欧洲第四位、货运吞吐量排名居欧洲第三位,是欧洲物流和商务的重要枢纽,也是荷兰区域经济发展的重要增长极。

不同于前面所归纳的几种,荷兰阿姆斯特丹的史基浦机场发展模式的最大特色是实现了一、二、三产业的多元化综合驱动发展。在国家政策的特别扶植下,史基浦机场的航空运输业高速发展,通过空中网络的连通性不断加强升级,史基浦机场成为全球航空运输的枢纽,进而在高科技产业的带动下实现经济向现代产业结构的过渡,使其不仅是一个航空旅客的集散点,而且通过构建高效的综合航空枢纽,将其从一个最简单的航空港逐步演化成多元化综合性的航空大都市。

史基浦航空港区内除设置有专业航空物流设施外,还设有免税购物中心、商务休闲饭店、博物馆以及高尔夫球场、小型赌场等休闲娱乐场所。航站附近的商务综合大楼内设有世界贸易中心,驻扎着多家跨国公司的欧洲总部、营销部门以及研发中心。机场周边还合理规划分布着多个高科技产业园,发展 IT 信息技术、航空航天制造、电子设备等高端制造业,与航空物流产业实现无缝对接。目前,史基浦航空港区吸引了 500 多家国际公司入驻,涉及的范围包括传统汽车业、医药、金融,以及 IT、电子、航空航天等。代表性企业有荷兰航空、微软、日本三菱、摩托罗拉等。此外,空港附近独具特色地保留了一定面积的农业用地,种植各种出口花卉、植被,成为航空物流的货源基地之一,经济效益十分显著。

综上所述,史基浦机场的空港经济不但以其高运营效率、高服务水平全面覆盖了空港服务业,而且还创造性地横跨了三大产业,形成了典型的多元化、综合性航空产业发展模式,为临空经济的发展提供了动力,并成为阿姆斯特丹市的核心增长极。

2.4.3 史基浦空港经济区特征与优势

一是政府积极引导,明确空港经济战略定位。史基浦机场在20世纪80年代的扩建过程中,荷兰政府从国家战略的高度对机场周边发展进行定位与规划,针对机场地区的特殊性给予了独立而完整的规划,机场周围用地预留充足。荷兰政府在1988年制定的《国家规划与发展报告(第4版)》中,就将史基浦机场定位于国家发展的中心地位。首先,使其成为欧洲配送中心。其次,使其成为荷兰吸引物流与客流的磁石。其三,将史基浦机场地区纳入荷兰环境房产与规划部(VROM)所负责的全国空间规划。此外,中央政府通过国家控股的专业地产机构主导机场周边的具体规划和建设,参与SADC(Schiphol Area Development Company),与史基浦机场集团、阿姆斯特丹港口集团等组织,形成一个利益的共同体,促使开发的顺利实施。

二是长期规划与动态调整相结合,推动空港经济科学发展。史基浦机场周边地区的开发运营商SADC在史基浦机场发展的不同时期,对机场区域的发展定位不断调整,以适应整个区域经济的发展形势与市场变化。阿姆斯特丹史基浦机场区域在最初的发展定位是航空城,为应对市场变化,动态调整策略,不断完善机场区域规划,引导机场区域的持续发展。

三是依托机场发展,优化航空产业结构。史基浦机场在19世纪80年代扩建之前,机场周边产业类型多为第一产业,随着史基浦机场扩建,旅客吞吐量持续增长,机场周边产业的航空指向性日益增强,出现了各个高端产业园区,园区产业类型逐步向航空物流、航空维修等航空核心产业,以及总部经济、高科技研发等航空引致产业转变。空港经济区的形成是一个逐渐的过程,对于空港经济区产业来说,其伴随着空港经济区的形成与发展,也处于一种逐渐优化、进化的发展态势。

四是发展多式联运,强化空港经济区资源配置功能。拥有港口与机场的阿姆斯特丹在发展初期都依托海港促进经济发展,但是随着城市产业结构调整,传统产业的优化升级,机场在带动区域经济方面的作用日益凸显,空港经济逐渐成为城市发展的一大增长极。同时,这类城市也逐步从“大海港,小空港”的发展模式转变为“海港+空港”双轮驱动的发展模式。空港经济区的核心竞争力是其资源配置能力优于其他地区,实现空港与海港的联动,整合空港经济区内各种交通运输资源,发展空、海、陆等多种交通方式的无缝对接,多式联运,将不断拓展空港经济区的空间辐射能力。空港经济区成为特定区域内的交通运输网络枢纽、人流、物流的集散中心。

3 国内外经典案例对我国发展空港经济的启示

通过以上案例分析,我们可以从国内外空港经济发展的特点和规律中获得如下启示:

(1)前提:要构建以枢纽机场为中心的综合交通枢纽

世界各国为融入全球经济,在发展空港经济过程中均以发达的枢纽机场作为支撑。如新加坡樟宜机场就是通过打造东南亚的枢纽机场,发展转口贸易产业来发展空港经济。荷兰通过把史基浦机场打造成世界级枢纽机场来作为空港经济发展的支撑。以机场航空运输为核心，充分发挥交通区位优势，构建多式联运的立体化综合交通运输网络，依托高效便捷的现代信息化物流系统，打造世界一流的航空货运枢纽和物流中心，是诸多知名空港城市的成功经验。例如，孟菲斯的成功就是源自自身优良的区域交通优势和世界知名物流公司的完美结合。

(2)关键：要注重机场的服务能力和服务效率提升

各国在发展空港经济过程中，均特别强调机场的服务能力和服务效率的提升，例如孟菲斯国际机场由于提供最晚的截件时间和高效的通关服务，法兰克福机场以其高效服务被国际民航组织评为最佳机场，从而吸引了诸多知名公司进驻。良好的区位和服务效率的不断提高可以使更多企业入驻，从而成为空港经济发展的不竭动力。

(3)支撑：要培育发达的临空指向型产业体系

航空港的持续发展往往离不开高技术含量、高附加值产业的聚集和支撑，这些产业具有较高的时间敏感性，且产品大多体积小、附加价值高，因此最容易在航空港附近聚集，并最终发展为临空指向型产业体系。从产业分类看，临空产业体系主要包括航空产业、航空物流业、高精产品制造业、国际商务会展业、康体娱乐休闲业等大产业。例如中国香港国际机场附近有高度发达的银行业、会展业、保险业和广告业。

(4)路径：要因地制宜，走特色的空港经济发展之路

从国内外发展空港经济的实践来看，各国均注重因地制宜，从各自文化底蕴、独特资源等出发，最终走出空港经济的特色之路。比如中国香港国际机场走的是会展特色空港经济，迪拜世界中心国际机场走的是旅游休闲特色空港经济，阿姆斯特丹史基浦机场走的是商务总部特色空港经济，伦敦希斯罗国际机场走的是零售购物特色空港经济等(受篇幅限制，部分案例并没在本文中出现)。

(5)必要手段：要规划引导、提升内涵和政策导向

国际上空港经济发展均注重政府支持，均制定完善的空港经济产业导向政策，对符合积极倡导的产业投资项目和企业实行分层优惠，建立航空产业园特区，并对相适应的高端人才引进实行鼓励，尤其在土地政策方面，既要注重合理安排、规划，又要提升土地资源的集约利用。

参考文献

[1] 郝爱民. 发展经济前沿：未来展望[M]. 北京：经济科学出版社，2015.

[2] 王晓川. 国际航空港近邻区域发展分析与借鉴[J]. 城市规划汇刊，2003(3)：65-68.

[3] 苏海龙，纪立虎，钱欣，等. 航空都市区的发展和实践[M]. 北京：中国建筑工业出版社，2015.

[4] 谭惠卓. 21世纪的超大机场——丹佛国际机场[J]. 空运商务，2002(21)：45-46.

[5] 刘明君，刘海波，高峰，等. 国际机场航空物流发展经验与启示[J]. 北京交通大学学报(社会科学版)，2009(04)：23-27.

[6] 赵燕霞. 韩国仁川自由经济区成功背后的“政府力量”[N]. 中国民航报，2011-09-12(07).

郑州航空港经济:成绩、经验及前景展望

谢金静

(郑州航空工业管理学院经贸学院,郑州,450046)

摘　要:作为中国版的"孟菲斯",郑州航空港经济自"十二五"以来取得突飞猛进的成就。本文以郑州航空港经济为案例进行深入分析,对郑州航空港经济发展背后的优势和经验进行梳理,并指出其存在的问题和不足,最后对其进行展望,提出郑州—卢森堡"空中丝路"一定能早日繁荣,并发展成我国"空中丝路"的一面旗帜,释放更多新动能新红利,助力"两个一百年"目标早日实现。

关键词:航空港经济;郑州机场;空中丝路;货邮吞吐量

2017 年 12 月 30 日凌晨 6 时 20 分,随着卢森堡货运航空公司 CV984 航班满载货物抵达郑州新郑国际机场,标志着郑州机场货邮吞吐量首次突破 50 万 t,首次跻身全球机场前 50 强;旅客吞吐量首次突破 2400 万人次,跃升至全国第 13 位,郑州机场的年客货运规模首次实现中部机场"双第一"。

1　郑州——我国空港经济华丽转身的代表

《郑州航空港经济综合实验区发展规划(2013—2025 年)》于 2013 年 3 月 7 日获得国务院批准实施,郑州航空港经济综合实验区建设上升为国家战略。郑州航空港经济综合实验区的建设与发展不仅可以有力地推动河南省的快速发展,还有利于以河南省为中心的区域经济的发展。郑州航空港经济综合实验区所设定的建设大枢纽,发展大物流,培育大产业,塑造大都市的发展目标令人振奋,其发展模式值得深入研究。航空港实验区五大定位:国际航空物流中心、以空港经济为引领的现代产业基地、内陆地区对外开放重要门户、现代航空都市、中原经济区核心增长极。

"十二五"期间,在全球经济复苏乏力、国内经济增速放缓的大背景下,郑州航空港经济综合实验区(郑州新郑综合保税区)逆势而上,各项经济指标持续快速增长。2015 年地区生产总值完成 520 亿元,是 2010 年的 6 倍,同比增长 21%,年均增长 43.3%;规模以上工业增加值完成 430 亿元,是 2010 年的 11 倍,同比增长 25%,年均增长 61.4%;固定资产投资完成 520 亿元,是 2010 年的 14.2 倍,同比增长 30%,年均增长 69.9%;一般公共预算收入完成 29.5 亿元,是 2010 年的 18.4 倍,同比增长 39.4%,年均增长 79.1%;进出口总额完成 490 亿美元,是 2010 年的 3487 倍,同比增长 30.1%,年均增长 411.1%,约占全省的 67.4%以上。各项指标

都远高于全国、全省、全市平均水平。

2016 年地区生产总值完成 622.5 亿元,同比增长 13%,总量排名全市开发区第一,相比 2010 年年均增长 38.8%,全市增量贡献率达到 11.7%,全市占比达到 7.8%;规模以上工业增加值完成 360.4 亿元,同比增长 13.6%,总量排名全市开发区第一,年均增长 52.4%,全市增量贡献率达到 27.3%,全市占比 11.2%;固定资产投资完成 626.2 亿元,同比增长 20%,增速排名全市开发区第一,年均增长 60.4%;公共预算财政收入完成 33 亿元,同比增长 18.3%,公共预算支出累计完成 64.47 亿元,其中民生支出 45.13 亿元,完成了占一般公共预算支出比重 70% 的目标任务。地区生产总值、规模以上工业增加值、固定资产投资增速分别达到 13%、13.6%、20%,分别排名全市第二、第一、第三,分别高于全省、全市 4.9、5.6、6.3 与 4.6、7.6、8.7个百分点。

2016 年,郑州新郑国际机场已开通全货运航线 34 条(国际航线 29 条),客运航线 187 条(国际航线 26 条,洲际航线 2 条);旅客吞吐量 2076 万人次,全国排名由 2010 年的第 21 位跃升至第 15 位;货邮吞吐量 45.7 万 t,全国排名由 2010 年的第 22 位跃升至第 7 位(图 1 和表 1)。

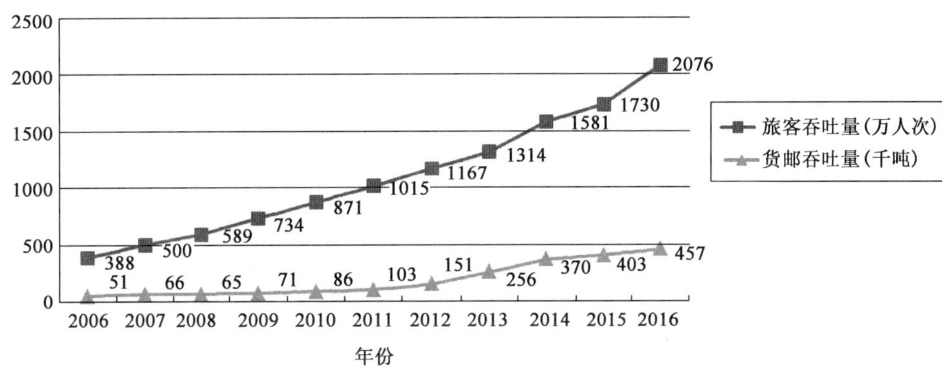

图 1　2006—2016 年郑州空港运输情况

郑州机场“十二五”期间货邮吞吐量变化　　表 1

运输方式	2011 年客机腹舱 90%	2015 年全货机 70%
进出港货物	2011 年回程货占比 20%	2015 年回程货占比 51%
成果	2011 年国际货物 10%	2015 年国际货物 57%

2　华丽转身背后的发展优势

华丽转身的背后,则是郑州机场“天时地利人和”共同作用的结果,也是郑州机场自身所具备的发展优势所形成的“自然而然”的结果。与国内其他机场相比,郑州机场的优势在于:

一是郑州拥有优越的区位优势。郑州地处中原,可谓“承东启西、连南贯北”,向西是丝绸之路经济带,向东是 21 世纪海上丝绸之路,具备发展中国版“孟菲斯机场”的潜质。

二是郑州拥有超前的机场规划。目前郑州机场是中国八大区域枢纽机场之一,机场规划 4 条跑道、预留第五跑道用地,设计客运能力 7000 万人次、货邮吞吐达到 500 万 t。二是郑州拥有完善的陆路交通体系。郑州被称为“火车拉出来的城市”,至 2012 年,郑州铁路营运里程 4822km,有 9 条干线、4 条支线铁路,高速公路通车里程 5830km,两项指标都位居全国第一。

三是郑州拥有强有力的经济支撑。2012 年,河南生产总值 3 万亿元,排名全国第 5 位;郑州市生产总值5547亿元,排名全国省会城市第8位。到了2016年,河南生产总值迈入4万亿元俱乐部,在全国排名第5位,郑州2016年全年生产总值完成7994.2亿元,增长8.4%。2017年,河南省以44553亿元的生产总值总量稳居中部第1位。郑州生产总值为9130.2亿元,同比增长8.2%。

四是郑州拥有丰富的腹地人力资源。河南是人口大省,2012年总户籍人口为1.05亿人。前不久发布的《河南省人口发展规划(2016—2030年)》(以下简称《规划》)中显示,全省2015年末总人口为10722万人,常住人口9480万人。《规划》显示,人口总规模在2035年前后将达到峰值。预计人口自然增长率从2015年的0.565%降至2030年的0.14%,户籍人口在2036年达到峰值1.15亿人。

3 主要做法和经验

仅仅靠自身优势还不足以取得如此大的成绩,背后更多的是地方政府高瞻远瞩,顶层设计,强力推动的结果。其主要做法和发展经验如下:

3.1 高效的组织与管理

河南省政府领导为确保实验区的长远发展,从组织与管理体制着手,创新实验区管理体制,赋予其特殊的权限,为实验区的发展奠定了坚实的制度基础。2014年初郑州市相关文件进一步明确了着力推进实验区体制机制改革先行突破,提高组织管理效率,促进发展速度。其次,为加快郑州国际航空枢纽建设,河南省委、省政府于2007年10月成立郑州航空港区管理委员会。同时,郑州市按照中央有关文件精神,将郑州市航空港管委会定义为市派出机构。这些体制机制的创新不但体现了实验区组织管理者的智慧与胆识,也充分说明了实验区目前已形成了高效、透明的宏观、微观相结合的科学管理机制。“两级三层”管理体制逐步形成,“直通车”制度稳步推进,再加上实验区党工委、管委会的密切配合与正确领导,都为实验区的持续、快速发展创造了先决条件。

3.2 完善的基础设施建设

空港经济实验区的交通设施建设对于实验区的总体发展非常重要,起着牵一发而动全身的作用。从2014年年初制定的《郑航经济实验区综合交通规划》可以看出,实验区交通建设的一个方向是未来几年实验区交通枢纽建设重点将由“国内”向“国外”转变。郑州在我国处于中部重要的交通枢纽地位,铁路、公路、航空等网络将其与世界相连,随着实验区的快速发展,其交通枢纽的地位将会得到进一步的加强,郑州交通基础设施建设也必将随之得到快速的发展,否则就无法胜任其所承担的职能。

目前,郑州航空、铁路、公路等多种交通运输方式融合,使得郑州南站的功能与作用将日益突出,T1航站楼:12万m^2,43个停机位;T2航站楼:48万m^2,78个停机位;综合换乘中心(GTC):28万m^2,可以实现与高铁、城际、地铁、公路的零换乘;第一跑道:3000m×45m;第二跑道:4F级,3600m×60m,可以全重起降所有飞机,以郑州航空港为核心的“米”字形交通格局将逐步形成。在河南省发展交通设施的当下,郑航经济实验区已成为交通设计与规划的重点考虑对象。目前郑航经济实验区正在开通建设的高速公路有机西高速,与邻近省内重要城市的出行圈已经初步形成,例如到开封、商丘等两市均可在1小时左右到达。

3.3 领先的航空物流产业

按照“货运优先、以货带客,干线优先、公铁集疏,国际优先、以外促内”的发展思路,科学规划,合理布局,多策并举,全力推动航空物流发展。加快航空物流基础设施建设,积极推进国际快件集散中心、货运货代作业区、商务服务区等功能区建设;以开辟国际航线为重点,进一步延伸全球航线网络,扩大国际货运市场覆盖范围;大力发展卡车航班,不断提升多式联运水平;支持大型航空货运、货代企业发展,吸引全国进出口货物在郑州机场集散,积极拓展电子产品、精密仪器、鲜活农产品、花卉、医药等航空货运市场。

3.4 强大的航空运输网络

拓展优化航线网络,建立和完善枢纽网络、国际航线、国内干线、区域支线、通勤通用相互支撑、协调发展、四通八达的运输网络体系。完善国内航线网络,不断提高与国内枢纽机场、支线机场和通勤通用机场的通达性,积极发展联程联运。鼓励和引导相关航空企业进驻郑航经济实验区,积极发展基地航空公司和通用航空公司。加快建设国际航空枢纽,以连通俄罗斯、蒙古国枢纽机场为重点,优化中转流程,开辟通往欧洲的远程国际航线和航班,形成具有竞争力的国际中转航线网络格局,努力打造联系全球的空中通道。根据各机场资源条件,支持发展低成本航空业务、设立航空口岸开展国际航线业务。积极支持发展全货机航班,发展跨境电商航空货运,扩大货运服务网络,打造地区航空货运和快件集散网络中心。据统计,航空港实验区全货运航线 34 条,其中国际航线 29 条,位居中国内陆地区第一;客运航线 187 条,其中国际航线 26 条。引进培育货代公司,目前已经有 43 家航空公司入驻,其中 26 家客运航空公司,17 家货运航空公司。已开通 45 个城市之间的卡车航班。

3.5 便捷的综合交通体系

加强集疏运体系建设。根据综合交通运输枢纽建设布局原则,认真开展集疏运网络规划研究,推进机场与其他交通运输方式有效衔接,改善机场集疏运条件,形成一体化综合交通枢纽。积极推动高速铁路、城际轨道、城市轨道、高速公路等交通运输方式引入机场。合理规划建设机场范围内的长途客运、城市公交、轨道交通和出租汽车等站点。构建枢纽机场与临空经济区发展相适应的交通体系,建设形成大运量、高效率通道网络,实现多种运输方式高效衔接、互动发展的格局,为国际物流大通道建设奠定基础。

加快发展多式联运。加快推动陆空联运体系建设,构建综合交通运输体系,建成安全便捷、绿色低碳的综合立体交通走廊。统筹铁路、公路、航空、管道建设,加快发展公路、铁路、航空多式联运,加强各种运输方式的衔接,形成高效衔接、互动发展的联运格局。推进“一单制”的全程无缝运输服务,提升货物中转效率,降低物流成本。推进多式联运信息系统建设,提供多式联运公共信息服务。围绕重点枢纽机场,建设一批布局合理、功能完备、集疏便捷的综合性场站和设施,提高转运综合服务能力。积极申请设立多式联运海关监管中心,实现进出口物流货物高效运转。

3.6 有力的要素平台保障

在资金要素上,一方面做大做强投融资平台:成立了兴港、建投两大投融资平台,把优质资产和可用财力持续注入平台公司,截至“十二五”末,两家平台公司总资产 826 亿元,累计融资 809 亿元。另一方面,打通境外融资渠道:2015 年 7 月,中国人民银行正式批准郑州中心支行在航空港实验区试点开展“跨境人民币贷款”和“人民币贸易融资资产跨境转让”,航空港实验区成为我国内陆地区首个人民币创新业务试点。

在土地和人才要素上,全区土地利用总体规划调整方案及永久基本农田划定方案完成上报,调出基本农田 1.03 万公顷,“十三五”用地空间得到有效拓展。中国郑州航空港引智试验区,是全国第三个获国家外国专家局批准的国家级引智试验区,并于2014年11月15日正式挂牌。约翰·卡萨达中国工作室、航空大都市研究院投入运转,多位“海外高层次人才引进计划”专家受聘为产业顾问。推行了“人才+项目”“人才+产业”“人才+课题”等培养开发模式,建立起协同创新机制与实用人才定向培养机制。

在制度要素上,社会管理体制及创业环境不断优化。全面实施了“一门受理、并联审批、多证联办”的“政务超市”审批服务模式;实施了“省区直通车制度”和行政执法全委托;在全省率先进行了工商登记改革,实施了“一址多照、一照多址”“注册资本认缴制”与电子营业执照等改革;组建了公共资源交易中心,建立了“五单一网”“三证一章”工作机制;率先实施了主审法官负责制和检察官办案责任制。同时,作为郑洛新自主创新示范区的重要组成部分,初步确定了“四区七园”$80km^2$ 的建设方案,拟定了七个方面的政策支持。2016年5月,航空港实验区获批成为我国首批双创示范基地,这是河南目前唯一一个国家级“双创示范基地”。

4 仍存在的不足

回顾过去,成绩的取得固然可喜可贺。但展望未来,尤其是实现习近平总书记关于打造“空中丝路”的指示要求,必须正视不足,直面现实。“天上”的互联互通即“空中丝路”是2017年6月14日,国家主席习近平在会见卢森堡首相贝泰尔时提出的。为贯彻习近平总书记提出支持建设郑州—卢森堡“空中丝绸之路”的重要指示精神,必须深刻认识到郑州航空港经济存在的以下不足。

(1)郑州总体航空相关产业基础较为薄弱

郑州作为整个中原经济区的龙头城市,与其他同地位的中心城市相比较来看,经济规模以及经济实力有很多不足之处,重点表现在第三产业如金融业、物流业、电子信息行业基本上处于发展阶段,与航空大都市所应具备的城市竞争要求还有一定差距。同时作为主导产业的工业,还是以加工业为主,自身蕴含的技术含量不是很高,自主创新能力不足,产品附加值不高。

(2)影响主导产业的一些基础问题亟待破解

由于河南对外贸易依存度低,货物贸易流量小,不仅影响基于多枢纽的物流链价值的提升,更影响了郑州现代物流业、商贸业的跨越发展,产业发展中航空物流的货源保证问题,航空运输与高铁的竞合问题,物流园建设“六统一”问题,本土物流企业无竞争力问题,产业快速发展与城市支撑能力不足问题,商贸服务落后内陆不开放问题,服务业基础弱等问题亟待解决。

(3)实验区发展的前瞻性研究尚待深入

空港经济是一种全新的经济形态,必须深入研究空港经济发展的内在规律。与发达国家相比,我们对实验区发展的前瞻性研究不足,项目谋划层次不高,项目运作能力不强;尚未形成完备的产业体系,尚未建立起技术创新集群,缺少国际级的高端企业群体;领导方式和方法过于传统,观念还比较落后,管理水平亟待进一步提高,难以满足实验区国际化与跨越式发展的需求,规划编制专业技术力量不足,技术水平参差不齐,在贯彻国家和自治区有关标准规范和了解掌握本地现实状况等方面存在较大差异,规划理念、编制方法和内容深度有待改进。

突出表现在:基础建设规模、成本与预测值是否合适问题;跑道数量问题;机场如何定位问题(经营型还是管理型问题);高铁站位置选择问题等;路网建设无缝对接问题;机场与老城区问题在规划中未明显体现;由于实验区发展规划编制未完全调整到位,工程建设又要求同步推进,造成上下对接的时间差异和内容衔接的缺陷,存在“规划跟着建设走”的情况,存在着较大的二次规划和二次建设风险,造成资源浪费现象。

(4)发展空港经济急需的高端人才匮乏

河南省是人力资源大省,但高层次人才十分稀缺,吸引和留住人才的能力不强,“百千万人才工程”国家级人选59人,仅占全国国家级人选的1.78%,尤其是各类发展空港经济的专门人才短缺,特别是高层次、复合型、职业化、国际化人才严重匮乏,成为制约河南空港经济发展的突出矛盾。

5 前景展望

“空中丝路”是党中央布置给郑州的时代新命题,郑州必须站在国家战略的高度,做好谋篇布局,不辱时代使命。为早日架起包括郑州在内的国内主要机场与“一带一路”沿线65个国家的节点城市的“空中丝路”,郑州作为空港经济的血脉和“空中丝路”的核心支撑,发展高规格的航空交通设施网络必不可少。郑州要充分发挥空港经济在“陆上、海上、天上、网上”四位一体的联通中的核心作用,着力构建以民航运输为基础,以民用机场建设、北斗导航网络覆盖、航空运营管理提升为保障,以民用飞机制造、航空物流、跨境电商、商务会展、航空金融等航空关联产业为核心,以沿线城市机场地区为产业转移的优先承载区,建立起我国与“一带一路”沿线国家之间的航空运输互通及相关产业联通的经济合作创新模式。我们坚信,在党中央和国务院的正确领导和大力支持下,郑州—卢森堡“空中丝路”一定能够早日繁荣,并发展成为我国“空中丝路”的一面旗帜,释放更多新动能新红利,助力“两个一百年”目标早日实现。

港口与经济社会的深入融合发展研究

孙士雯　贾大山　宁　涛　谢　燮
（交通运输部水运科学研究院，北京，100088）

摘　要：港口对经济社会发展具有重要拉动作用。改革开放以来，我国大陆沿海主要港口码头投资建设规模和发展速度都是空前的，沿海港口能力短缺已经成为历史，港口吞吐量由高速增长向稳步增长转变，港城矛盾日益突出。港口与经济社会深入融合是未来港口发展的必然趋势，是释放港口"新动能""新红利"的重要手段。我们认为，推动港口与经济社会深入融合应以港产城融合发展为方向，选取重点领域的关键问题和关键环节，并通过试点示范和复制推广来实现，本文选择加快海铁联运发展作为港口与经济社会深入融合的示范项目。

关键词：港口经济；融合；新动能；港产城；海铁联运

1　港口经济的内涵及旧动能

1.1　港口经济内涵

联合国贸易与发展会议（UNCTAD）对于港口的定义是：拥有海岸线国家经济的强有力支撑点，是一个国家大宗货物进出口贸易的重要必经运输节点，同时还是为运输货物提供增值服务，以更好满足贸易需求不断增长的地方。港口除应具备一定的外在功能和地域条件之外，还必须满足经济、财务、商业、社会和发展五个方面的诉求，五大内在功能支撑港口得以存在并发挥其外在功能，因此内在功能可以看成是港口的充分条件。

港口经济是一个不断演化的区域和产业概念，港口范围和功能随时间推移逐渐完善和丰富。港口经济是在一定区域范围内，由港航、临港工业、商贸、旅游等相关产业有机组合而成的一种区域经济。作为本地区与外界物资和信息交换的重要载体，港口经济已经成为推动区域经济发展的重要力量。

港口经济的内涵尚未形成理论界认同的界定，一般认为港口经济从空间上看是一个区域概念，从产业上看是一个诸多产业的集合概念。从区域经济的角度来说，港口经济是利用港口优势所形成的区域经济。优越的区位优势使其所涉及的地域包括了港口区，也包括了依托港口而发展的区域。因此，港口经济是利用港口的节点区域优势，以港口为窗口，以临港区域为中心，以一定的腹地为依托，与港口密切相关的经济。从产业的角度来说，港口经济是关联产业的产业集群，是以港航及相关产业为核心的产业经济。港口企业和机构集中在港口这个特定的地理位置上，能产生规模经济和外部经济；相关企业有分工、协作、竞争，在产业升级、技术进步上有互动性；同时，可以享有共同的资源，以此降低企业的交易成本，提高制造业的竞争力。

综上所述，港口经济是以港口为中心、港口城市为载体、综合运输体系为动脉、港口相关产业为支撑、海陆腹地为依托，并实现彼此间相关联系、密切协调、有机结合、共同发展，进而推动区域繁荣的开放型经济。通过完善集疏运体系，进一步带动内陆地区发展；通过口岸便利化，带动区域融入经济全球化；通过港产城融合，促进港口由运输枢纽向“商贸中心 + 物流平台 + 工业基地”转型。

1.2 港口经济发展的旧动能

1.2.1 港口投资持续加大，港口能力快速增长

新中国成立之后，特别是改革开放以来，我国大陆沿海主要港口码头投资建设规模和发展速度都是空前的，但是港口能力在相当长一段时期处于全面紧张的状态之中。

新中国成立之初，漫长的东部海岸线上只零星分布了十来个港口，码头泊位仅有 300 个，其中深水泊位 60 个，年完成港口吞吐量为 649 万 t，港口装卸基本上是找人肩挑，效率极低。

1949—1972 年国家投资 8.04 亿元，新建、改造 32 个深水泊位，使拥有万吨级泊位的港口由原来的 5 个增加到 7 个，深水泊位增加到 92 个，港口基础设施处于恢复和调整时期，供求关系属于低水平。

1973—1980 年大陆沿海主要港口共投入 32.42 亿元，新建、改造 50 个深水泊位，使深水泊位总数达到 142 个，港口开始拥有 5 万吨级、10 万吨级码头泊位，沿海主要港口货物吞吐量 1980 年达到 2.17 亿 t，港口能力不适应发展要求的矛盾日益突出，压船、压港、压货的情况开始出现。

“六五”期间国家投入 55.56 亿元，开工建设深水泊位 132 个，新增吞吐能力 1 亿 t，建成了一批 5 万、10 万吨级的石油、煤炭、矿石专用码头和 3 万吨级的集装箱码头，1985 年完成货物吞吐量 3.1 亿 t。尽管港口数量和规模得到较大发展，但供不应求的紧张局面不仅没有缓解反而有所加重，成为制约国民经济和社会发展的突出薄弱环节。

“七五”期间国家共投入 116.8 亿元，建成了 90 多个深水泊位。到 1990 年底，我国大陆沿海主要港口拥有大小泊位 1167 个，其中万吨级以上泊位 284 个，年吞吐量达到 4.83 亿 t。这 5 年是新中国成立以来沿海港口的供需形势最为紧张的时期之一，各种内外贸物资压船堵港达到非常严重的地步。港口基础设施严重滞后，影响了国民经济和社会发展，并导致对外贸易增长的后退。

“八五”期间沿海主要港口投入资金 262.4 亿元，建成泊位 293 个，新增吞吐能力 1.35 亿 t。到 1995 年底，我国沿海主要港口深水泊位达到 400 个，吞吐能力约 6.5 亿 t，基本形成了大中小配套的环渤海湾、长江三角洲、珠江三角洲等三大港口群，港口供需形势仍处于紧张状况，但是总体上已经开始向好的方向转化。

“九五”期间我国大陆沿海港口建设开始进入结构调整期，逐步从建设煤炭和件杂货码头为主转移到建设集装箱、石油化工、滚装等专用泊位为主，以适应新增长的货种吞吐需求。国家共投入 416.27 亿元，建成码头泊位 288 个。到 2000 年，我国沿海主要港口码头泊位达到 3146 个，其中深水泊位为 641 个，总吞吐能力约 13 亿 t，港口供需紧张形势有所缓解，但满足我国经济和社会发展仍存在困难。

通过新建和技术改造，我国已形成了一批 20 万吨级以上原油接卸码头、10 万吨级以上铁

矿石接卸码头、5 万吨级以上集装箱码头和 3 万吨级以上煤炭码头,大型化、专业化水平明显提高。

1.2.2 港口吞吐量高速增长,重化工业在沿海港口附近聚集

改革开放以来,尤其是 20 世纪 90 年代以来,我国沿海港口经历了 20 年的高速增长。这样高速增长的原因除了我国对外开放带来的红利,还有一个重要的原因是产业逐渐由欧美向亚太区域转移而带来的贸易量的高增长,同时也离不开国家对港口基础设施建设的重视,使得港口能力供应与需求之间的缺口日渐缩小。

改革开放 40 多年以来,"中国因素"成为 21 世纪海运发展最主要的动力,占世界海运需求的份额由 1990 年的 4% 上升至 2000 年的 8.7%,2010 年达到 26.7%,2013 年达到 33.5%。2010—2013 年世界海运需求增长 11.4 亿 t,同期我国外贸海运需求增长 8.4 亿 t,约 75% 是"中国因素"拉动的。在国内和对外贸易需求的双重推动下,我国港口货物吞吐量快速增长,大型港口吞吐量国际地位显著提高。2016 年,宁波舟山港、上海港、苏州港、天津港、广州港、唐山港、青岛港分别列世界第 1、2、4、5、6、7、8 位,世界 10 大港口,中国独占 7 席。集装箱港口方面,前 10 大港口中国也占 7 席(表 1)。

2016 年世界前 10 大集装箱港口吞吐量及增速 表 1

排名	港口名称	2016 年		2015 年		2014 年	
		吞吐量(万 TEU)	同比增速	吞吐量(万 TEU)	同比增速	吞吐量(万 TEU)	同比增速
1	上海港	3713	1.71%	3651	3.47%	3529	4.96%
2	新加坡港	3090	-0.06%	3092	-8.70%	3387	3.96%
3	深圳港	2411	-0.37%	2420	0.71%	2403	3.23%
4	宁波舟山港	2157	4.54%	2063	6.07%	1945	12.25%
5	香港港	1963	-2.40%	2011	-9.50%	2223	-0.56%
6	釜山港	1943	-0.09%	1945	4.13%	1868	5.63%
7	广州港	1858	9.50%	1697	5.00%	1616	5.56%
8	青岛港	1801	2.88%	1751	5.30%	1662	7.12%
9	迪拜港	1480	-5.07%	1559	2.57%	1520	11.43%
10	天津港	1450	2.76%	1411	0.43%	1405	7.99%

随着沿海港口吞吐量的高速增长,重化工业也逐渐向沿海地区聚集,2016 年,我国沿海 12 省(市)6000kW 以上火力发电电厂发电设备容量占全国的 47.3%。

1.3 沿海港口的旧动能逐渐难以为继

1.3.1 沿海港口能力短缺成为历史

经过了改革开放以来的大力投资和建设,我国港口基础设施水平有了长足的进步。对于目前我国港口能力适应性有诸多观点和争论,我们对此进行了相关的调研,结合调研重新评估了沿海港口能力和需求,得到了 1.22 的总体适应度,据此我们认为当前我国沿海港口能力总体处于适度超前状态。根据我们的调整,多数地区能力都达到了基本适应以上的水平,环渤海地区甚至处于富余状态。

从分货类分区域的角度来看,沿海集装箱码头能力总体适度超前,其中长三角地区和西南

沿海基本适应，东南沿海地区富余，其他地区适度超前。20 万 t 原油泊位能力即使按照设计能力核算，也处于全面富余。北方煤炭下水泊位能力处于基本适应状态。而 10 万 t 以上铁矿石泊位各个区域存在一定差距，总体处于适度超前状态。

我们的核算依据，主要考虑了技术、管理、功能调整和统计四个方面的因素。首先，船舶大型化趋势仍在继续，以集装箱船为例，21 世纪初，主流船型还是 4000 箱左右的船舶，短短十几年后，欧亚航线的主流船型马上就要换代为 18000 箱，船舶载箱量增加了 3 倍有余。干散货船大型化与集装箱船类似。船舶大型化使得单次货物装卸量大幅度增加，泊位效率因此获得较快提升。其次，伴随船舶大型化，港口装卸机械效率也在不断提升，集装箱岸桥已由一次装卸一个集装箱，变为双吊具，效率几乎翻倍，同时抓举 3 个 40 英尺（1 英尺 = 0.3048m）箱的岸桥也已研制成功，可能在不久的将来投入使用，这都有效提升了泊位能力。技术的第三个方面变化是码头规模化。码头规模化包括两个方面的内容，一是码头进深获得提升，如早期的集装箱码头仅为 300m 左右，而一些新的集装箱码头进深高达千米以上，这有效提升了码头前沿的周转能力。另一方面，单个码头的泊位数量也在不断提高，泊位间的生产协调能力获得较大提高。

除技术进步外，口岸单位的体制机制管理创新对于港口能力提升也有很多促进。一是海事监管方面，很多地区的海事部门结合自身特点，做了很多努力。如秦皇岛港海事部门为提高电煤装卸效率，采取措施，允许船舶提前排放压载水和提前起锚至港界处等待靠泊，有效减少了港口的辅助作业时间，大幅度提升了码头能力利用水平。东海航保中心针对近年来雾霾天气增加的不利因素，通过新技术应用，有效提高通航安全水平，减少了港口因雾天导致的停航时间。此外，口岸单位对于货物通关便利化的努力也未停止，诸如保税港区一线放开政策、货物预申报制度、多部门联检措施、货物查验率的降低都有利于港口综合通过能力的提升。体制机制改革的“制度红利”在港口多年来一直持续释放。

因此，可以认为港口能力短缺成为历史，大力投资和建设港口基础设施的时代已经基本过去，未来的港口投资和建设应该更加理性和集约化。

1.3.2 港口吞吐量由高速增长向稳步增长转变，装卸主业遭遇瓶颈

港口吞吐量经过高速的发展后，一方面港口快速地成长、成熟，吞吐量在绝对值上已经非常庞大，另一方面产业已经逐步完成由欧美向中国的转移，“十五”（2000—2005 年）时期，我国沿海主要港口吞吐量年均增速高达 26.62%，自此以后年均增速逐步下滑，“十二五”时期的年均增速仅为 8.62%，因此，中国港口高增长的时代已经过去，未来的发展将保持更为平稳的水平。预计 2020 年全国港口吞吐量将达到 170 亿 t，其中集装箱吞吐量达到 3 亿 TEU，沿海港口吞吐量达到 110 亿 t，外贸吞吐量达到 45 亿 t。

同时，随着土地和劳动力成本的逐渐上升，港口投资的收益率也在逐渐降低，如图 1 所示，港口上市企业利润率近年来呈下滑趋势，仅凭装卸主业难以维持企业的高速增长。

1.3.3 港城矛盾日益突出

城市作为港口发展的基础与依托，为港口的发展与功能拓展发挥着巨大的推动作用，同时港口也为地区经济的繁荣创造了条件，因此，“以港兴市，以市促港”“港为城用，城以港兴”成为人们的共识。但随着城市空间的拓展和水平的提升，港口与城市之间距离越来越小，港口与城市之间矛盾日益凸显，主要表现在：港口与城市在岸线和土地利用方面关系日趋紧张；港口装卸仓储功能与城市生产生活功能在景观、环境方面不协调；疏港交通特别是集卡运输与城市

交通相混杂，易造成交通拥堵并带来安全隐患。港口的老港区被城市所包围，缺少拓展空间，同时老港区给城市带来环境、交通等方面的负面影响，老港区部分货种由城市中心迁出，谋求港城共荣。

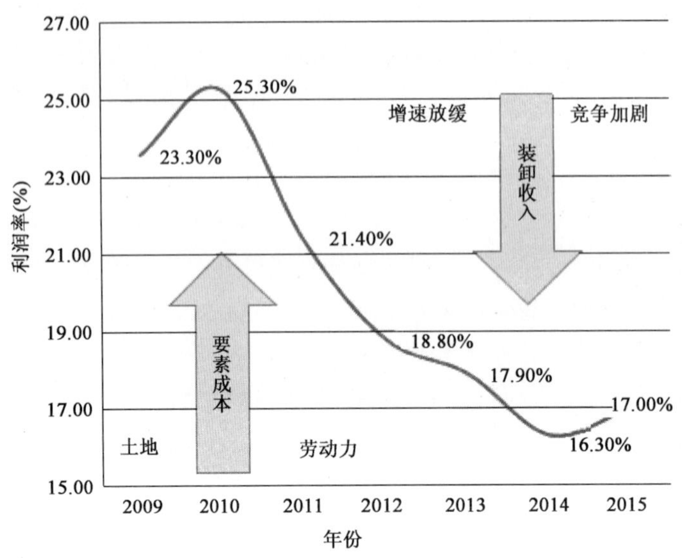

图1　14家港口上市企业收入利润率

同时，居民收入水平逐步提高以及新媒体的应用，使得居民和社会对港口安全和污染问题的容忍度日益降低，港口粗放式的暴力发展模式已经难以为继。

2　新常态下经济社会发展对港口经济的新要求

2.1　国内外经贸发展对港口经济的新要求

世界经济增长格局的进一步变化、发展中国家与发达国家对话语权的争夺、发达经济体主导的高标准高规格的贸易体系的建立、中国周边地缘政治的复杂局面等一系列因素，都预示着中国经济将面临更为复杂的外部环境。新技术革命将推动世界产业结构发生深刻的变革，国际生产分工结构也将随之进行重大的调整，由此，全球需求结构和主流消费市场也将发生重大变化。

后工业化时代是推进转型以及经济发展方式转变的阶段，由于我国经济的发展速度由高速转向中速增长，对外贸易的增长趋于平缓，加之经济发展由一味重视数量，转为质量和数量并重，可以预见，“十三五”期港口吞吐量也将转为稳定增长。

国内外经贸发展的特征对港口经济提出了新的要求：

(1)港口区域整合加速，港城关系愈发受到重视

区域经济一体化的加快发展，将促使区域性港口的整合，枢纽港竞争将更加激烈，加之绿色低碳发展的要求，容易凸显港城矛盾，港口的建设和发展要更多考虑城市发展的需要。

(2)对港口管理体制的发展带来新的红利，将促进港口现代化

十八届三中全会明确了全面深化改革，以及混合所有制经济的地位和作用。这是沿海港口发展所面临的新环境的变化，会给港口的发展创造机会、机遇、发展空间。港口企业要适应新的情况变化，抓住政策机遇，以提高港口发展质量效益为核心，充分发挥市场配置资源的决

定性作用，改革港口管理体制，破除制约我国港口发展的因素，促进我国港口健康可持续发展。

进入后工业化时代，信息化、自动化等技术水平的迅速提升，企业管理体制和理念的现代化，物流、金融、仓储、电子商务等供应链要素的现代化以及供应链一体化的要求，给港口现代化带来了机遇，同时也要求港口现代化进程加速。

(3)邮轮经济将成为港口业务新的增长点

随着我国后工业化时代的发展，服务业地位逐步提高，人民生活水平随之提升，消费升级以及消费多元化使得生产性服务业和新型生活性服务业发展进一步加快，这给港口带来新的机遇，一些新的产品和业态将会得到长足的发展，比如邮轮游艇经济随旅游业的发展将成为港口经济的新增长极。

(4)港口践行“走出去”发展

在经济全球化的大背景下，多边、双边经济合作日益活跃，经济发展面临的外部政治、经济环境复杂多变，为了维护国家安全，保障战略资源的运输安全，要求港口“走出去”布局和发展，实现全球化经营，这是港口的机遇，也是使命。

2.2 国家战略对港口经济的新要求

十八届三中全会后，我国基本确定“一带一路”倡议，以及京津冀协同发展、长江经济带发展战略，还推出了上海、天津、福建和广东四个自由贸易试验区，提出了结构调整、经济增长换挡等重要的战略发展思路。2014 年初，中央提出京津冀协同发展战略，要求打破自家“一亩三分地”的思维定式，努力实现一体化发展。为促进区域经济协调发展，我国还陆续出台政策措施，继续加快东部地区转型升级步伐，继续强化对中西部地区的支持，重点支持东北地区转型发展。

十九大报告指出，着力加快建设实体经济、科技创新、现代金融、人力资源协同发展的产业体系。要推动互联网、大数据、人工智能和实体经济深度融合，在中高端消费、创新引领、绿色低碳、共享经济、现代供应链、人力资本服务等领域培育新增长点、形成新动能。建立健全城乡融合发展体制机制和政策体系。

新时期，融合与协同发展成为重中之重。港口经济应坚持服务党和国家事业发展战略目标，为经济社会持续健康发展提供有力支撑和坚强保障。

一要着力做好港口运输服务保障，与实体经济深度融合，促进全物流业降本增效，推动港口与金融、旅游、互联网融合发展，为经济发展增添新动力。

二要服务国家区域发展战略，加强海铁公联运，发展跨区域大交通大流通，促进中西部地区有序承接产业转移；推进长三角地区经济一体化，依托黄金水道，建设长江经济支撑带；积极推进上海自由贸易试验区建设，加快重点领域改革和先行先试；深化泛珠三角区域经济合作，加强环渤海及京津冀地区协同发展。

三要拓展港口功能，践行“走出去”发展，服务“一带一路”倡议。“一带一路”沿线国家以发展中国家为主，预计对工业制成品(如家用电器、电子科技产品)的需求将继续高速增长，我国主要沿海港口腹地经济产业契合“一带一路”沿线国家需求，应继续开发“一带一路”沿线国家港口之间的航线，以集装箱码头为投资建设重点。

四要注重绿色环保，集约发展。随着民众环保意识的提高，环境保护监管越来越严格。港口行业在经历了高速、粗放发展后，也面临着港城矛盾、资源利用等问题，在新形势下更为严峻。

2.3 新技术发展趋势对港口的新要求

在经济危机影响下，为寻找新的增长引擎，近年来各国在创新方面开展了卓有成效的探索，各类创新正在酝酿和暴发。新一轮技术革命，特别是信息技术革命，已经深刻地影响了人类的生产生活方式。各种新产品、新服务、新商业模式层出不穷。自动化、互联网、物联网、云计算、大数据技术已经在各行业和领域得到充分应用。

以信息技术为依托的智能港口成为潮流。新航运时代的到来，对港口服务的精细化、敏捷化、智能化提出了更高要求。现阶段，以信息化、智能化为引擎，加快智能港口建设，全面提升港口的综合竞争力，是时代的呼唤与需求。

清洁能源技术越发受到关注。随着港口发展与近岸海域环境保护的矛盾越发突出，以及有关国际规则、公约对港航业污染物排放要求的日趋严格，清洁能源技术的发展越来越受到重视。目前，治理港口船舶空气污染排放有更换使用低硫油、靠港使用岸电、港区降速航行和使用液化天然气（LNG）燃料、加装控制燃油和尾气中硫氧化物和氮氧化物排放的前处理及后处理装置等多种手段。当前靠港船舶使用岸电和港区航行换低硫油是相对比较便捷和有效的方法，其他的先进技术和装备也具有一定的备选优势。

新技术催生新的商业模式。自动化、互联网、物联网、云计算、大数据技术已经在各行业和领域得到充分应用，以支付宝、微信支付为首的便捷支付手段深刻影响着经济社会的运行方式，催生出了许多新的商业模式——平台经济、共享经济、跨界融合等，在交通领域就有包括菜鸟网络、滴滴打车、摩拜单车等案例。近年来，随着互联网技术的不断推进以及解决航运领域诸多痛点的迫切性，航运领域诞生了诸多航运电商或者水运物流平台，比较有规模的企业有运去哪、船老大、乐舱网、亿海蓝、长江汇、物润船联等平台企业。

以移动互联、物联网、云计算为代表的信息技术和以机器人技术、人工智能、自动交通工具为代表的自动化技术，将对港航业的生产与运营产生巨大影响，港口必须及时跟上技术进步。同时，能源存储、非常规油气勘探开采、可再生能源利用等技术的发展，为港口清洁能源提供路径。

3 港口经济的新动能——与经济社会深入融合

3.1 港口与经济社会深入融合的方式

港口与经济社会深入融合已经成为未来港口发展的必然趋势。从国家战略导向、国内外经贸发展形势以及技术变革的趋势看，港口应更加贴近国际市场、更加贴近产业布局，要求港口延伸和拓展港口功能、集约利用港口资源、深化港口平安绿色发展、加快建设智慧港口。

从港口自身发展阶段看，沿海港口能力短缺成为历史，沿海港口能力目前正由基本适应向适度超前转变；港口吞吐量由高速增长向稳步增长转变，装卸主业遭遇瓶颈，追求更加高质量多元化的发展之路；全社会对港口安全绿色的要求日益加深，港城矛盾日益突出。

从国际经验看，产业上不断延伸，空间上逐步拓展和合理分布，与周边区域的社会生活、经济结构、土地利用、城市建设等深入融合，是港口生存发展壮大的必经之路。

因此，推动港口与经济社会融合发展，要加强与产业结构升级联动，积极适应消费需求升级，以港产城融合发展为方向，重点推进港口与现代服务业及临港制造业深度融合，加快港口功能向多元业态和高端服务拓展，加快港口业务范围逐渐向物流链、产业链上下游拓展，主动参与货物流通组织和策划，积极联合供应链、产业链上其他经济主体开展增值业务，加快港口由单一水陆运输换装节点向物流、贸易、航运等生产力要素配置中心转变,不断增强港口整合航运资源、集聚经济要素、连接产业功能的作用,促进港口由运输枢纽向“商贸中心 + 物流平台 + 工业基地”转型。

新时期,港口与经济社会深入融合要创新商业模式,选择增长潜力大、作用影响强、环境友好高的项目作为新动能,主要包括提高海铁联运比例、发展高端金融服务、平行进口汽车、冷链物流、邮轮(在港旅游)等。

3.2 港口与经济社会深入融合的示范项目

我国不同港口的发展水平存在一定差异,发展情况多样复杂,深入融合还涉及诸多利益主体,法律法规、标准规范、体制机制等改革难点,没有成熟的经验和解决方案,短期内很难通过全国性、系统性的方案和对策整体解决深入融合问题。最为可行的路径,就是选取重点领域的关键问题和关键环节,并通过试点示范和复制推广来实现推动港口与经济社会深入融合。遵循以技术创新作为先导性力量,制度变革为抓手的基本思路,从必要性和可行性的角度进行分析,我们选择加快海铁联运发展作为港口与经济社会深入融合的示范项目。

3.2.1 加快海铁联运发展的必要性分析

当前,我国社会物流成本与国内生产总值(GDP)的比值在18%左右,远高于发达国家(约9%左右)。客观上陆路物流成本偏高抑制了“中欧班列”“印巴经济走廊”等国际贸易新通道的发展。与公路相比,铁路是一种更为环境友好的运输方式。加快海铁联运发展,能够一定程度上缓解城市拥堵和环保压力。另外,我国中西部18个省级行政区聚集了7.17亿人口,约占我国总人口的52.6%,而国土面积则超过80%,海铁联运的发展对解决中西部城镇化有重大意义,并且有利于中西部地区更好地承接东部地区的产业转移,有效保持我国制造业的竞争力。

随着发展环境的完善,近年我国海铁联运保持了快速增长,由2013年的167万TEU增长到2016年的275万TEU,年均增长18%,但是,占港口吞吐量的比重2016年仅有约1.2%,其中营口港和大连港分别达到8.7%和4.3%居前两位,而美国长滩、洛杉矶港高达42%,德国汉堡港达39%,荷兰鹿特丹港达11%。与欧美相比仍具有巨大差距和发展潜力,为了适应这一中长期发展趋势,应加快推进海铁联运供给服务的提升。

我国海铁联运比例低的原因有很多。从客观上,我国的经济主要是沿海聚集,而北美是在东西两岸聚集、西欧是平均分布,经济分布决定了箱源分布特点差异,导致我国集装箱远距离运输(铁路比公路经济的运距)需求不如欧美旺盛,海铁联运的经济性也就不如欧美。

从发展水平和制度建设上,我国与欧美相比还有如下差距:

一是基础设施的差异。美国、欧盟路网覆盖广,港区铁路发达并与铁路网、周边铁路场站有效衔接,美国铁路基础设施更是能够满足双层集装箱运输要求,大大提高了其运输经济性。我国铁路集装箱运输仍然存在以下三个方面的短板,首先是基础设施相对薄弱。从港口铁路基础设施看,全国沿海港口铁路专用线只有1500km,周边场站规模也与欧美港口存在巨大差距,铁路场站与码头前沿距离相对较远。其次是信息化以及信息共享水平低。集装箱运输的信息散布于货主、集卡公路运输、铁路运输、场站、港口、口岸系统和班轮公司等多个相关主体,动态信息交换和共享缺乏机制保障,运输环节衔接和客户关心的相关信息难以及时获得。最后,相关技术标准和政策环境不完善。原计划经济时代的条式管理,不同运输方式技术标准“无缝衔接”水平不高,也缺乏“一票到底”单证与规则制度。

二是市场化运作机制的差异。首先是政府通过法律鼓励多式联运发展和经营人市场化运营,如美国1991年出台了《多模式地面运输及效率法案》(冰茶法案),欧盟2011白皮书《迈向资源节约型更具有竞争力的欧洲交通》,都为多式联运发展创造了良好的法律环境。其次是市场化的机制。美国、欧盟作为发达经济体,经过长期发展,形成了完善的市场机制和竞争主体,如美国港口集装箱铁路运输公司主要有BNSF、UP、CSX、NS、KCS、GTC和SOO 7家公司,欧盟主要有BoxXpress. de、European Railways、IGS、Komblverkehr、Metrans、TFG 6家公司。我国海运领域早已形成竞争十分激烈的国际、国内市场,但在铁路运输方面仍然没有形成欧美多家竞争的格局,仍然是中国铁路总公司一家,难以形成海铁联运经营人和全程服务。最后,在铁路运输内部,现行管理政策没有体现出集装箱高质服务优势。例如,1050m的铁路装卸作业线,可停靠由66节C60、C70敞车组成的货运班列,也可停靠由70节X6K集装箱平车组成的集装箱班列,由于敞车和集装箱的积载容量不同,集装箱班列所完成的实际货运量存在约30%"亏载",尤其当铁路运能比较紧张时,货运班列一般均可做到满载运输,按铁路企业集装箱运输运价下浮30%,导致运费收入差距更加突出,在铁路运输以货运量和经济效益为考核指标的背景下,难免影响开行集装箱班列的积极性。

三是不同运输方式集装箱标准不统一。现有集装箱标准从设计之初即是为了满足海运,规格与路际运输存在矛盾。随着多式联运的兴起,这一矛盾更加突出。公路上,现有集装箱过大。2016年3月1日,交通运输部颁布实施《道路运输车辆技术管理规定》,原有公路集装箱运输改为单箱拖运,新规下最大总质量(车+货)限49t。如运输现有规格集装箱只能装半箱,据估算,每车至少浪费4t运力。铁路上,现有集装箱过小。铁路车板荷载为70t,大大超过现有集装箱荷载,但普通集装箱无法实现双层运输,若搭载2个20英尺(1英尺=0.3048m,下同)集装箱,运力浪费35%;搭载1个40英尺集装箱,运力浪费高达60%~70%,这其中蕴含着压降铁路运输成本的巨大空间。

3.2.2 加快海铁联运发展的可行性分析

得益于海运大通道的比较优势,改革开放以来,我国沿海地区率先融入经济全球化,在我国经济、对外贸易的地位不断提高,集装箱也主要生成在沿海地区,经济上决定了集装箱公水联运为主、水水联运为辅。

近年来,随着全面建成小康社会的推进,区域经济结构的调整使集装箱箱源分布结构发生变化,同时国家制定了促进海铁联运发展的政策,发展海铁联运的环境日趋完善。

一是区域经济结构调整为海铁联运发展提供了箱源基础。图2、图3显示了我国沿海省市占全国GDP和外贸进出口总额比重的变化。可以看出,随着国家区域均衡发展的推动,内陆省份的比较优势得到发挥,经贸得到比沿海地区更快的发展,集装箱箱源分布相应发生变化,有利于发挥铁路远距离运输的比较优势。

二是国家政策支持海铁联运发展。2011年9月26日,交通运输部发布了《关于加快铁水联运发展的指导意见》,并和原铁道部联合下发《关于开展集装箱铁水联运示范项目的通知》,首批选定了大连—东北地区,天津—华北、西北地区,青岛—郑州及陇海沿线地区,连云港—阿拉山口沿线地区,宁波—华东地区,深圳—华南、西南地区6条集装箱铁水联运通道开展示范项目。2012年,国家发改委、交通运输部依托6条示范通道启动了国家集装箱海铁联运物联网应用示范工程,重点解决了集装箱海铁联运信息互联互通的问题,连云港港、宁波港、大连港等港口基本实现了与铁路信息的互联互通。近两年,国家发改委、交通运输部先后印发《"十三五"长江经济带港口多式联运建设实施方案》《"十三五"港口集疏运系统建设方案》,

重点支持进港铁路建设，为解决海铁联运基础设施衔接问题创造了条件。

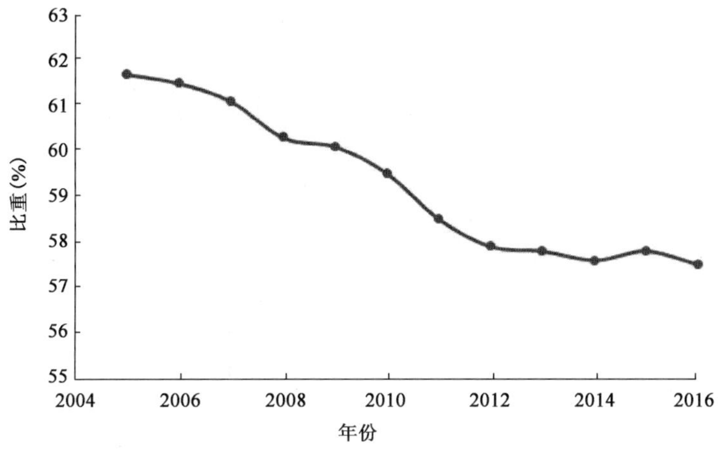

图2　我国沿海省市(含北京)占全国GDP比重变化

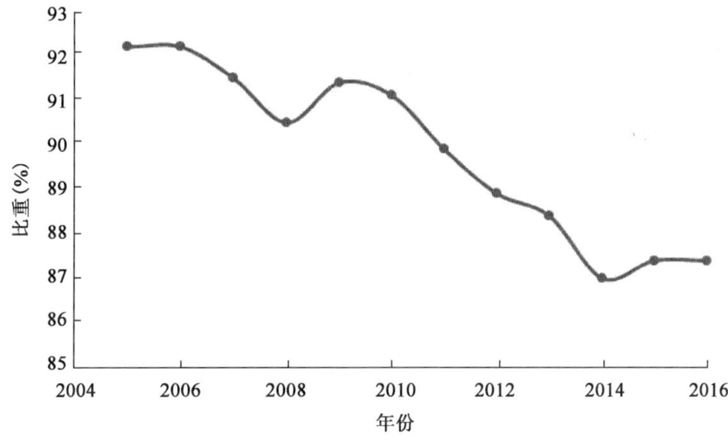

图3　我国沿海省市(含北京)占全国进出口总额比重变化

三是港口内陆无水港发展。为了适应港口腹地经贸需求变化，完善集疏运体系，提高企业网络化和全程服务水平，港口企业纷纷开发建设内陆无水港，如天津港集团，沿集疏运通道在北京(朝阳、平谷)、呼和浩特、二连浩特、张家口、石家庄、邯郸、安阳、侯马、鹤壁、西安、太原、包头、大同、银川、石嘴山、鄂尔多斯、德州、惠农、都拉塔和兰州等建设无水港，其中绝大部分选址靠近铁路，为海铁联运发展创造了条件。

四是城市交通和环保政策使铁路短途运输具有竞争力。随着城市的发展特别是小客车的发展，使人们出行更加便捷、个性化，但也使交通量快速上升，城市交通拥堵以及尾气排放成为大型沿海城市发展面临的通病，在具备基础设施条件和货源充足的城市，短途铁路运输得到快速发展，在货量充足的宁波港和深圳盐田分别开行了绍兴、义乌和平湖等中短途集装箱铁水联运班列。

五是技术进步和创新为海铁联运发展创造条件。物流产业供给侧改革推动了用小变革推动大节约的技术革新。为了突破现有集装箱在多式联运中的限制，招商局港口与营口港合作研发“40英尺半高硬开顶式重载集装箱”(下简称“40尺半高箱”)，在适应目前我国货源结构情况下，具有装载效率高、成本好、不用改变标准换装工具和载运机等优点。2017年6月，“40

尺半高箱”成功通过铁路部门载货铁路双层测试，双层箱货总重69.5～70.5t，从霍林河往返鲅鱼圈行驶1600多公里，安全性和装卸便宜性均完全达标。

3.2.3 加快海铁联运发展的制度障碍突破要点分析

一是推动运营模式创新。选择基础设施能力充足、货源结构和分布匹配、管理体制相对简单的线路，首先进行小范围市场化改革。①采取业务层面合作，由铁路方面负责行车组织和车站装卸车作业，保证按点准时运行，由多式联运经营人负责班列经营和货运组织，并按开行的车次数量向铁路支付费用。②具备条件的线路考虑铁路与多式联运承运人在资本层面合作，将外部交易成本内部化，推动设施、标准、单证、信息的衔接和统一。③充分利用新一代信息技术，融合互联网、物联网的创新应用，引入新业态，通过大数据手段，挖掘货源潜力、简化口岸手续、精细化管理、合理化利益分配、推动产融结合。④借助新业态推进集装箱设备共享，打造规模化的集装箱公共租赁平台，减少空箱调拨成本和集装箱持有成本。

二是通过新的技术标准推进双层集装箱和载重能力的充分利用。根据市场需求和国际集装箱海铁联运的要求，完善创新集装箱标准。鼓励招商局港口与营口港合作研发“40英尺半高硬开顶式重载集装箱”及其运营模式，在不改变现有铁路网的基础设施、标准换装工具和载运机的基础上，适应目前我国货源结构，兼容铁路、公路、海运规范标准，充分发挥其装载效率高、综合成本低等优势。选择具有代表性的物流线路进行全程试运行，并加快推进新型集装箱列入国家多式联运标准化运载单元推广示范项目。由中铁建与船公司进行谈判合作，以短途海运的日韩线或者东南亚线进行先行先试铁路集装箱直接装船下海。

三是政企合作推进铁路短途穿梭班列。进一步挖掘铁路运输运能大和环境友好的比较优势（相对于公路运输），针对集装箱货源集中的珠三角、长三角和环渤海地区的特点，选择公路运输能力难以提升以及与城市交通拥堵矛盾突出地区，发挥铁路运输准时性优势，选择基础设施较为完善的内陆铁路站场，如深圳、宁波、天津和青岛等港口，形成类似集装箱内支线的“铁支线”运营模式，通过充分发挥大型航运企业的积极性，将国内铁路段运输费用集化为企业内部成本，使沿海地区一部分集装箱由公路运输转为铁路运输，以减缓港口集疏运道路拥堵，促进节能减排。同时，由国家和相关各地政府对集装箱穿梭班列经营者给予必要的财政支持，将铁路运输绿色隐性优势显性化，提高中短途运输经济竞争力。

四是完善基础设施。结合铁路建设的大力推进，有序推进港口周边集装箱铁路场站以及港区铁路建设，使海运与铁路换装衔接更加便捷、高效。大力推进海铁联运相关技术标准有效衔接，推进“一票到底”制度，鼓励企业利用云计算、大数据、物联网等现代技术，全面提升海铁联运服务质量。

五是鼓励和推动铁路集装箱双重运输。鼓励和推动铁路集装箱双重运输，提高集装箱海铁联运的经济效益。鼓励船公司与铁路货运站合作，在无水港、铁路中心站建立集装箱空箱的存储和修理设施。推动船公司集装箱设备共享，实现中国大陆港口就近提箱还箱，减少空箱调拨成本。为加强“一带一路”建设，建议中铁建与“一带一路”沿线国家铁路公司联合成立铁路集装箱租赁公司，统一国际间集装箱适用标准，解决铁路空箱调运的问题，节约铁路集装箱运输时间和成本。实现港口、货代、船代等单位的合作，在组织出口货源的同时，积极组织进口货源，发挥各自优势，形成战略联盟。

六是加强与集装箱海铁联运相关的行政部门之间的协调。加强海关、商检等行政部门的协调配合，争取最大限度地简化货物申报、查验、征税、结汇、退税手续，缩短集装箱停留时间，提高效率，降低成本。

4 政策建议

4.1 完善政策法规

落实《中华人民共和国港口法》的规定,促进有关人民政府保证必要的资金投入,用于港口公用的航道、防波堤、锚地等基础设施的建设和维护。建立统一的土地规划、出让、建设等法律法规支撑。督促落实港口建设费地方分成资金使用的规定,主要用于港口公共基础设施以及航运支持保障系统的建设和维护。研究制定多式联运规则。加强港口管理法规立、改、废工作。

4.2 发挥标准的基础性作用

完善港口标准化体系,加强节能减排、环境保护、安全管理等方面标准的制修订。加快多式联运适装货物目录、设施装备、货物装载、信息交换、服务质量等标准的制修订,促进不同运输方式有效衔接。鼓励企业在“走出去”过程中推广应用中国港口标准,提高我国企业国际竞争力。支持参与国际标准化工作,增强我国在港口领域国际标准制修订中的话语权和影响力。

4.3 推动土地综合利用

推动港口管理部门与港口所在区域地方政府、土地部门达成共识,由其中一方牵头、多方共同参与编制港区土地综合规划,岸线批准环节应在规划港区后方设置必要的隔离区域,该区域只可用作工业或其他公共用途,禁止用作居民生活用途,以杜绝今后产生新一轮港城矛盾的可能性。

4.4 加强港口规划管理

切实维护港口规划的权威性和严肃性。港口规划一经批准,必须严格执行。港口基础设施必须先规划、后建设,港口建设项目不得突破规划。加强对港口规划实施情况的监督与检查,对发现的问题依法制止和纠正。

严格港口规划的修订与调整。任何机构不得随意对批准的规划进行修订与调整。如需进行修订与调整,必须严格按照《港口规划管理规定》,对原规划实施情况进行评估后,按规定履行审批程序。

切实关注港口信息化需求,注重通过基础设施建设项目提升港口信息化水平。

参 考 文 献

[1] 王金文.沿海港口能力供需状况[J].中国港口,2002(3):28.
[2] 潘玉慧,温艳萍.港城关系研究综述[J].中国农学通报,2014,30(11):57-61.
[3] 陈航,王跃伟.大连港口与城市关系的演变[J].水运管理,2009,31(01):13-15,22.
[4] 何洁.集装箱海铁联运发展中存在的问题及对策建议[J].大陆桥视野,2013(9):58-59.

邮轮经济与经济社会深入融合发展研究

谢 燮 贾大山 宁 涛 孙士雯
(交通运输部水运科学研究院,北京,100088)

摘 要:邮轮业对其所在城市的产业具有较大的拉动作用,包括扩大消费、提升服务水平、拉动就业和提高城市知名度等方面。自2006年开始,经过10年的发展,我国邮轮市场呈现出井喷式增长,2015年更是成为全球第四大邮轮市场,中国邮轮市场潜力巨大。尽管如此,目前邮轮业对中国的经济拉动却十分有限,因为中国在邮轮建造、邮轮公司运营以及邮轮船舶供应等方面处于竞争力很弱的状态。

关键词:邮轮经济;经济社会;融合

1 邮轮经济与经济社会的融合关系

1.1 邮轮产业链解析

邮轮经济是指以邮轮为载体,为乘客提供观光、餐饮、住宿、娱乐、探险等为一体的综合服务业,适合于“有钱有闲”的消费群体。

邮轮产业链(图1)则是围绕船舶制造、港口服务、后勤保障、交通运输、游览观光、餐饮购物和银行保险等行业形成的产业链条。狭义的邮轮产业链是指以设计院、船厂、邮轮公司、港口码头及其相关业务所构成的上下游关系,代表了邮轮产业链的核心层;广义的邮轮产业链是指在狭义邮轮产业链的基础上,涵盖了教育培育、金融保险、法律服务、咨询评估、信息技术、文化媒体、行业组织等贯穿邮轮产业链整体的公共服务,代表了邮轮产业链的衍生层。

邮轮产业链的上游是指以邮轮设计研究所、船厂为代表的邮轮设计建造阶段,主要包括邮轮的设计研发、原料采购、生产建造、加工制造、设备装配、舾装布置等。现代邮轮注重舒适性和人性化服务,相比普通客运船舶,在设计理念、技术工艺、材料设施等方面要求更高,其专业性、安全性、豪华性特征更为突出,因此,其造价也远远高于一般客船。当前世界上邮轮建造主要集中在德国、意大利、芬兰、法国等欧洲国家。

邮轮产业链的中游是指以邮轮公司为代表的邮轮运营阶段,包括航线设计、海上客运、酒店管理、购物休闲、市场推广、电子商务等。目前,全球大小邮轮公司近百家,在国际邮轮协会登记的约60家。全球邮轮市场的集中度很高,嘉年华、皇家加勒比和丽星三大邮轮集团占有全球80%以上的邮轮市场份额。

邮轮产业链的下游是指以港口码头为代表的邮轮到港服务,主要包括港口服务、口岸服务、船舶维修、船舶供应、船员服务、岸上观光、商贸娱乐和公共交通等。这一阶段包含的产业最为广泛,涉及港口服务业、交通运输业、旅游观光业、商贸服务业和船舶维修业等。

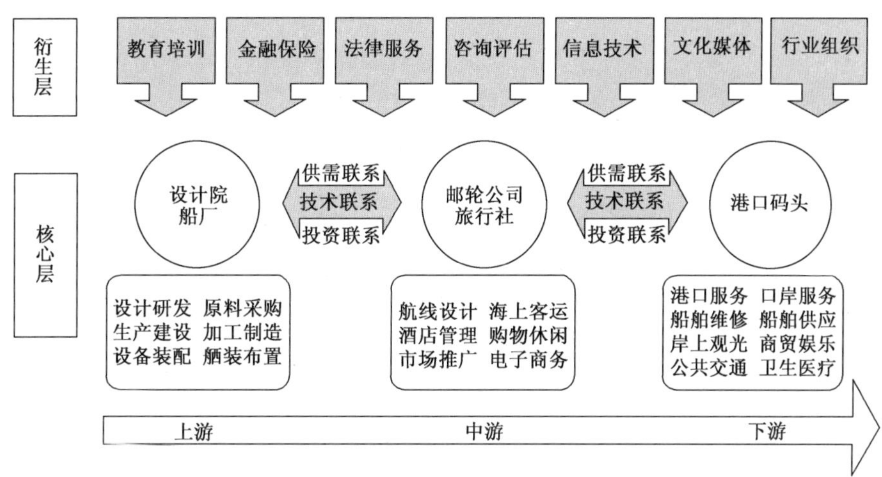

图1 邮轮产业链

1.2 邮轮对经济社会的拉动作用

邮轮业对其所在城市的产业具有较大的拉动作用,包括扩大消费、提升服务水平、拉动就业和提高城市知名度等方面。

(1)拉动当地消费。邮轮产业对于邮轮母港所在城市而言,邮轮到访的首要贡献就是带来了大量的旅游观光客。旅游观光客在邮轮母港的消费增加了当地的旅游和各种商业活动的收入。伴随着邮轮母港对邮轮旅客吸引力的加大,每年到访的邮轮旅客将快速增长,商业收入将大幅增加。对于邮轮母港,旅游观光客会对母港城市的交通、住宿、餐饮、娱乐等产业形成拉动效应。尤其是,大型邮轮的船上消费量巨大,这些消费的食品和物品都需要在母港城市进行补给,从而拉动当地消费。大型邮轮载客超过4000人,船上的船员和服务员接近2000人,总共5000~6000人的船上消费是一个巨大的数字。按照每位乘客900元的食品供应量,一艘船每个航次的食品供应金额就达到300万~400万元。除此之外,还有船舶物料和燃油供应。食品的供应能够拉动当地消费,而物料的供应能够带动相关的船舶配套产业的发展,燃油供应还能够带动石油炼化和相关服务业。邮轮停泊码头,产生了相应的码头靠泊费和政府规费。以某品牌一艘总吨为75000t、净吨44200t、载客量2394人的邮轮为例。假设载客率为90%,即2155人,每2位乘客1件行李需要托运,码头停靠时间8h。靠泊上海吴淞口邮轮港需要支付约60万元,靠泊天津邮轮港需要支付约55万元。

(2)拉动当地就业。从邮轮产业涉及的主体来看,邮轮码头为了保证正常运营及满足业务发展的需要,需要雇佣码头操作工人和具有经验的管理人员;邮轮公司除了邮轮公司总部以外,通常会在邮轮航线布点城市设立代表处或办事处,在重要区域甚至设立地区总部,因此需要在当地雇佣管理人员和船务人员;为邮轮提供服务的旅行社为了在腹地招揽游客,也需要配置大量的业务人员;与邮轮产业发展相关的其他产业也将受到邮轮产业发展的带动,刺激各种产业的劳动力需求,从而带动当地就业。

(3)带动城市功能优化提升。邮轮在实际运营过程中,会带动邮轮母港所在城市、周边城市或者境外城市人口在短时间内大量集聚。同时,大量邮轮旅客的到访,使得邮轮母港所在城市通常需要具备良好的景观、城市环境和生活配套设施。邮轮母港所在城市为了满足邮轮及邮轮旅客的集散、观光、游玩、居住等出行和消费需求，必然加大道路、景观、酒店等功能性设施的投资建设力度，提升整个城市的集散能力、疏导能力和接待能力，进而全面带动城市发展。

(4)提高城市国际知名度。由于邮轮产业是国际化的产业，邮轮母港所在城市利用邮轮这个非常具有现代性和鲜明特色的城市标签，能够更快更方便地让国内外游客了解邮轮母港所在城市；同时，邮轮母港所在城市为了吸引更多邮轮及邮轮旅客到访，会大力进行城市形象的推广和营销，从而提升城市的国际知名度。

(5)拉动造船业。邮轮建造是造船业的高端领域，其单位产值远远高于一般的船舶。比如，皇家加勒比邮轮公司海洋量子号16.7万总吨，造价为15亿美元，而18万总吨海岬型散货船造价为4373万美元(2017年7月30日的价格)，15.8万总吨油轮造价为5385万美元，1万标箱集装箱船造价为8143万美元。几乎同样规模，邮轮造价是散货船造价的约38倍，是油轮造价的约31倍，是集装箱船造价的约21倍。从欧洲船厂最新订单的数据可以看到，邮轮建造的平均价格为22万欧元/床位。邮轮建造不仅仅包含船壳，还包括主机、舾装、装饰、建材等产业，具有极大的产业带动效应。最近几年，受航运市场的影响，中国造船市场极为低迷，船企都在寻找新的突破口。统计数据显示，2016年，全国造船完工量为3532万载重吨，同比下降15.6%；承接新船订单量为2107万载重吨，同比下降32.6%；截至2016年12月底，手持船舶订单量为9961万载重吨，同比下降19%。前些年海工平台受到船厂青睐，但由于全球油价的持续低迷，使得船企在这一领域的耕耘收获不多，海工装备交付十分困难。邮轮建造具有巨大的产业带动效应，将成为未来中国船企转型升级的新动能。

(6)促进航运业的转型升级。全球航运市场和中国航运市场持续低迷，虽然自2016年第四季度以来呈现一些好转的迹象，但未来航运业面临的转型升级压力依然严峻。航运企业在不断满足货运需求增长的情况下积累了太多的产能，需要未来货运需求的不断增长来消化。市场低迷需要寻找新的突破口，与中国消费升级相对接，开展水上休闲旅游服务，就是诸多航运企业的理性选择。

1.3 邮轮经济贡献的案例

1.3.1 全球邮轮经济贡献

邮轮产业经济综合贡献。通过直接、间接和诱发的贡献，邮轮旅游在2015年全球经济总量中产生了1179亿美元的商品和服务总额，比2014年下降了2.3%，提供就业岗位956597个，比2014年增加了1.9%，在这些工作中被雇佣的工人得到了386亿美元的收入。欧洲的总产值贡献为463.8亿美元，占全球邮轮行业产出贡献的42%。这一产出导致了360571名FTE(全职人力工时)员工的就业，他们支付的员工收入估计为116.3亿美元。就业占全球就业总数的33%，收入贡献占全球总数的38%。美国的总产值贡献为457.2亿美元，约占全球产出贡献的36%，创造了370930个工作岗位，支付了192.8亿美元的员工收入。在北美其他地区，邮轮行业的总产出贡献为98.5亿美元，创造了94667个工作岗位，支付了19.5亿美元的员工收入。在这一地区，全球经济贡献的份额从5%到近10%的就业影响不等。如前所述，这些因素主要影响零售贸易和旅游行业，这些行业的工资和生产率相对较低，因此全球雇员收入贡献的份额低于就业贡献的份额。

直接经济贡献。2015年全球直接邮轮旅游支出541.1亿美元，比2014年减少了3.0%，为全球经济做出了重大贡献。这些直接的支出创造了约459799个职位，比2014年增长了

2.5%，在员工收入中支付了166.3亿美元，比2014年下降了1.3%，这包括海岸边的员工和邮轮公司的船员。欧洲的直接经济贡献占邮轮行业全球直接贡献的39%。欧洲直接支出的196.8亿美元，产生了175476个职位，据估计其收入为58.2亿美元。如前所述，欧洲造船业在欧洲邮轮业的直接经济贡献中，占了约27%的重要组成部分。美国在全球直接投资中约占36%，直接支出为208.8亿美元。这些支出估计有151400个职位，支付69.6亿美元的员工收入。考虑到在美国有重要的总部和港口业务，直接的经济贡献主要是针对为邮轮提供货物和服务的行业：邮轮港口、食品和饮料供应商、燃料和设备，以及行政支持服务（如广告、会计和专业服务和运输服务，包括旅行社）。在北美其他地区，邮轮行业的直接支出为53.7亿美元，创造了55057个职位，支付了近10亿美元的员工收入。这一地区的影响主要是由乘客和船上工作人员支出造成的，占直接支出的77%。由于这些因素主要影响到零售贸易和旅游部门，工资和生产力相对较低，员工收入影响的比例低于就业影响的比例。最后，全球其他地区的直接支出为81.9亿美元，创造了77866个职位，支付了28.6亿美元的员工收入。世界其他地区对每个类别的直接经济影响约占全球直接影响的16%。

间接和诱发的经济贡献。间接和诱发的贡献是由直接影响的企业和他们的员工所产生的。因此，这些影响在全球和区域经济中蔓延。具体的间接和诱发的非负性行为是由各个经济体的结构决定的，因此从区域到区域的结果会有很大的差异。在邮轮旅游支出中，541.1亿美元在间接和诱导产出中额外产生了629.8亿美元，员工收入为215.3亿美元，以及496798个职位。综合起来，美国和欧洲占全球间接和诱发贡献的80%。与美国相比，欧洲在全球产出贡献中所占的比例要大得多；而美国在全球就业和收入贡献中所占比重较大。北美其他地区和世界其他地区的人口占全球间接和诱发经济政策的8%到12%。

1.3.2 邮轮公司的贡献

米兰理工大学管理学院以歌诗达邮轮集团对意大利的国家财富的影响为课题，进行了一项研究。结果显示，2010年歌诗达邮轮集团对意大利经济贡献超过22亿欧元，这一数据相当于12.1万名全职员工的年收入总和。换言之，意大利国民每增收1250欧元，其中就有1欧元是歌诗达邮轮集团贡献的。22亿的经济贡献主要有三大来源：第一大来源是直接消费，即歌诗达邮轮集团产生的所有直接费用。它囊括了从日常支出到付给意大利供应商（包括旅行社）的费用以及代表消费者支付的各项税费，如：日常补给所需的花费，建造新船投入和现有船只的保养费，旅行社销售奖金和港口服务费，2010年直接消费共计超过8800万。第二大来源是意籍员工或居住在意大利员工的薪金，这些员工涵盖提供所有岸上游和船上服务的工作人员。以一位全职员工基本年收入为单位来计算，这部分效益相当于3600位全职员工的年薪总和。第三大来源是意籍和外籍游客在意大利搭乘邮轮旅游期间的间接消费。消费项目贯穿整条供应链的上下游产业，除包括意籍游客从家出发到港口登船之间的交通花费，意籍游客飞抵国外出发港或外籍游客飞抵意大利的国际机票之外，还包括邮轮乘客在旅游期间购买的商品，如行李、泳装、防晒霜和摄影器材等，2010年的间接消费估计达到了7000万欧元。这三大经济来源也相继带动了上下游产业产品服务链的发展，创造了更多的就业机会，拉动了市场需求；同时，供应商向第三方购买产品或服务，使经济效应通过产业关联一环一环传递下去，这些带动效应产生近12亿欧元的经济效益。歌诗达邮轮集团的经济贡献也体现在其所提供的可观就业机会。以一位全职员工基本年收入为单位来计算，歌诗达邮轮集团为意大利共提供了1.23万个就业岗位，创收3.73亿欧元。其中，包括3600位集团员工，以及带动旅游服务等上下游产业所创造的8700个就业岗位。

2　中国邮轮产业发展现状及潜力

2.1　中国邮轮产业发展现状

自2006年开始,经过10年的发展,我国邮轮市场呈现出井喷式增长,2015年更是成为全球第四大邮轮市场。中国母港邮轮艘次由2008年的28艘次增长到2015年的539艘次,访问港邮轮由2008年的318艘次下降到2015年的90艘次。据统计,2016年全国邮轮港口接待邮轮1010艘次,母港邮轮927艘次,访问港邮轮83艘次,接待游客量226万人,中国出境游客214.4万人,外国入境游客12.8万人。从2009年接待游客量17万人到2016年的228万人,市场规模增长超过10倍,年均增长率达到了惊人的45%,以"爆发式增长"来描述过去10年中国邮轮市场的增长一点不为过。2017年中国邮轮市场进入调整期,接待游客量为248万人次,同比增长9.7%。

中国是世界最有消费吸引力的重要客源市场,未来30年依旧是中国旅游快速发展的黄金期。中等收入群体依然是邮轮消费市场的主力军。从2010年到2025年,我国城市中等收入阶层规模将以每年2.3%的速度扩大,到2020年将接近47%左右,在2023年前后可能要突破50%,在2019年城市中等收入阶层的比重可能首次超过城市中低收入阶层的比重。随着国民经济实力的不断提升,中国邮轮市场规模呈现逐年攀升的良好趋势。

全球四大邮轮集团持续加码中国市场布局,邮轮出入境旅客人数屡创新高。2017年,随着公主邮轮旗下"盛世公主号"、诺唯真邮轮旗下"喜悦号"的闪亮登场,中国港口有18艘邮轮部署母港航线,且大都为10万吨级以上邮轮,平均标准载客量达2000人以上,这将在邮轮市场掀起一波新的高潮,竞争日趋激烈。

2.2　中国邮轮市场的发展潜力

国际上,通常把人均收入超过8000美元作为邮轮产业快速发展的起点。按照这样的标准,大致可以把上述中高收入消费者和高收入消费者都纳入有能力消费邮轮产品的人群。届时,此部分人口将占中国总人口的35%。由中国社会科学院城市发展与环境研究所编写、社会科学文献出版社出版的《城市蓝皮书:中国城市发展报告No.8》提出,中国正加速进入老龄化社会,预计2030年左右中国人口将出现负增长。届时,中国总人口将达到14.5亿人,那么具备消费邮轮产品的人口基数则为5.1亿人。2030年中国人均可支配收入大约相当于1989年美国的人均可支配收入。1989年美国的真实邮轮渗透率(实际乘坐邮轮人数除以具备消费邮轮产品的人口基数)具有参考价值,可以作为中国2030年邮轮真实渗透率的低限,由此可以计算出届时中国邮轮市场规模为1020万人。以近期美国的真实邮轮渗透率作为中国2030年邮轮渗透率的高限,可以计算出届时中国邮轮市场规模为2040万人。取二者的平均值,得出2030年中国邮轮市场将达到1530万人的市场规模(图2)。

按照上述的预测结果,未来中国邮轮市场还将在现有基础上增加5.8倍,将会有年均14.6%的增长率,并会是一个前高后低的发展态势。这无疑是一个好消息,世界上没有哪个市场有如此振奋人心的发展态势,比世界平均增速高1倍。当前各大邮轮公司在中国布局的邮轮的总客舱数约为2万间,未来将可能超过12万间,还需要无数的船舶来填补这样的市场空间,这也给中国本土邮轮的发展提供了很好的契机。

但是也要有清醒的认识,2030年具备消费邮轮能力的人群中,高收入人群占比43%,他们的可支配收入超过3万美元,完全有能力出境消费,可能到地中海或者加勒比海去消费原汁原味的邮轮产品,而这样的客源对中国母港的相关从业者来说并没有价值。如何能够让更多的高消费能力人群留下来体验本地邮轮是未来的核心。而且,由于邮轮旅游的需求弹性很大,良好的体验和口碑才可能吸引更多的游客,并让更多游客成为回头客。如果中国邮轮市场的良性发展机制缺失,就会形成邮轮市场的中国特色。这种特色并非指的是有价值的消费偏好,而是打上了低端和廉价的标签。如果形成了这样的市场,上述的潜在消费人群并不会转变为现实的消费人群,即便有机会实现上文所预测的邮轮市场规模,但从业者却可能很难赢利。

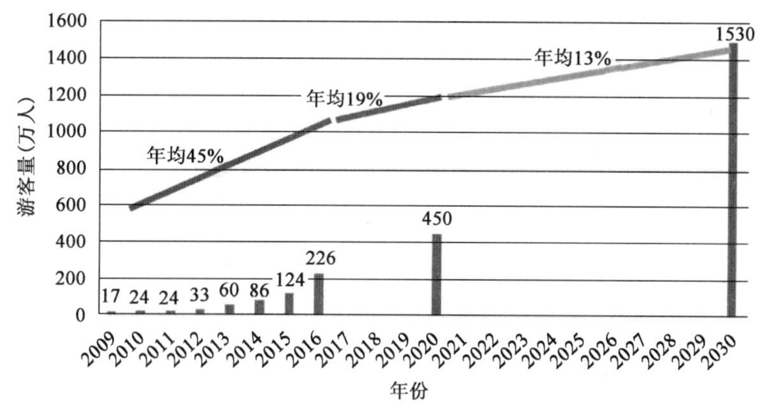

图2 2030年中国邮轮市场出入境游客量的发展趋势

3 邮轮的经济社会贡献测算及新动能

3.1 邮轮经济贡献的测算方法

邮轮经济贡献是指由邮轮到港、邮轮乘客及船员消费、邮轮公司经营等活动所产生的经济贡献,按照国际通行测算邮轮经济贡献的指标,总消费作为经济贡献的定量指标。

邮轮经济贡献从经济贡献的主体、经济贡献的范围、经济贡献与邮轮的关系等不同角度可以做出不同的分类。本研究按照经济贡献和邮轮的关系,将邮轮对经济的贡献分为直接经济贡献、间接经济贡献和诱发经济贡献。

邮轮直接经济贡献是指邮轮、邮轮游客和船员及邮轮公司直接经济活动所产生的消费总额。

邮轮直接经济活动主要包括以下四个方面:

(1)邮轮乘客和船员上船前发生的吃、住、行、游、购、娱等活动;

(2)邮轮乘客在船上发生的吃、住、行、游、购、娱等活动;

(3)邮轮乘客和船员下船后发生的吃、住、行、游、购、娱等活动;

(4)港口为邮轮靠泊发生的直接服务活动。

邮轮间接经济活动是指直接经济活动的供应商所发生的经济活动,目前能够清晰统计和计算的主要是指邮轮供应、邮轮修理和邮轮建造活动。

根据调查分析,计算出邮轮游客(入境游客、国内游客)和船员在陆地旅游期间产生的总消费,再加上邮轮在港口产生的消费等,可以计算出邮轮业直接创造的消费。对邮轮供应的消费计算可以采用邮轮直接经济活动的中间投入率得出。邮轮维修的消费额按照全球邮轮的维修消费额与中国占全球市场份额的乘积计算。邮轮建造的消费额按照中国年增量游客导致的增量邮轮船队数量与邮轮造价的乘积获得。

3.2 邮轮经济测算结果

中国邮轮产业的经济贡献见表1。

中国邮轮产业的经济贡献 表1

经济贡献	2015年(亿元)	中国占比(%)	2016年(亿元)	中国占比(%)
一、直接贡献	77	11.6	139	10.6
邮轮乘客	73	5.5	133.2	5.4
港口服务	4	100	5.8	100
二、间接贡献	134	6.0	396	4.5
船舶供应	14	37	25	36
船舶维修	6	50	18	50
船舶建造	114	0	353	0

2015年,中国邮轮市场的直接经济贡献为77亿元,间接经济贡献为134亿元。其中,邮轮乘客的贡献为73亿元,港口服务的贡献为4亿元,船舶供应的贡献为14亿元,船舶维修的贡献为6亿元,船舶建造的贡献为114亿元。

2016年,中国邮轮市场的直接经济贡献为139亿元,间接经济贡献为396亿元。其中,邮轮乘客的贡献为133.2亿元,港口服务的贡献为5.8亿元,船舶供应的贡献为25亿元,船舶维修的贡献为18亿元,船舶建造的贡献为353亿元。

以上贡献中,需要考察哪些消费留在了中国。由此计算出了中国在全球邮轮产业经济贡献中的占比。可以看到,2015年直接贡献中,中国占比仅为11.6%,而到了2016年,此数据下降到了10.6%。从间接贡献的数据来看,中国占比从2015年的6%下降到了2016年的4.5%。

3.3 中国邮轮经济新动能

由这些数据可以看出,尽管中国邮轮市场这些年获得了爆发式增长,但是对中国的经济拉动十分有限,因为中国在邮轮建造、邮轮公司运营以及邮轮船舶供应等方面要么处于竞争力很弱的状态,要么才刚刚起步。由此可以得出,邮轮经济对中国经济社会的拉动,可以从三方面发力:

(1)促进本土邮轮公司发展。由于本土邮轮公司发展十分弱小,中国运营的邮轮现在只有2艘不到3万吨级的二手邮轮("中华泰山号"和"辉煌号")和1艘7万吨级的中外合资运营的二手邮轮("天海新世纪号"),这使得"邮轮乘客"所产生的经济贡献外溢。推动本土邮轮公司发展,就成为邮轮领域的第一个新动能。

(2)促进本土邮轮建造发展。由于中国邮轮建造才刚刚起步,在中国运营的邮轮没有在中国船厂建造,因而产生的相关经济贡献都没有留在中国。所以,推动本土邮轮建造发展,就成为邮轮领域的第二个新动能。

(3)促进本土邮轮供应发展。由于中国产品的质量、标准以及价格问题,相关监管机构的手续烦琐、出口退税政策等因素,中国的邮轮供应还没有获得较快发展,所以,推动本土邮轮供应发展,就成为邮轮领域的第三个新动能。

4　中国邮轮经济发展的政策突破

4.1　促进邮轮建造

设立产业基金。2016 年 12 月 28 日,由中船集团牵头发起,按照“同股同权、利益共享、风险共担”的原则,联合中国建设银行、中国农业银行、中国银行、中国光大银行、兴业银行等金融机构共同组建邮轮产业基金。基金首期规模为 300 亿元,注册地为上海,存续期 7 年,延长期 3 年,未来将根据后续产业发展及投资需求情况设立二期。从欧美国家这些年发展邮轮产业的经验来看,邮轮产业的总体收益率并不高,这与其具有需求弹性较大的产业属性密切相关。对中国发展邮轮产业而言,由于全球邮轮市场已经相对成熟,欧美邮轮船厂和邮轮公司的先发优势、技术优势和运营经验,乃至对中国的技术封锁,都形成了中国人发展邮轮产业的极大障碍,急需国家层面的政策来推动。目前,国家对邮轮产业的扶持主要通过工信部对船厂的相关补贴,而且,仅对造超过 7 万总吨的船舶有补贴政策,对 7 万吨以下的中小邮轮并没有补贴,而中国建造邮轮的突破口应当是中小邮轮。国家对邮轮产业的支持,应该落实到邮轮产业基金的具体优惠政策上。可以借鉴德国 KG 基金的做法,在双倍折旧、个人所得税抵免、企业所得税减免等方面出台针对性的政策,才有可能对邮轮产业形成强力的支持。建议出台支持邮轮产业基金的综合配套政策。

支持邮轮配套企业。目前中国邮轮配套能力不到 10% ,中国邮轮大多数配套企业是民营企业。国家科研开发都是央企,他们的开发投入比较大,要办理认证收费比较高,因此在当前中国邮轮配套亟待发展的关键时刻,在外资配套企业打压民族企业的时刻,国家对配套企业应该给予扶持。同时,工信部对船舶建造的补贴,仅仅针对超过 7 万总吨的船舶,对于中小型船舶的补贴政策尚未建立。建议国家对船厂的相关补贴政策进一步拓宽到中小邮轮建造企业和配套企业。同时,利用我国合资建造邮轮的契机,鼓励实现国产邮轮“引进、消化、吸收、再创新”的突破。

4.2　促进本土邮轮公司发展

准入与航线管理。交通运输部行政审批事项中,第 15002 号为“新增客船、危险品船投入运营审批”,其设定依据来源于《国务院对确需保留的行政审批项目设定行政许可的决定》(国务院令第 412 号)附件第 135 项:新增客船、危险品船投入运营审批,实施机关是地(市)级以上人民政府交通行政主管部门。目前,长江游轮的投入运营审批的规则是“退三进一”,控制市场运力规模,避免市场恶性竞争,进而杜绝安全隐患。在三亚前往南海的邮轮上,由于有国家海权办的运力审批限制,目前仅有“南海之梦号”和“长乐公主号”两艘(“长乐公主号”12336 总吨,载客 537 人,长度 129.36m,宽度 20.5m,楼层 7 层)的小型邮轮运营,双人海景房 3 晚游在 9 月的报价超过 1 万元,而沿海出发的国际大型邮轮同等舱位 4 晚游的价格约为 5000 元左右,价格相差悬殊。未来中国内河游轮将迎来快速增长期,运力和航线审批如何做到与时俱进需要新的制度。建议出台邮轮准入和航线管理办法。

邮轮客票系统。长期以来,中国邮轮市场旅行社以“邮轮包价旅游产品”的方式进行邮轮产品销售,邮轮公司与旅行社签订“包船”或者“切舱”合同,故而实际操作中极大程度淡化了邮轮船票的地位和作用,不出具纸质船票给消费者。邮轮公司与乘客之间的船票所证明的旅客运输合同的关系被淡化,为乘客、旅行社和船公司三方争议埋下隐患。同时,从政府监管和公共服务的视角来看,中国邮轮市场被外国公司把控,航线审批和运力投放没有相应的数据支撑,很难进行有效的行业监管。《中华人民共和国海商法》第110条规定,“旅客客票是海上旅客运输合同成立的凭证。”可见,船票是邮轮公司与乘客之间供销合同关系的证明。在预防纠纷时,船票所载的内容、须知、条款等具有提前告知各方权利义务,约束和规范各方行为的作用。在纠纷发生后,船票是举证的重要合同凭证。交通运输部于2011年9月发布的《关于加强外商独资船务公司审批管理工作的通知》,第二条第三款规定,“允许经批准的独资船务公司或其分公司,为该独资船务公司的母公司拥有或经营的船舶提供揽货、揽客、签发提单、出具客票、结算运费和签订服务合同等服务”。因而,邮轮公司虽不具备出境旅游经营资质,但依然能够通过设立独资船务公司销售船票。要做大邮轮市场,让邮轮产业真正起到拉动区域经济的作用,目前最迫切的就是要最大限度地扩大销售渠道,打开市场需求与供应之间的瓶颈。扩大销售渠道最直接有效的办法,应该是明确定位邮轮船票“票务代理”的性质,让更多能卖邮轮、愿意卖邮轮的代理商加入。而大型的具有出境资质的旅行社可以更多、更好地扮演批发商、出境组团服务提供商的角色,通过包船或大规模切舱,起到整合资源的作用。邮轮单船票销售机制一旦建立,通过船票以及运输合同相关的权利义务约定文件的出具,可以解决邮轮市场现存的一系列关键性问题,包括市场销售渠道“毛细血管”快速打通的问题、乘客及邮轮公司权利义务告知问题、销售完成的证明问题、邮轮码头对乘客身份的识别问题等等。建议建立完善船票销售平台化机制,参考中国民航信息集团的模式,建立邮轮船票一体化出票平台,进而实现市场服务、公共服务、安全监管和反恐保安等功能。

4.3 促进邮轮供应发展

邮轮供应领域目前主要存在的问题集中在食品保税转关、本地采购以及邮轮维修等领域。

在食品保税转关领域,报检程序复杂、手续烦琐,且海关方面仍要求相关食品获得进口食品检验检疫的“通关单”。同时,海关和检验检疫局要求邮轮公司提供供应产品的所有成分信息,并且要写全,这对于大多数供应产品来讲,都十分困难。而且,由于每个集装箱可能包含的品种达到800种,申报要素的繁杂和严格需要相关企业花费较大的人力物力。

在本地采购领域,由于本地采购物品属非贸易项,而且通常批量小、品种多,因而很难办理出口退税,从而使得邮轮公司本地采购的份额一直不高,甚至有先出口到韩国再上船的怪事。同时,目前只有外轮供应公司和中远供应公司能够享受退税,而且只有一部分产品能够退税。

在邮轮维修领域,上海允许有海关许可的供应商对邮轮配件进行维修,然后转运上船,但获得许可的供应商数量少,其他港口无法开展。

建议在食品保税转关、本地采购物品退税和邮轮维修的市场开放上,建立与国际接轨的监管方法和统一的邮轮专供系统,吸引邮轮供应基地向国内转移。

参 考 文 献

[1] 金嘉晨.邮轮母港产业链发展对城市经济的作用[J].港口经济,2013(4):33-35.

我国物流业发展形势与展望

徐　丽　贺菲菲

（新交通智库，北京，100101）

摘　要：物流业衔接生产与消费，涉及领域广、吸纳就业人数多、拉动消费作用大、产业带动性强，在促进产业结构调整、转变经济发展方式、推动绿色生态发展、增强国民经济竞争力等方面发挥着突出的作用，是国民经济运行的动脉和实体经济不可或缺的重要支撑。党的十九大提出了建设社会主义现代化强国的宏伟蓝图，物流业需要充分发挥支撑和保障作用。本文进一步梳理了我国物流业发展的现状和问题，面向新形势新要求，从提升物流服务能力和水平、增强发展新动能、推动资源整合和跨界融合、促进绿色高效发展等方面进行了展望，推动我国由物流大国加快向物流强国迈进，实现高质量发展。

关键词：物流业；发展动能；市场结构；存在问题；发展形势

1　我国物流业发展现状

随着改革开放的不断推进，中国经济保持了持续高速发展，物流业总体上也呈现出飞速发展的态势。我国全社会物流总额从2000年的17.1万亿元上涨到2016年的229.7万亿元，发展速度超过我国国内生产总值（GDP）的增长速度。物流的高速发展，为促进我国经济社会发展和产业结构调整、服务和改善民生、带动关联产业发展起到了积极的促进作用。

1.1　物流规模不断扩大，市场需求潜力巨大

我国现代物流业实现了快速发展，物流市场规模进一步扩大。2003—2008年，我国社会物流总额增长率均超过15%，2009年金融危机后，社会物流总额逐渐呈现稳中有升的发展态势（图1）。2016年，物流业总收入7.9万亿元，较2015年增长4.6%，这都体现了我国物流总需求持续高速增长的势头，物流行业对社会经济的服务规模不断扩展。我国物流业市场规模总体已超过美国，成为全球第一大物流国，也是全球最具发展前景的物流市场，物流供应链发展蕴藏着巨大潜力。

伴随着产业结构调整和居民消费升级步伐不断加快，消费对物流需求尤其是高端物流需求的拉动效应进一步显现，单位与居民物品物流总额持续高速增长，新业态不断涌现，发展明显快于传统行业。数据显示，2016年，快递服务企业业务收入比上年增长43.5%，增速高于运输、仓储等行业，见表1。

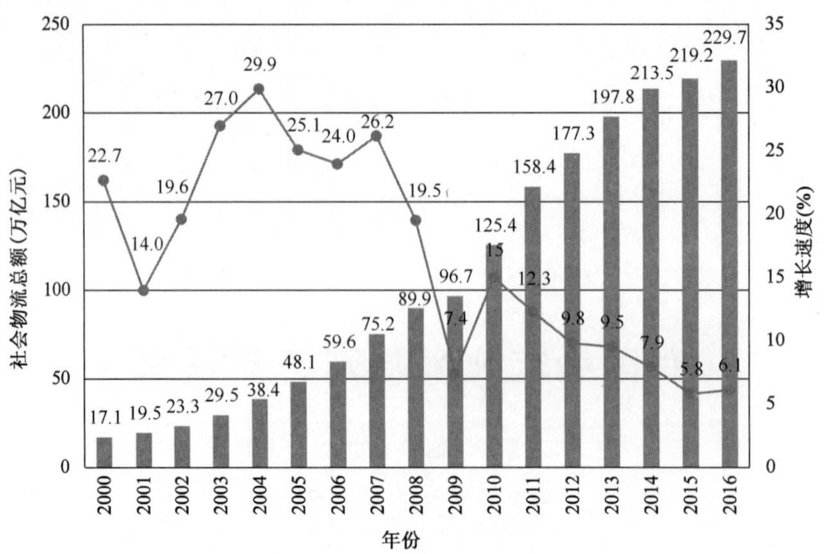

图1　我国的物流发展规模情况

2016 年我国细分领域物流总额构成及其增长速度　　表1

物流总额类别	绝对值（万亿元）	同比增长（%）	在社会物流总额中所占比重（%）
工业品物流总额	214.0	6.0	93.2
进口货物物流总额	10.5	7.4	4.6
农产品物流总额	3.6	3.1	1.6
单位与居民物品物流总额	0.7	42.8	0.3
再生资源物流总额	0.9	7.5	0.4

1.2　物流成本不断下降，部分领域矛盾突出

随着我国经济高速发展，2000—2012 年社会物流总费用增速较快，物流总费用与 GDP 的比重基本稳定在 18% 左右，呈现粗放的发展模式，物流成本偏高是主要问题。2012 年以来，我国社会物流费用保持低速增长，由 2012 年的 9.4 万亿元增长至 2016 年的 11.1 万亿元，我国社会物流总费用与 GDP 的比例不断下降，由 2012 年的 18% 下降为 2016 年的 14.9%，表明经济运行中的物流成本有所下降，物流运行的质量有所提升，物流领域“降成本”取得了积极成效，见图 2。

从经济社会发展看，社会物流总费用与 GDP 比例的下降得益于国民经济结构的不断优化。近年来国民经济增长方式转变，结构调整稳步推进，产业结构不断优化，经济结构由工业主导向服务业主导转变的趋势更加明显。通常来看，第一、二产业对物流的需求规模大于第三产业，因而物流成本也高于第三产业。伴随着第三产业增加值占 GDP 比重的增加，物流成本与 GDP 的比例不断降低。但也要看到，我国物流成本中还存在结构性问题，对比美国、德国、日本的物流总成本，发达国家保管费用与管理费用大大低于中国。管理费用美、日、德只占 GDP 的 0.4%，而中国为 2% 左右；保管费用美、日、德只占 GDP 的 3%，而中国约 5%，见表 2。

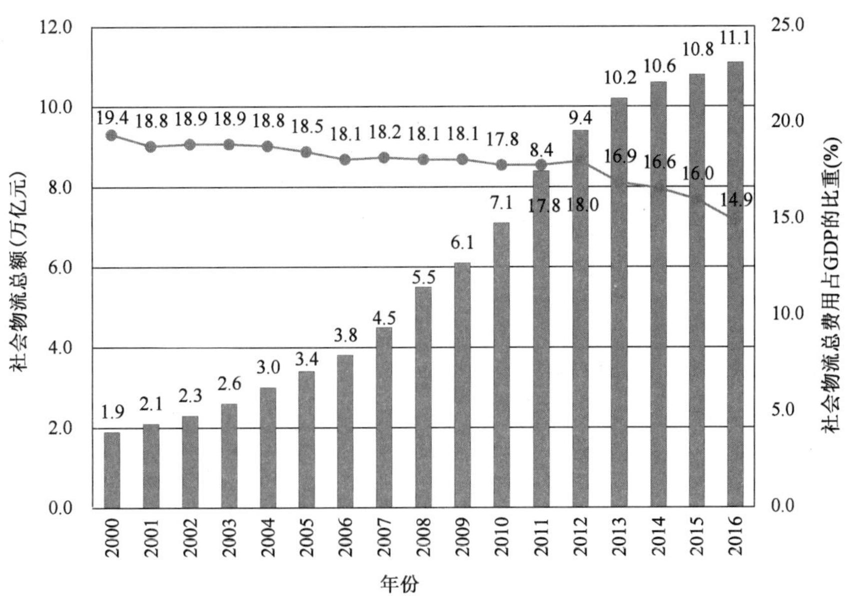

图2　我国的社会物流总费用及其占 GDP 的比重

2016 年我国社会物流总费用构成及其增长速度 表2

费用类别	绝对值（万亿元）	同比增长（%）	在社会物流总费用中所占比重（%）	在 GDP 中所占比重（%）
运输费用	6.0	3.3	54.1	8.1
保管费用	3.7	1.3	33.3	5.0
管理费用	1.4	5.6	12.6	1.9

1.3　物流服务不断细分,市场结构日趋多元

随着我国物流需求规模的扩大和多样化程度的增加,物流企业产品层次和服务水平也在逐步提升,物流产品向着高附加值、综合化、专业化的方向发展,形成了低端传统物流服务、综合性高端服务和专业化新型物流服务等物流细分市场同时快速发展的局面。在低端物流市场,物流服务主体多从传统的运输、仓储业转型而来,这些企业提供的服务多以运输、仓储等低附加值的传统业务为主。随着市场整合和竞争的深入,这些企业通过各种形式实现优化调整,提供更具专业化和细分化的服务,并以此获取市场竞争优势。在高端产品市场上,大型内外资物流企业也展开了新一轮争夺,尤其在电商快递、航运物流和汽车物流等领域的争夺最为激烈。

从层次结构来看,基本运输服务、网络化运输与仓储服务需求稳步增长,供应链管理服务需求不断增强。物流市场还呈现供给和需求两级化的特征。低端物流需求主要停留在运输服务上,供给相对过剩,市场竞争激烈。高端市场、综合业务市场快速发展,市场整合不断加速,产业组织结构日趋集中。部分低端物流市场,如公路运输、仓储、装卸搬运市场,市场集中度低,规模经济不明显,产品差异小,进入退出壁垒小,市场表现为数量众多的中小型物流企业提供差别不大的物流服务,市场对价格十分敏感,竞争程度激烈;另一部分物流市场,如铁路、航空、邮政快递、供应链综合业务等,市场集中度较高,规模经济明显,市场进入退出壁垒较大,具体见表3。造成这部分物流市场特征的原因有些是政策性垄断因素,有些则是市场整合和发展的结果。

部分物流细分市场的主要结构特征　表3

市场结构要素	货物运输业					仓储	装卸搬运	快递
	铁路	航空	水运	管道	公路			
市场集中度	高	较高	较高	高	低	低	低	较高
规模经济	显著	显著	显著	显著	不显著	中等	不显著	显著
产品差异化	差别大	差别大	差别小	无差别	差别小	差别小	差别小	差别大
进入壁垒	高	较高	较高	高	低	中等	较低	较高
退出壁垒	高	中等	中等	高	无	中等	低或无	中等

1.4 新旧动能快速转换,发展方式变革创新

近年来,物流领域的技术创新、管理创新、模式创新蓬勃发展,模式转换、方式变革、创新驱动不断涌现,在新旧动能的转化过程中,催生了物流供应链市场的大量变革创新。一是组织方式上,兼并重组、联盟合作日益增多。战略联盟、加盟合作日益深化,货运市场加盟模式加快推进。众盟物流通过中小企业联盟合作,2 年来年运输量由 180 万 t 增加到 280 万 t,车辆使用效率提升了 8%,运输成本、采购成本分别下降 6% 和 10%;并且,众盟与上海铁路局签署了铁路货运合作协议,开始推行公铁联运业务,在无锡至广州等 5 条线路开行了特需专列,企业运输成本进一步下降,竞争能力进一步增强。二是产业链的延伸上,跨界融合进一步推进。零担快运、整车、快递等各细分物流市场渗透融合,市场边界日益模糊,物流园区向仓干配市场运营转型,传化物流、林安物流等传统物流园区企业相继推出货运产品。同时,汽车、家电行业,以及与基础设施建设关系密切的钢铁、煤炭、水泥等行业物流均发展迅速。三是供应链拓展上,全链条服务加快升级。一批物流企业积极投身于制造企业、商贸企业供应链,实施供应商管理库存、仓储物流配送一体化模式,提供供应链金融服务等,从而在此基础上构建和改进供应链协调合作关系。先进制造业与物流业融合速度正在加快,制造企业与物流企业形成战略联盟,通过将内部采购供应、运输、仓储、加工、配送等物流资源进行整合,供应链一体化程度增强。四是新技术应用上,互联网 + 物流蓬勃发展。诞生了一批互联网 + 高效运输、智能仓储、便捷配送、智慧物流等新业态、新模式、新企业,为长期以来存在的信息不对称、市场不集中、“最后一公里”等痛点提供了有效解决方案。

新旧动能转换过程中,由于物流供应链自身的庞大规模市场,和关联产业深入融合带来的巨大潜力,以及新技术下诞生的新模式新业态所带来的广阔红利,吸引各类资本加快进入物流市场。市场融资主要集中在公路干线运输(车货匹配、大车队等轻资产)、数据信息(车联网数据服务、运输管理服务)、电商仓储(智能柜、电商仓配一体化)、快递、城市配送等领域,成为市场热点。一批快递、物流企业相继登陆 A 股市场,一批创新企业跻身“新三板”,一批新兴企业吸引了新一轮融资,一批金融中介组织涉足物流金融服务。

1.5 发展环境逐步改善,政策红利不断释放

我国物流产业从改革开放初期开始起步,但是直到 20 世纪 90 年代,我国都没有综合性的物流产业政策。21 世纪以来,物流业的发展进一步受到重视,国务院、各部门、地方政府等陆续出台了物流业政策,支持物流产业的发展。2004 年国家发改委等九部门联合制定的《关于促进我国现代物流产业发展的意见》对于消除各部门间的政策冲突,为国内物流产业发展以及统一物流市场的形成起到了很大的推动作用。2005 年,经国务院批准,国家发改委牵头 13 个部门建立了现代物流工作综合协调机制——全国现代物流工作部际联席会议。尤其是

2009 年世界金融危机以来,国家和地方政府对物流产业的重视程度提升到了新的高度,国家支持物流产业发展的政策密集出台,对推动我国尚处于发展起步阶段的现代物流的发展,具有积极的意义。国务院有关部门、各级政府、特别是各行业主管部门根据物流业发展要求,制定了诸多不同层次的物流产业相关政策,涉及物流业发展的基础设施、企业培育、信息化、城市配送、城市及区域物流系统等方面,为物流业健康发展创造良好的政策和体制环境。

2 我国物流业发展存在的问题

2000 年以来,受国民经济快速增长带动,我国物流业保持了较长时期的高速增长,但随着经济社会发展进入新常态,经济增长速度从高速增长转为中高速增长,经济结构发生全面深刻变化,经济发展动力从要素驱动、投资驱动转向创新驱动,社会物流需求增速放缓,有效物流需求不足成为物流业发展的大趋势。受传统发展模式影响,我国物流业有效需求不足的主要矛盾在于结构,而结构性矛盾的主要方面在于供给。一方面,大量的存量资源沉淀在传统物流业务领域不能退出,无法满足生产者和消费者对高端服务的需求;另一方面,增量资源受投入不足和体制机制约束影响,难以创造新的需求。受此影响,行业出现了开工不足、产能过剩等一系列问题,市场配置资源的效率降低,导致供给质量下降与有效供给不足。

因此,依靠要素驱动、投资驱动等旧动能带动下的传统粗放式发展模式导致无效运输、不合理运输、过度包装、资源浪费等问题严重,以及公路、航空、铁路、水路等运输方式的资源、能源、土地等消耗和大规模排放问题突出,社会成本较大,愈发不能适应经济和社会发展要求,旧动能驱动的物流供应链难以为继。

2.1 物流运力总体过剩

我国货运规模居于世界前列,2016 年全社会货运量达到 431.34 亿 t,公路、铁路货运量,港口货物吞吐量和快递业务量位居世界第一位。随着产业结构调整的深入,传统上货运量占比较大的大宗商品的需求大幅度减少,与之配套的运输能力出现了过剩。从产业物流需求结构看,受传统产业转型升级,电子商务、信息平台等新产业、新业态加速发展等因素影响,物流需求结构继续调整。一方面,钢铁、煤炭、水泥等大宗商品物流需求增速进一步放缓;另一方面,与属性相关的消费类物流需求保持较快增长。我国传统的物流运输服务还不能适应产业物流需求结构变化要求。

2.2 组织化水平较低

我国物流市场主体分散程度高,经营主体规模小、数量多,行业内存在大量的小微物流公司,2015 年中国物流企业 50 强业务收入仅占物流业总收入的 11.5%,市场集中度较低。据统计,截至 2016 年 2 月,我国共评定 A 级物流企业 3625 家,其中业务收入超过 16 亿元的 5A 级物流企业 223 家,仅占 A 级物流企业总数的 6%。小微企业在一些领域大量存在。2016 年,我国道路运输经营业户达到 679.1 万,其中,个体运输户 621.3 万户,超过总量 90%,经营基本处于"散兵游勇"状态,行业组织化水平很低。由于企业规模小、实力弱,无力进行大规模、高水平技术装备的更新改造,物流作业自动化水平较低。在搬运、点货、包装、分拣、订单及数据处理等环节,手工操作方式仍占主导,导致差错率高、效率低。企业管理粗放,组织结构缺乏灵活性,从业人员素质不高、不遵守操作流程、野蛮分拣等,造成了大量的损失。

2.3 物流基础设施统筹衔接不足

我国物流基础设施已经初具规模,2016 年,高速公路和高速铁路里程分别突破了 13 万 km 和 2.2 万 km,双双居世界第一位。截至 2015 年 7 月,全国共有物流园区 1210 家。但是,基础设施之间缺乏有效衔接，出现了“最后一公里”的瓶颈制约。由于部门之间缺乏统筹协调，铁路和水路基础设施衔接不畅，集疏运体系不健全，制约了铁水联运的发展。调研结果显示，在湖北省沿长江的17个主要港口中，与铁路接轨的港口仅有6个。我国物流园区利用铁路专用线的比例为37%，缺乏转运换装设施。因此，大量本应通过铁路和水路运输的中长距离运输业务由公路承担，抬高了综合运输的成本。同时，大量物流基础设施布局在沿海地区，内陆地区相比之下仍然存在比较大的差距。随着沿海制造成本的上升，相关产业开始逐步向内陆转移，迫切需要加强内陆地区物流基础设施配套，建设内陆地区外向发展的大通道，降低内陆地区的物流成本。

2.4 物流服务结构性短板突出

近年来，我国消费结构的升级带动了生活性物流潜力的释放，消费对物流增长的贡献度不断增加。当前，单位与居民物品物流总额保持了高速增长的态势。电商物流、快递快运、冷链物流等生活性物流持续快速增长，成为物流业发展的新的增长点。由于现有物流产品和服务主要适用于大批量、少批次的生产性物流，与生产性物流相比，生活性物流更加强调小批量、多批次、个性化和灵活性。由于企业缺乏创新投入，产品更新速度慢，新的需求无法满足，同质化竞争挤压了企业的利润空间。2016年12月，快递件均收入为12.7元，比2007年件均收入27.6元相比下降了54%。企业无法通过技术改造与模式创新向资本和知识密集型的高端物流转型。传统物流服务过剩，而有效供给不足，无法适应物流服务结构调整的要求。

2.5 物流信息服务体系不完善

物流信息化和网络化建设滞后，尚未形成强大、互联互通的信息服务体系，不同物流方式之间的信息碎片化、孤立化。许多部门和单位自建的信息数据库，实际上是一个个信息孤岛。同一运输方式不同企业之间、供需双方之间信息缺乏连接与共享。物流资源配置不能在更大范围内进行，信息不对称或信息缺失使得供需失衡。由于物流供需信息不对称，导致货运空载问题突出，空载率达40%，停车配货的间隔时间高达72h，大量时间浪费在等货、配货上，造成了资源的极大浪费，由于空载、滞留时间长，我国货车平均每天有效行驶里程只有300km，而美国可以达到1000km。

2.6 物流标准体系不健全

物流设施和设备的标准化是物流业发展中一个关键问题。因物流标准面广量大、内容繁杂，统一标准难度很大，加之我国物流标准化工作相对滞后，使得物流标准化程度较低。而且，物流标准化体系还存在条块分割、部门分割、基本设备缺乏统一规范、标准之间缺乏有效衔接等问题，进一步增加了搬倒、分拣、包装等环节。如托盘标准不统一，托盘不能循环使用，物流操作需多次搬运，预计一年至少增加商品损耗约400亿元。再如，我国车型有2万种之多，车辆装载单元化短板凸显，严重影响了社会车辆的交换互用。还有运输单证信息不统一，导致物流信息传递失真。

3 我国物流业发展形势展望

3.1 支撑国家重大战略实施、打造全方位开放新格局，要求加快提升物流服务能力和水平

我国“四大板块”战略协调发展，“三大战略”加快推进，“走出去”步伐明显加快，区域经

济发展的思路逐步向通道化、连片化转变，强调国内、国外经济关联区域间的便利联系和整体协作，国际间、区域间生产要素快速流动、产业间资源配置广泛交互的格局将进一步加快，将推动全国物流资源、要素的布局调整和重组整合。这就要求以建设现代物流体系为突破口，构建连接国际国内的海陆空协同联动、优势互补、产品丰富的现代物流体系，以高效物流引领空间集成优化、资源集聚整合、要素集约配置，打造东中西联动、内外协同的经济发展新格局。

3.2 适应经济发展新常态，加快转变经济发展方式，要求增强物流发展新动能、培育竞争新优势

改革开放以来，我国的宏观经济保持了高速增长的态势。但是，这种高投入、高消耗、高排放、低效率的粗放型扩张的经济发展方式不具有可持续性，国家多次强调要加快转变经济发展方式，推动经济结构调整和产业结构升级，实现经济增长由粗放型向集约型的转变。集约型的经济发展方式对高质量、高效率的物流服务有了更多的需求。必然要求对分散的物流资源进行整合和集约利用，利用现代化的物流设施、先进的信息网络进行协调和管理，推动经济发展方式转变和产业结构调整。

3.3 落实供给侧结构性改革新要求、培育新的经济增长点，要求加快创新物流服务模式和形态

推进供给侧结构性改革，物流领域重点在于要不断提升物流服务的综合效能、推动行业发展提质增效升级。目前全链条物流服务中的“断环”和“脱链”现象较为普遍，物流业与装备制造业、商贸流通业、农业等深度关联融合发展不足，供需之间矛盾较为突出，全要素生产率不高。物流业存在涉及环节多、业务关联度高、产业链条长等属性特征。另一方面，物流业发展对产业拉动作用明显，不仅对车辆、装卸机具、托盘、集装箱等转载单元，以及智能机器人等装备制造业和基础设施投资具有直接拉动作用，而且对产品制造、流通消费和对外贸易具有明显的集聚作用。推动关联产业的融合联动发展，形成了全要素集聚整合的强大推力，并孕育出新的经济增长点，要求物流在资源整合、产业联动、结构优化、服务模式创新等方面增强新动力。

3.4 新一代信息技术带来的革命性影响，要求以开放的理念推动物流业资源共享、跨界融合发展

以移动互联网技术的广泛应用为标志，大数据、物联网、云计算等新一代信息技术已经基本实现普及，打破了方式间、业务间、区域间信息壁垒，促进各种物流资源高效流动，实现符合现代信息技术条件的扁平式、协同式、智能化、网络化的物流服务新模式。依托于移动互联网的服务呈现个性化、多样化、平台化的发展趋势，原有的统一化、标准化、规模化的服务模式将逐渐被淘汰。通过移动互联技术的推广应用，促进不同方式加快融合，正是解决“衔接”问题的有效途径。移动互联时代的理念要求以开放的视野来看物流资源的整合，以互联网思维和信息技术改造物流生态圈，主要从市场需求和价值链的层面来解决运输与其他产业的融合问题，使行业朝着满足用户价值最大化模式转变。

3.5 绿色发展趋势与资源和环境约束日益趋紧，要求物流业要走节能环保绿色高效之路

与发达国家相比，我国每增加单位 GDP 的废水排放量要高出 4 倍，单位工业产值产生的固体废弃物要高出 10 倍以上，碳排放强度更是远高于发达国家。在资源和环境约束日益趋紧

的背景下,我国提出了建设资源节约型、环境友好型社会的战略发展目标,并提出到2020年单位国内生产总值二氧化碳排放比2005年下降40%~45%。作为环境污染主要来源的物流业,资源和环境约束不仅要求物流业减少对环境的不利影响,提高资源的利用效率,而且要求物流业发挥对环境的净化和保护作用,使物流资源得到充分利用。绿色发展目标约束下,绿色物流、逆向物流体系建设,以及多式联运等绿色运作模式发展短板较为明显。

参 考 文 献

[1] 中国物流与采购联合会,中国物流学会. 中国物流发展报告(2016—2017)[M]. 北京:中国财富出版社,2017.

[2] 中华人民共和国交通运输部. 中国道路运输发展报告(2016)[M]. 北京:人民交通出版社股份有限公司,2017.

[3] 魏际刚. 迈向物流强国[M]. 北京:中国发展出版社,2017.

[4] 何黎明. "新常态"下我国物流与供应链发展趋势与政策展望[J]. 中国流通经济,2014(8):4-8.

[5] 王佳元. 我国物流产业政策的发展历程与转型思考[J]. 中国经贸导刊,2016(36):54-57.

[6] 王成林,王琦. 我国现代物流发展特征研究[J]. 物流工程与管理,2013,35(4):1-3.

“双轮驱动”机制下的现代物流发展新动能研究

徐　丽　贺菲菲

(新交通智库,北京,100101)

摘　要:物流业是支撑国民经济发展的基础性、战略性产业,在科技创新和体制机制创新双轮驱动下,无车承运、车货匹配、物流技术服务等新业态新模式不断涌现,成为推动现代物流发展的新动能,呈现出服务导向、需求拉动、技术引领、创新驱动等特点,对于促进产业再造,推动资源整合、优化市场监管、服务发展决策具有积极作用,对引领现代物流向高效智能发展产生了重要影响。

关键词:现代物流;科技创新;体制机制创新;新动能

近年来,随着科学技术尤其是互联网、大数据、云计算等信息技术的快速发展和创新应用,以及体制机制改革的深入推进,物流领域各种新业态、新模式相继出现并蓬勃发展,推动了传统物流行业的深刻变革,也积极带动了关联产业的快速发展,成为促进行业转型升级的重要引擎,释放出新的发展红利。

1　物流新动能的市场形态

互联网、大数据、云计算等信息技术已经渗透到了物流业各个方面,不仅包括数据平台、道路指引、车辆追踪、仓储监控、智能硬件等基础设施领域,还包括交易匹配、自动派件和分拣货物等运输服务,以及信息数据标准、电子免单标准等内容,物流市场正在向着“高效智能物流”的目标不断创新演化。

目前已经形成的新业态主要包括:网络货运、车货匹配平台、物流技术服务商、综合智慧物流平台、多式联运经营人等。

1.1　网络货运

网络平台道路货物运输(简称网络货运,俗称无车承运)是基于现代信息技术搭建的物流服务资源整合交易平台,统一信息系统、统一结算体系、统一服务标准,实现物流资源的集约整合,提高物流服务品质,降低社会物流成本。网络货运企业一般不从事具体的运输业务,只从事运输组织、货物分拨、运输方式和运输线路的选择等工作,其收入主要是由于规模化的“批发”运输而产生的运费差价。网络货运企业本身是集知识密集和技术密集于一体的现代服务企业,拥有先进的现代物流理念和丰富的运营管理经验;能够系统整合和集成社会零散物流资源;拥有较强的低成本扩张能力,能够快速地扩大服务范围;拥有敏捷的市场反应能力,能够灵活应对瞬息万变的市场环境;作为货主的第一承运人,对货物在运输、仓储等环节中的灭失承担直接的赔偿责任,因此也会更为重视运输的安全和时效。网络货运带来的数据在线化、运力社会化、资源平台化正在助推产业新变革,代表了货运物流行业发展的新方向和新趋势。

2017 年 8 月 14 日,《国家税务总局关于跨境应税行为免税备案等增值税问题的公告》(国家税务总局公告 2017 年第 30 号)的发布,明确指出纳税人以承运人身份与托运人签订运输服务合同,收取运费并承担承运人责任,然后委托实际承运人完成全部或部分运输服务时,自行采购并交给实际承运人使用的成品油和支付的道路、桥、闸通行费,符合相关条件的,其进项税额准予从销项税额中抵扣。从而,无法开具增值税专用发票这一制约其发展的税收政策取得重要突破,无车承运人进入发展的快车道。2019 年 9 月 6 日,交通运输部、国家税务总局在系统总结全国无车承运人试点经验的基础上,发布了《网络平台道路货物运输经营管理暂行办法》,自 2020 年 1 月 1 日起施行。目前网络货运的典型代表包括惠龙易通、菜鸟网络、速派得天津运友等。

案例 1　惠龙易通:打造网络货运平台

惠龙易通国际物流股份有限公司于 2014 年底平台上市,专注于大宗商品物流领域,通过整合银行、保险、电信等运营商资源,构建货运在线交易互通的“天网”;在全国各地的市区县发展代理性质的会员管理单位,打造货运在线交易线下保障的“地网”。

公司的主要商业模式是“网络货运 + 物流金融”在线交易模式。例如建设银行与惠龙易通签订框架性协议,建设银行将辖内货运量较大的货主企业发展为货运集配平台的货方会员,推荐辖内物流园区、配货站等发展成为平台合作的会员管理单位,并且为会员客户提供一揽子的综合金融服务。

目前,车船会员和货方会员 120 万,在线交易货运量超过 1.6 亿 t。目前,公司已投入自有资金超 3 亿元。公司营收情况为:上线 20 个月平台的营业收入达到 12 亿元。通过平台交易会员在属地自开票上交税费超 5 亿元,运费交易额超过 160 亿元,交易的货值超 3200 亿元。未来若干年,公司将致力于打造诚信、节约的货运生态链,共建智能、高效的大宗商品交易与物流生态体系。

1.2　车货匹配平台

车货匹配平台主要是针对传统物流运输中信息不对称、中间环节多等顽疾,利用互联网搭建货车车主与货主之间的沟通信息平台,为货主、车主提供“车找货、货找人”的信息撮合服务,实现货运供需信息的在线对接和实时共享,将分散的货运市场有效整合起来,改进了运输的组织方式,提升了运输的运作效率。同时,平台自身建立信用保障体系提供交易担保,促进货源车源信息高效匹配,并收取中介服务费。

案例 2　运满满:打造中介服务生态圈

运满满于 2013 年上线,主要提供免费的车货匹配服务,通过大数据计算出细分的标准指导价格,形成对等、公平、公开的价格体系推送给车主和货主,所服务的对象几乎涵盖所有类型的货物和车辆,全面满足中小企业的公路长途整车运输需求。除匹配服务外,运满满还重视"生态化"和"标准化"建设改造货运行业。通过"生态化"建设,围绕货运物流产业链,开发加油、汽配、租赁、车辆置换等后市场和金融服务,并与物流、金融企业建立合作关系,提供保险业务等;通过"标准化"建设,建立货运信息网络,推动服务标准统一。运满满解决交易担保问题的主要方式是利用支付宝由车主交付定金,以防止车爽约不来;搭建自己的服务站和服务体系,对车主与货主的纠纷进行线下解决。

车货匹配平台一般不介入货运交易中,仅提供信息服务,但车货匹配平台的问题在于交易匹配容易,但建立货主和车主的信用评价体系,或者自身提供担保、引入保险机构提供担保较难,如果不能对交易进行有效的担保,货主担心车主跑单、货物安全得不到保证,而车主则担心不能获得相应的收入,从而影响整个商业模式。部分车货匹配平台,例如罗技物流转型为无车承运人,也是因为缺乏有效的信用体系的原因。因此,较为成功的车货匹配平台都能够建立起独有的信用体系和评价体系,以确保交易安全。目前车货匹配平台的典型代表包括货车帮、运满满、福佑卡车、物流派等。

案例3　货车帮:提供交易担保的撮合服务

贵阳货车帮科技有限公司成立于2011年,其主要业务为:针对国内货车车主提供货源匹配核心功能,车货匹配免费,吸引货主和车主会员;同时提供交易担保、卡车团购、维修救援、汽配销售等周边服务。目前在全国共有472个服务门店,配备地勤人员,提供车主除开车外一切服务;在物流园区做汽车后服务超市的经营者;在货车帮App上设立网上商城,切入公路货运行业的供应链。为避免交易风险,货车帮规定,加入货车帮的车货双方会员必须证照齐全,如果在交易过程中发生货源方失约或车主跑单,货车帮会先行赔付受损失一方,再追溯违约方责任。货车帮通过先行赔付解决了交易担保问题,使得货车帮的模式能够较为成功地占据物流中介服务市场的一席之地。

1.3　物流技术服务商

物流技术服务商为货主和运输企业提供运输管理、仓储管理、运力跟踪等软件应用服务,线下提供车载终端等各种技术服务产品,核心是针对货运物流车辆等相关要素的管理和服务。物流技术服务作为货运产业链的一环,无车承运人平台和中介服务商平台有时也会延伸其业务范围,兼做此类业务,而物流技术服务平台更为专业化。其典型代表为深圳易流、G7、车旺、oTMS等。

案例4　易流科技:透明物流服务提供精准解决方案

以深圳市易流科技股份有限公司为例,自2006年起开始探索物流和互联网登记结合,目前服务物流企业2万余家、货运车辆80余万。易流以"物流透明1.0"理念为理论指引,以"易流云"服务平台为基础,充分利用北斗卫星、GIS(地理信息系统)、移动互联、物联网等信息技术,向物流运输行业提供物流透明管理运营服务,以帮助企业用户实现"人、车、仓、货"的透明。

易流以"物流透明2.0"理念为理论指引,以供应链服务协同平台服务为载体,专门提供物流业务单据跨企业在线流转的运输管理信息平台,以帮助供应链货主企业、物流公司、车主、收货人等实现广泛的相互连接，实现物流业务单据流转的透明、业务流程节点的透明和业务网络的透明，通过易流云、运输管理信息平台两种业务模式，提供包括运输过程透明、运单流转软件系统服务、物流金融服务等。目前包括伊利集团的牛奶运输业务、沃尔玛的超市配送业务等货主方的物流业务通过易流运输管理信息平台开展，每年承载百万业务运单量。

目前易流产品包括：第一，E-6 追货宝，产品结合了无线通信、基站定位技术，实现对货物在途运输的实时监控，借助该产品达成对货物在途运输过程的安全监管、动态管理，防止货物调包、偷盗丢失。第二，E-6 城市配送运输管理系统，专门针对城市配送业务提供配送线路规划、车辆调度、运单过程追踪、配送时效考核等功能的综合应用系统，结合车主应用终端和网点应用终端，以线上到线下的模式实现对配送业务的高效管理。第三，E-6 快递运输管理系统，专门向大型快递企业、零担运输企业提供运输管理功能的系统，侧重班线管理和运单的时效跟踪管理，契合快递企业和零担企业的实际管理需求。第四，E-6 综合物流运输管理系统，以车源与货源信息匹配为起点，包括向物流供应链企业提供运力、货源信息发布、车货资源共享、运力运价评估、运输流程管理、服务品质评价、物流费用结算、物流金融服务等在内的一体化信息服务。易流 10 年来积累了大量宝贵的行业数据，服务的供应链物流及相关企业超过 2 万家，在网车辆已经超过 80 万台，在线真实车主数已经超过 90 万。

易流依托物流产业运作数据，开展以物流业务数据为基础的物流金融服务。通过物流企业积累的业务数据进行分析，进而进行信用评估放款的物流信用金融模式。目前模式已经成熟，以易流平台数据分析为基础，发放小额短期贷款。

易流同时利用物流产业运作数据，更与阿里云合作，将易流的数据、服务终端和阿里云的数据处理能力进行结合，对错综复杂的城市路线和繁杂零碎的装卸需求进行信息收集和数据处理，挑选出最优路线和最优调度方案，实现智能调度、路径优化等相关物流业务，提高物流效率。

1.4 综合智慧物流平台

综合智慧物流平台是高效运输、智能仓储、便捷配送和信息服务的有机结合，是人、设备、设施、数据、技术的智能整合配置，通过物联网、云计算、大数据等新技术的深入广泛应用，对社会物流资源的充分整合，以及骨干运输系统和仓储设施的科学布局，在仓储中应用自动仓储系统，使用智能仓储机器人，开展无人机配送，充分利用仓储信息，优化订单管理，大幅提高作业机械化、自动化和信息化水平，形成“物流 + 互联网 + 大数据”为一体的智慧物流服务平台，在信息技术、运输网络等的助力下，商流与物流信息的高度融通，能够极大的提高运作效率和服务水平，降低社会物流成本。

案例 5 菜鸟网络：社会化智能大物流系统建设

菜鸟网络科技有限公司由阿里巴巴集团联合多家物流公司共同组建，通过打造一个数据驱动、开放共享的社会化物流协同平台，以及自建、共建、合作、改造等多种模式，赋能电子商务企业、快递公司、仓储企业等合作伙伴，打造中国智能物流骨干网络，促进中国物流行业从传统物流向智能物流升级。其主要模式是，通过搭建快递、仓配、末端配送、农村及跨境五张物流网络，将物流供应链条上不同服务商用菜鸟系统连接起来，通过提供数据产品，提升合作伙伴运行效率，整合社会物流资源。

目前已接入菜鸟数据平台的境内外物流合作伙伴超过90家，快递及仓库工作人员达203万人，运输车辆超过23万辆，快递站点18万个，快递网络覆盖全球224个国家和地区，以及2800个中国国内区县；70%中国快递包裹运行在菜鸟数据平台，平均每日处理4200万个包裹；利用数据系统追踪包裹流向，平均每日处理物流详情条数超过8万亿条；利用大数据优化包裹投递路线，包裹与快递网点精准匹配率高达99%；在中国32个城市提供当日达服务，在122个城市提供次日达。

菜鸟网络事实上由两张网组成。一张是"地网"，它是由快递运输、仓储设施共同形成的一套开放的社会化物流实体网络，智能物流骨干网中物流集散基地是骨架，其将由8个左右的核心节点、若干个关键节点和更多的城市重要节点组成，建设世界一流的智能仓储设施网络和末端配送网络，同时整合各类社会仓储资源，与广大快递物流企业战略合作、共同发展，提高物流配送效率。另一张是"天网"，骨干网信息平台是血管，运用大数据、云计算、物联网、供应链管理技术优化配置各类资源，担负着接入所有服务提供商（仓储公司、快递公司、零担公司、航空公司、铁路）各自的信息系统并整合的重任，从而实现骨干网内部的信息统一，并与淘宝、阿里巴巴等电子商务平台，以及金融、保险等系统互联。

在仓储环节，实现了仓储智能化，除了自动化的流水线，从消费者下单到出库的整个过程，AGV（自动导引运输车）机器人、智能缓存机器人、360°运行的拣选机器人、带有真空吸盘的播种机器人流水作业，利用大数据，菜鸟得以对商家的生产计划和货品分仓等问题提供了备货指导、风险预警以及供应链优化等帮助，降低库存。

在运输和配送环节，菜鸟协同快递伙伴通过多地分仓、就近配送、路径优化、电子面单和智能分单提效精确地为每个订单分配最佳快递员，在最后一公里，对快递员要派送的包裹进行分类，实时计算出最优的派送路径，还可以通过并单和追单实现包裹的批量揽收，降低快递员揽收包裹的成本，增加快递员的收入。

菜鸟模式的核心不仅在于技术和数据输出，还有就是基于消费者体验的服务质量控制。在菜鸟网络的平台上，订单、包裹、交通甚至天气数据都能集聚和共享，快递物流企业、电商企业、消费者可以及时了解物流状况，在选择快递服务商、安排运力、优化路线、应急调配等方面高效协同，改变以往包裹单点发全国、物流企业各自为战的局面，充分利用了物流资源。从效果看，这种协同发展成效渐显。2013年"双十一"包裹签收过1亿用了9天，2014年用了6天，2015年提速到了4天，2016年则只用3.5天。

1.5 多式联运经营人

多式联运的本质是跨运输方式无缝衔接、便捷换装、快速转运，提供全程"门到门"经济高效的货物运输服务，能够充分发挥各种运输方式的整体优势和组合效率，是货运物流服务的高级形态。多式联运系统是整合优化并高效利用各种运输方式资源的管理、技术与组织系统，具有覆盖产业广、资源利用率高、绿色低碳效益好等特点，核心是解决跨运输方式、跨部门、跨区域一体化运输组织问题，内涵包括统一协调的政府组织管理、公平公正的市场运行规则、衔接顺畅的基础设施网络、标准通用的运输装备技术、开放互联的信息共享机制、经营规范的联运市场主体、支撑有力的产业发展政策等方面。发展多式联运是服务支撑国家战略的重要支撑，是促进节能减排、提高物流效率、降低物流成本,加快沿线、沿江、沿路要素集聚和产业联动,加强通道沿线国家和地区合作、促进产业有序转移、推动区域协调发展和国际贸易往来的重要途径。

案例6　四川成都国际铁路港:通过一站式服务降低物流成本

成都国际陆港运营有限公司大力实施集装箱铁公水多式联运示范工程,突出“组织优、节点顺、通道畅”三个关键要素,加快构建高效便捷的多式联运服务体系。在体制机制方面,由地方(成都市政府)与铁路部门联合组建实体公司,探索铁路深度参与物流园区运营的合作机制;在运营模式方面,优化多式联运全程运输组织模式,开展各运输方式统一业务受理、通关流程“单窗口一站式”服务模式创新;在设施设备方面,研发15t包装箱、试运53英尺(1英尺=0.3048m)箱等公铁联运运载单元,通过技术装备升级提升多式联运效率。同时,应用箱管系统,制定最优箱管方案和作业方案,提高多式联运场站操作效率5%~10%;在信息交互方面,建设成都陆港电子数据交换平台,已初步实现全港铁路、监管场站、海关电子数据交换,有效提高了多式联运转运效率。

多式联运经营人是指与托运人签订多式联运合同并对运输过程承担全部责任的合同主体,是开展多式联运的组织核心。2015年以来,交通运输部联合国家发展改革委开展了多式联运示范工程建设;2016年12月,经国务院同意,《交通运输部等十八个部门关于鼓励开展多式联运工作的通知》印发,标志着多式联运发展上升为国家战略。近年来,各地涌现出公铁、铁水、江海、空陆等多种联运运作模式,取得了较大的发展。

案例7　辽宁沈哈红运:推动综合物流体系建设

营口港、沈阳铁路局、哈尔滨铁路局、红运物流集团以资本为纽带共同组建合资公司,实施“东南沿海—营口—欧洲”通道集装箱公铁水联运示范工程,有效整合了铁、港、航,以及民企资源,通过机制创新,有效解决公铁水不同运输方式间的衔接问题,形成跨运输方式、跨区域的业务伙伴的战略协同,把港口、铁路、公路、内陆港等物流设施等资源有效整合;引入市场化的物流企业,深化铁路混改与发展多式联运的关系,有助于激活铁路两端,借助市场力量强化两端的能力,形成干线运输规模优势的正向循环;通过开展“船车直取、场车对接”的海铁联运运作模式,实现港铁高效协作;加强粮食专用集装箱标准化装备研发应用,实现车厢不解体,降低物流成本20元/t;积极应用物联网标识管理公共服务平台,建立实时联动的多式联运信息互联共享系统。2016年,完成集装箱海铁联运量52.6万TEU,同比增长22%。

2　物流新动能的特点分析

结合物流行业发展趋势和市场形态的演变,可以看到这一轮行业变革下催生的物流业新动能具有以下特点:

2.1　服务导向,需求拉动

过去供给不足是主要矛盾,现在传统物流服务能力结构性过剩的隐患初显,进入需求碎片化趋势,将倒逼物流业加快从供给主导型向服务主导型转变,专业化、一体化、柔性化、智能化的服务模式成为物流服务新特征。需要快速回应个性化需求并提供贴身服务,通过智慧化手段逐步打破要素流动壁垒,物流市场潜力将得到充分释放,通过用户体验、为客户创造价值、增加客户黏性提升产业核心竞争力。

2.2 技术引领,创新驱动

以移动互联网、大数据、云计算、智能仓库、仓储机器人等为代表的信息和物流技术不断深化,呈现集群突破和加速扩散特点,不同领域技术交叉融合,消除了运输方式间、物流环节间、产业间的阻塞,打破传统企业对于网络的垄断,技术平民化发挥的作用更加凸显,物流行业进入全面创新应用时代。万物互联、全面感知、及时交互、跨界融合更加便利,将加快破除传统物流发展中的技术、组织和信息阻隔,物流服务模式创新的技术手段更加丰富,成为引领行业深度转型升级的主要推力。

2.3 产业重构,拉动消费

一是产业链在资源整合优化的作用下,进行了重构。移动互联网等技术的出现,不仅使信息交换充分互联互通,促进多种物流要素高度融合,而且还提供了大量的社会潜在物流资源,一些曾经无法利用的社会资源被充分调动,大量的闲置物流资源通过时空共同协调共享得到了利用,货运信息、仓储信息与配送服务有效对接,使资源配置更加集约高效,从而出现许多基于平台经济的前所未有的新兴业态。二是智慧物流将催生许多新的产业经济增长点,尤其是智能物流装备、智慧物流产品,如无人机、机器人、多式联运专用设备等,预计将形成万亿级的产业。

2.4 改革创新,释放红利

新一轮技术革命对经济社会的变革是由下而上的,利用社会力量和市场机制快速推进,其资源整合配置从政府主导向市场主导转变,在市场驱动下,各种物流需求和存量资源被深度挖掘,新元素、新模式汇集成驱动物流服务模式创新的新动力。通过市场机制把改革的红利、内需的潜力、创新的活力叠加起来,形成新动力。政府需要不断提升治理体系和治理能力现代化,主动适应、有序引导新的服务模式变革和创新,不断破除体制机制阻隔,充分发挥科技进步和信息化的引领作用,以创新驱动转型发展、提质增效和服务升级。

3 物流新动能的作用及影响

以“高效智能物流”为目标,物流行业产生的新的动能对整个行业以及经济社会发展产生深远影响:

3.1 促进了行业的重塑和再造,增加新产业,实现跨界融合,推动转型升级

新动能的出现是以更好地满足消费者需求为核心,将传统固定化、标准化的物流服务模式,优化调整为以适应不同需求的个性化,多样化的服务模式,为社会提供了全新的物流服务体验,新业态在对传统业态形成冲击的同时,也倒逼传统行业不断调整自身的供给结构,优化服务模式,形成新的物流生态圈,推动行业整体服务质量和水平的提升。同时,新业态企业通过衔接车货供需两端、集成金融保险等服务、整合线下物流节点,强化了物流各环节协同和供应链上下游联动,推动了物流业转型升级。无车承运人、车货匹配平台的出现,在传统的货主市场和车主市场之间塑造了新的市场,并服务于双边市场,促进货运资源的高效配置。带动关联产业发展的重要动力,有利于形成新的经济增长点。通过发挥高效物流对现代产业采购、生产、销售、配送及供应链建设中的支撑作用,带动制造业转型提升,解决农户“小生产”和“大市场”的矛盾,服务电商、商贸发展。同时,通过物流装备升级和循环共用,对车辆、装卸机具、托盘、集装箱等装载单元,以及智能机器人等装备制造业具有直接拉动作用,形成万亿级的经济

增长点。

3.2 促进了行业资源整合，去除中间环节，有效提高物流效率，降低实体经济成本

我国物流市场信息不对称、不透明问题明显，大量交易建立在熟人关系上，公路运输中一单货通常需要3～5次倒手，平均配货费用占运费约10%。信息技术以高效、透明、互联、互通为特色，依托互联网技术为代表的信息技术而延伸出的物流新动能，新业态企业通过应用先进信息手段，促进了各类物流分散资源和要素的有效对接，实现了物流全链条上各方式、各主体、各环节的一体协同，通过推动物流设施网络、组织网络、信息网络、标准规范的协同互联，促进国际间、区域间要素流动、资源配置、结构调整、便利联系和整体协作，有效推动传统公路货运交易由"熟关系"向"生关系"转变，提高了价格透明度和交易安全度，货运经营者需要依靠更高效的运送速度、更全面的服务项目、更优质的服务质量培养用户忠诚度，减少了不合理的中间环节，降低了交易成本，促进整体行业服务水平的提升。

3.3 以物流技术和信息平台为核心的物流新动能，能够充分发挥互联网平台的管理优势，促进行业自律监管，净化市场环境

物流平台广泛参与物流各个环节，为吸引高水准的会员、确保高频次的交易，互联网平台会对货运行业的参与者进行审核和准入，从而形成互联网平台的管理规则和服务标准；互联网平台之间的竞争又会促进服务标准向更高方向发展，使物流行业的发展进入良性循环。同时，新业态企业利用信息技术，实现运输全过程线上化、可追溯，为净化市场环境，建设行业诚信体系奠定了基础。例如，运满满已识别出8000多个车主黑名单，2000多个货主黑名单。

3.4 以新一代信息技术应用基础的物流新动能，沉淀海量数据，能够有力提升行业决策能力

新业态发展，客观上推动了电子运单、货运App等的普及，提升了行业信息化水平，间接拓展了行业数据资源的来源渠道，积累了包括需求分布、流量流向、运距运价、货类货值等在内的数据，不仅为企业开展科学经营决策、组织调度提供了依据，也为政府更好地把握行业发展动态，为行业决策提供支撑。

物流新动能的出现和发展，不仅有利于更好地满足客户需求，实现物流业"降本增效"，促进节能减排，还在规范从业者行为、优化市场环境等方面产生明显的社会效益。

参考文献

[1] 中国物流与采购联合会，中国物流学会. 中国物流发展报告(2016—2017)[M]. 北京：中国财富出版社，2017.

[2] 中华人民共和国交通运输部. 中国道路运输发展报告(2016)[M]. 北京：人民交通出版社股份有限公司，2017.

[3] 胡金红. 经济"新常态"下我国物流业和供应链发展的路径选择[J]. 商业经济研究，2015(27)：37-39.

[4] 何黎明. 推进供给侧结构性改革　培育物流业发展新动能[J]. 中国流通经济，2016(6)：5-9.

[5] 王微，王青. 促进我国物流体制机制改革创新的政策建议[N]. 中国经济时报，2015-4-27(005).

从人流的角度探索交通与经济的深度融合

陆化普　张永波　邵晓君　肖天正
(清华大学交通研究所,北京,100084)

摘　要:本文在深度分析人员出行与经济融合的内涵、大数据移动互联时代下客运交通需求特性的变化态势下,给出了人员出行与经济深度融合的主要表现形态,即交通大数据开放共享与融合应用、"一站式"出行交通服务、"无卡通"移动支付服务,并据此提出了促进人员出行与经济深度融合的政策建议。

关键词:人员出行;深度融合;数据开放;一站式;无卡通

出行是反映经济发展水平的重要指标,随着经济的发展,出行总量节节攀升。从1949年到2013年,我国出行总量年均增长9.82%,高速增长的出行需求也推动了运输业、旅游业及其服务业的快速发展,国内旅游总花费自1994年以来年均增长19%,这是传统出行与经济融合的表现。

随着国家发展进入新时期,如何在保持出行量增长的同时,使出行便捷、高质量,通过新技术挖掘出行新动能,通过新业态制造出行新红利,成为人员出行与经济深度融合的关键。

1　人员出行与经济深度融合的内涵

改革开放以来,人员出行表现出非通勤人流不断上升、城镇化向同城化方向发展、旅游休闲常态化、社会治理低成本化的特点。随着交通智能化水平不断提高,人员出行的附加价值不断增加,一大批交通服务新技术、新形式推动了人员出行模式变革。移动互联背景下大数据技术、可视化监控等推动了新型交通信息服务模式的发展;情景支付技术、人工智能技术推动了一站式出行服务模式的发展和交通事故的进一步减少;交通装备新技术、出行新需求推动了多样化出行服务等。

出行与经济的相互作用关系可以从数量和质量两个角度阐述,如图1所示。

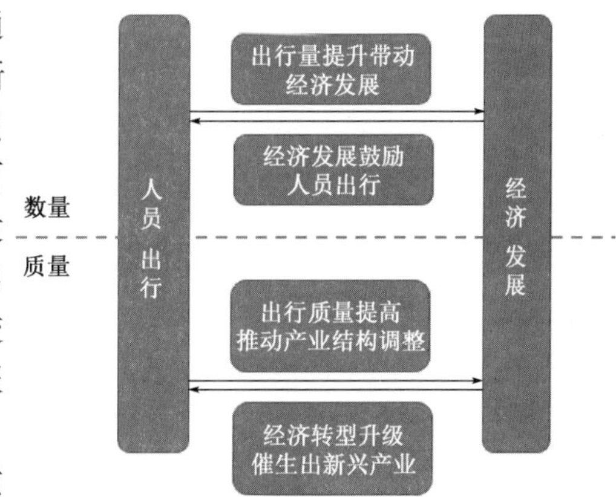

图1　人员出行与经济发展的相互作用关系

1.1 出行量与 GDP 和国民收入的关系

在数量上,交通出行量的提升带动了经济发展。通勤出行扩展了居民就业范围,实现了人才资源在更大范围内的有效配置;商务出行为资源和生产的优化配置提供条件,激发经济活力。国内生产总值从 1978 年客运量为 253993 万人次的 3678.7 亿元,到 2012 年客运量为 3804034.9 万人次的 689052.1 亿元(图 2)。

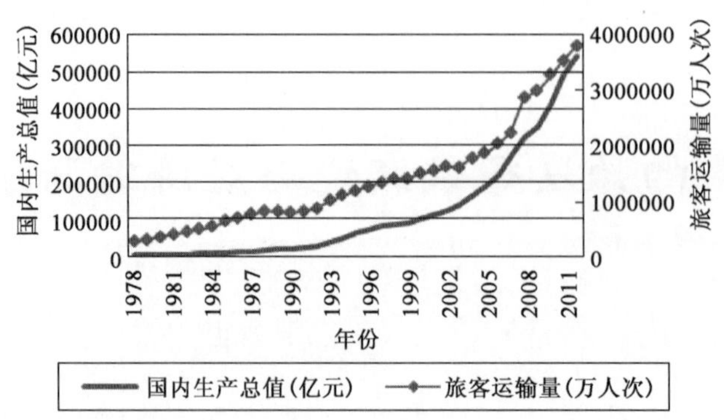

图 2 1978—2011 年国内生产总值与旅客运输量关系

与之对应,经济发展也鼓励了人员出行。人们在物质生活需求得到满足后对旅游等新兴服务业的需求增长迅速。人均出行次数从 1978 年折算人均可支配收入 382.2 元时的 2.64 次左右到 2012 年折算人均可支配收入 8117.3 元时的 28.09 次(图 3)。

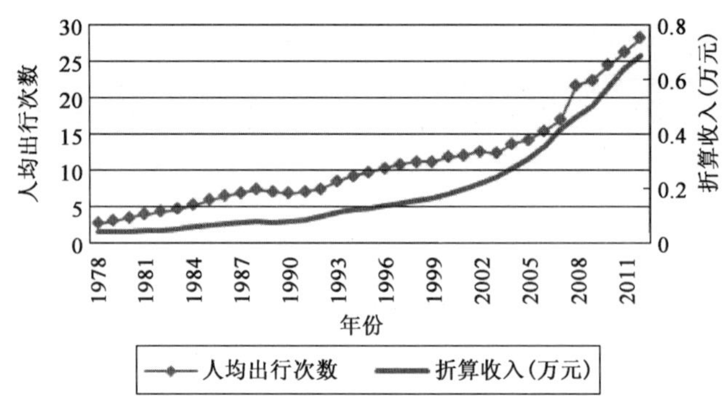

图 3 1978—2011 年人均出行次数与折算人均可支配收入关系

1.2 出行质量与产业发展的关系

出行质量的提高推动了产业结构调整。随着人们对出行便捷、高效、智能、安全等要求的不断提高,创造了新动能、催生了新业态。出行者不再满足于传统可达性的需求,而是不断追求运输速度、流畅度、舒适度、安全度甚至智能化程度。随着铁路的六次大提速、汽车工业的高速发展,超音速飞机、新型动力船舶等高技术的发展,一卡通、人脸识别等技术在交通上的应用,智能驾驶、主动安全等技术的出现,国土利用和城市空间布局被重塑,人们的生活模式发生巨大变革,经济发展方向也随之发生了巨大转变,从传统以工业化大生产为主的产业结构逐步向以第三产业为主的方向变化。

与之对应,经济转型升级催生了出行新产业。随着经济的发展和人民收入水平的提高,可以看到近年来多样化的交通需求迅速增长,人们开始对交通的舒适度、私密性等有所要求。随着高铁的服务能力提升,人们对高铁准点率和舒适度的认可促使了高铁经济的发展;随着一批互联网公司的出现,人们对定制化出行的需求表现出来;相对于传统农业,近年来随着国际国内市郊和城际轨道交通的大规模建设,市民可以将以极小的成本前往市郊从事农业活动或观赏农产品作为周末休闲娱乐的方式,新型的观光农业作为新业态涌现出来。同时,旅游业、交通服务业、支付产业、人工智能产业等也开始飞速发展。

2 移动互联时代客运交通需求特性发展变化态势

2.1 交通客运大数据分析

随着大数据的迅猛发展,交通大数据对交通运行组织与模式产生的影响越来越显著。

2.1.1 城市交通大数据

大数据在城市交通中将会发挥越来越大的作用。随着交通智能化的逐渐普及,更多的大数据应用将会借助各种终端与人们的出行更紧密地相连;同时,这又会进一步产生更海量的数据,让交通管理的完善有了更可靠的研判依据,使“用数据决策”效果更好。近年来,数字城市与智慧城市接踵而来,促进了移动互联网、物联网、云计算等技术的发展,直接推动了大数据(Big data)时代的来临。

城市交通大数据技术与应用得到了快速的发展,从传统的感应线圈、微波雷达、浮动车系统,向北斗卫星导航系统、智能手机等新型检测手段,以及交通传感器优化布局和多源数据融合方向发展。

具体应用例如大数据下的车辆定位监控:车辆被盗后,数据中心可以调取整个城市内的摄像头监控视频,通过数据分析找到被盗车辆车牌号的时间和位置信息,即该车辆某时某刻在何位置,再通过对该车的时间和位置信息、行驶轨迹和城市道路运行情况等数据的综合分析,预测出该车下一刻会出现在什么地方,警方可以根据预测地点守株待兔。这个系统还可以进行套牌车检测,通过数据分析找到同一时刻同一牌号却在不同位置运行的车辆,使套牌车无所遁形。

2.1.2 大交通的大数据应用

交通大数据是大数据技术中最贴近民生的应用,也是大数据最能发挥优势的领域,有助于真正打开智慧交通之门,对发展数字经济提供强劲的推动力量。

“智慧海事”提出了应用物联网技术的全面感知,包括船舶动静态信息、船员信息、载运货物信息、通航环境信息、航海保障信息等,提出了搭建基于云计算的中国船舶动态监控数据中心,提出了海量数据处理、智能数据分析,提出了智能应用,这是一个很好的出发点。如果融合水运管理与服务信息、港口生产作业计划及相关信息,就足够建设一个更智慧的水路交通运输大数据网,那么,针对每年的煤、油等水上重点物资运输,就可以实现运力的合理分配、港口的合理排产,确保民生物资运输安全高效。

可见,与交通相关的各领域,一旦能共享、有效利用交通大数据,将会催生无限的可能。

2.2 移动互联背景下交通与经济的融合发展

在移动互联的大背景下,信息传输时间被大幅度缩短,出行信息实时获取、出行选择迅速生效,人员出行过程被压缩为一次选择、一次支付和高度衔接和体验化的高效交通过程。而支撑这种高效出行需要实时的交通信息服务、定制出行服务、末端增值服务、智能辅助决策系统、移动支付技术、智能识别技术等,最终真正为出行者提供“一站式”的出行服务。除此之外,互联网还为车辆的主动安全提供了解决方案。

2.2.1 交通信息服务

在交通信息服务方面,基于更加实时的交通数据进行的信息服务成为当前交通信息服务的发展方向。例如:企业利用数据对早晚高峰等特殊时段出行流量进行预测,为公众提供躲避拥堵方案,为相关部门削减交通管理成本。政企合作实现数据融合,建立共享平台,同时与气象、灾害防御等部门联合实现数据开放,提前共享影响航班、列车班次等大交通出行的信息。2014 年有调查显示,超过 70% 的调查对象了解并使用实时公交出行信息。各个城市的实时公交手机软件众多,都体现着用户对实时公交信息和路线规划的需求。

2.2.2 智能辅助决策

在决策支持方面,企业通过综合用户的选择行为和评价数据有效地提高了出行目的地、方式等的选择。数据显示,用户对国内游目的地选择的决策周期需要 21 天,出境游需要 40 天,企业通过大数据有针对性地推荐旅游产品,降低用户决策的时间成本。起终点搜索无直达交通时,为用户推荐合适的解决方案,如当用户搜索的机票已售完,根据用户的行为偏好推荐高铁或临近城市的直飞航班,保证顺利出行。

2.2.3 移动支付技术

移动互联背景下的支付技术也从依靠一卡通等介质向“无卡通”转变。杭州、武汉、嘉兴、青岛等城市联合推出电子公交卡,除此之外还与 10 余座城市开展了乘车二维码合作。艾瑞公司《中国在线旅游度假行为分析报告》显示,2014 年 53.7% 旅游用户选择支付宝支付,35.5% 选择网银支付。

NFC(Near Field Communication,近场通信)是由 RFID(频射识别)演变而来,近年来越来越多地应用在公共交通等各领域。目前部分城市(如北京)已经建设了基于 NFC 的公共交通支付设备,并开始试运行。

2.2.4 定制出行服务

定制出行服务提供商可以为出行者提供需求匹配服务,准确匹配出行需求与服务供给,还可以根据需求主动咨询有相同出行路径习惯的驾驶员本次是否提供相应的服务。对于匹配的信息除了单次行程的简单匹配,还应对“是否携带宠物”“是否有特殊的宗教信仰”“是否有过敏或不适的气味”等进行匹配,提高乘客舒适度。

2.2.5 末端增值服务

通过推送目的地附近餐饮、住宿、娱乐、旅游等信息,为出行者提供末端增值服务,带动行业发展,如企业整合酒店住宿与餐饮产品、旅行社的旅行产品,在出行末端为用户提供酒店预订、旅行规划等服务。

2.2.6 智能识别技术

人工查验“人、证”的方式在春运、十一等高峰期,查验人员的工作量大大增加,并且降低旅客的进站速度,人工验票过程需要 10 ~ 15s,并且动作和出示身份证和车票的提示话语每天需要重复近万次。北京、上海、广州、郑州、太原、武汉、南昌、西安、长沙等地部分火车站启用人脸识别技术自助验证进站通道。旅客在通过自助验证进站通道时,系统将自动扫描“人脸”与身份证上的头像进行对比,旅客即可完成验证手续直接进入到候车室内,人均用时只需 5s 左右。

3 人员出行与经济深度融合的主要表现形态

3.1 交通大数据开放共享与融合应用

近年来,随着移动互联等技术的发展,数据在交通系统及交通服务中产生了越来越高的效益。党的十九大报告中指出,“推动互联网、大数据、人工智能和实体经济深度融合”,为我国客运出行与经济深度融合的发展指明了方向。因此,我们要把握创新的时代潮流,引领开放的发展方向,加快数据共享融合进程,大力推进数据应用,为交通运输发展和社会治理提供有力的支撑和保障。

实现交通大数据的开放共享,关键在于使当前大量交通数据的拥有者能将数据开放给能让数据产生价值的使用者,数据拥有者和使用者可以是政府部门、管理机构或企业、个人等。对于政府而言,应当建立政府各部门之间的和政府与企业之间的数据合作共享机制,降低数据流通成本。我国的发展可以适当参考美国经验,开展政府间合作和政企合作两种模式。

3.1.1 政府间合作

就美国政府数据开放而言,政府间进行开放数据合作主要有以下3种模式:

(1)层级式:层级式合作是指不同层级的政府部门之间的合作。以美国交通部(DOT)为例,根据美国预算管理局颁布的《开放政府指令》要求:“联邦政府各部门也应制定相应的开放政府计划”,DOT建立了跨部门协作小组,通过各部门间的合理分工和相互协作,制定本机构的《开放政府计划》,保证DOT开放数据工作的顺利开展。

(2)平行式:平行式合作是指相互间没有隶属关系的同级政府机关或者不属同一系统的机关之间的合作。美国是气象灾害频发的国家,为减少气象灾害带来的严重损失,2014年3月,美国白宫宣布:美国国家海洋大气局、美国国家航空航天局、美国地质调查局以及其他联邦机构进行合作,将各自所拥有的气象数据发布在Data.gov上。除了基本的气象数据之外,各机构还在Data.gov上提供了若干工具和资源来帮助参与者更好地发掘数据背后的价值。美国政府希望通过这项数据开放计划让更多的社会机构和研究团体参与到气候研究中来,进而降低极端天气事件带来的损失。

(3)区域式:区域式合作是指相邻的两个或者两个以上区域内的政府,通过彼此之间加强合作与建立机制,促进政府数据开放和整体解决数据开放问题的合作模式。2011年7月,美国时任国务卿希拉里在国务院主持了一个超过60个国家政府参加的会议,宣布“开放政府伙伴关系”的倡议。同年9月,美国时任总统奥巴马和巴西时任总统罗塞夫等8个国家领导人联合签署了《开放数据声明》,成立了一个由多方参与的开放政府合作伙伴组织(Open Government Partnership,OGP),该组织致力于为各国政府建立更加开放、问责和透明的政府提供国际化的交流平台。截至2016年5月初,全球已有69个国家加入了开放政府合作伙伴。

3.1.2 政企合作

政企合作又称为公私合作模式,即政府与私人组织之间的合作模式。美国政府主要采取了以下3种合作模式:

(1)政府主导型:政府主导型模式是由政府作为数据开放共享的主体,通过政府主动开放自身数据并吸引企业投资的方式来深化政府数据的创新应用。主要方式包括:开展创新应用竞赛、合作建立试点项目等。芝加哥市政府与企业合作的“路灯杆装上传感器”项目旨在通过“灯柱传感器”进行城市数据挖掘,收集城市的路面信息,检测环境数据,如空气质量、光照强度、噪声水平、温度、风速等。思科、英特尔、高通、斑马技术(Zebra Technologies)、摩托罗拉以及施耐德等公司为该项目提供技术和资金支持。

(2)企业主导型:企业主导型模式是指企业主动面向政府开放数据,通过以微观数据支持政府的宏观决策,来寻求政府监管的创新模式。Uber公司主动面向政府开放数据,以此来换取政府接纳专车模式,不再限制非经营性车辆的介入,并寻求协同治理专车的新模式。2015年1月14日,Uber首次向政府提供它的交通出行数据库,通过向波士顿市政府提供匿名用户的行程数据,如用户每次搭乘的起始和结束时间、行走距离以及用户上下车地点的邮政编码等,与政府进行合作,以得出更有利用价值的数据分析结果。用这些数据,他们可以分析出用户最常去的地点,出发时间以及路程花费时间,政府可以据此结合日常通勤模式判断新建道路位置,提供服务的交通方式,以及交通工程问题处理顺序等问题。

(3)政府主导市场化运作:其中“政府主导”主要是指政府作为数据开放共享的主体,“市场化运作”主要是指政府通过与企业签订合作协议、授予特许经营权、制定激励机制等方式,在符合市场需求和环境变化的现实状况下,鼓励企业开放自身数据,实现与政府数据的双边共享和互利共赢。2016年1月15日,美国交通部、美国高速公路安全管理局与17家全球主流汽车制造商签订了安全协议。这些汽车制造商表示,愿意利用分享信息和最佳实践方法来监测数据,并及时发现缺陷,改善召回现状。在这份安全协议中,数据共享原则就是一个有效措施,通过签订合作协议,有助于改善监管机构与汽车制造商的关系,提高汽车的安全性。

中国国家交通运输物流公共信息平台是由交通运输部和国家发改委牵头,由职能部门、科研院所、软件开发商、物流企业等多方参与共建的一个公益、开放、共享的公共物流信息服务网络。旨在统一物流信息标准的基础上,提供基础交换和公共信息两大服务,推进各类政府公共服务信息与市场物流信息的有效对接,满足企业间、政企间、行业间、国际间的物流数据交换需求,促进各方信息互联互通。国家物流信息平台标准实现了从省内到全国,再到国际标准的跨越。目前,45万家企业通过平台实现了物流信息的互联共享,日均2000万条的物流数据通过平台交换。但目前接入的数据主要是浙江省数据,其他省数据接入较少。

3.2 “一站式”出行交通服务

随着科技的进步、社会经济的发展,人们对于出行的需求日益增长,效率和质量已成为出行的关键。传统的出行模式往往是各种交通方式自成一派,方式间界限明显,购票、安检、换乘等出行过程复杂烦琐,尽管交通方式本身的速度提升了,但出行的时间并未压缩,其根本原因就是各交通方式间未能实现运营组织一体化。在这种人民日益增长的出行需求和交通各方式独立发展的矛盾激发下,“一站式”出行理念应运而生。

“一站式”出行,即为出行者提供一步到位的服务。这种服务模式不局限于某种交通方式中,而是将出行过程看作是一个整体,重视门到门出行的连续性,是新时代交通方式的体现。其主要特点表现为信息服务的完善性、运营服务的连通性以及末端服务的多样性。

信息服务的完善性主要体现在路径规划上,首先是在确定起终点后,为出行者提供精准、系统、全面的出行方案,并从多个维度辅助用户决策,包括出行时长、费用、交通方式、支付方式,以及外部因素如天气状况、安全状况、无障碍设施情况等;其次是突发事件的提前预知和出行方案的动态调整,保障无忧出行。

运营服务的连通性主要体现在出行过程中,包括支付方式的连贯性、衔接换乘的流畅程度等。对于乘搭公共交通方式出行的人,无论是一票制、一卡通还是无卡通,“一站式”出行都需要保证支付方式的统一和便捷,以避免二次购票带来的烦琐;在衔接换乘上更是强调综合枢纽的整体性，主张站内换乘、避免二次安检。

末端服务的多样性主要体现在对目的地附近生活、娱乐等信息的推送以及出行的建议，包括餐饮、娱乐、住宿、医疗、教育、旅游、安全、汽车维修等。

“一站式”出行是交通服务发展的新趋势，是提高出行服务效率和质量的重要手段，为交通行业带来新动能、新红利。

“一站式”出行的前提之一，就是要实现各交通方式间的无缝衔接。随着人们对出行质量和效率要求的逐步提高，政府及相关规划部门也逐步认识到此项工作的重要性，近些年来，一大批致力于实现不同方式间无缝衔接的综合枢纽拔地而起，为“一站式”出行奠定了良好的基础。

位于武汉天河机场T3航站楼前的天河机场交通中心，涵盖了航空、地铁、城际铁路、公交、长途客运、出租车、社会车辆等7种交通方式，可以实现无缝衔接。天河机场交通中心定位为国际国内水平一流的交通枢纽综合体。在交通中心地下一、二层分别设置了地铁、城际铁路天河机场站的站厅和站台。两座车站紧邻，呈南北走向平行布置。在地下一层站厅D出口，通过长约10m的联络通道，将地铁、城际铁路站厅打通，乘客移步就能到达对面站厅，实现了城际铁路和地铁的无缝换乘。在交通中心最核心的区域，地面二层同时设有3座连廊，将交通中心与T3航站楼连接起来，内有20余处电梯或楼梯将不同楼层打通，为实现不同交通方式之间的无缝衔接打下了良好的基础。

京沪高铁德州综合客运站也是“零换乘”的典范。德州综合客运站是国家公路运输枢纽总体规划确定的一级客运站，总建筑面积12.7万m^2，主要包括长途候车大厅和长途停发车场、公交枢纽中心、交通运输服务中心、出租车停车场、阳光换乘大厅和地面连廊、地下停车场区、物流仓储区、检修服务等附属设施在内的八大部分，并设有航空港连接机场，可实现铁路、公路、航空等多种运输方式的无缝衔接。东边为公交枢纽中心、中间是候车大厅，西边为乘车区。整个综合客运站候车厅东西长480m，南北宽96m，最高点达36m。乘坐高铁到达德州的旅客出站后左转，前行100m即可到达候车大厅，高铁出站2分钟即可完成换乘。地上连廊使高铁站前广场、公交枢纽、长途候车大厅、长途客车发车区连接成一个有机整体，可实现铁路、公路、航空等多种运输方式的无缝衔接。

目前“一站式”出行服务理念较为先进的企业有携程旅行和高德地图等。

携程旅行注重客户价值，为客户提供住、行（解决方案、信息与交易）、游（门票）、娱（玩乐）、购、食一体化服务；携程的地面交通战略集机票、火车票、汽车票、船票、专车、拼车、包车、租车于一身，为客户提供“一站式”服务。

携程的“一站式”服务还为用户提供出行的备选及组合方案。如当起终点搜索无直达交通时，为用户推荐合适的解决方案；当用户搜索的机票已售完，会根据用户的行为偏好推荐高铁或临近城市的直飞航班，保证顺利出行。在缩短用户决策周期上也有所涉猎。数据显示，用户对国内游目的地选择的决策周期需要21天，出境游需要40天，通过大数据有针对性地推荐旅游产品，降低用户决策的时间成本。对于末端增值服务，携程参考日本、新加坡、美国的空手出行文化，为用户提供行李云寄存服务，支持大交通场景下旅客行李与酒店的无缝链接；除此之外，利用人脸识别大数据，和景区合作推出刷脸入园的闸机，实现不排队快速入园。

高德地图在今年发布了“一站式”公共出行服务平台，出行用户可以通过该平台获得“一站式”公共出行服务，自由选择从任意起点到终点的个性化规划，采用不同交通出行方式的组合，最终实现体验最优、规划最优和成本最优。平台囊括了步行、骑行、公交、驾车、网约车、共享单车、火车、飞机等各类出行方式，以共享和一体化为特点，初步实现了“一站式”服务的设想。在2017年国庆假期期间,高德易行平台作为出行方面的主力军,在接入的出行方式上,已经从摩拜、ofo等共享单车,滴滴出行、神州专车、首汽约车等网约车,步行,公交地铁领域,扩大到火车、客车、飞机领域,此外还接入飞猪(客票服务商)等出行服务商。

3.3 "无卡通"移动支付服务

目前住建部和交通运输部均有城市一卡通的项目,但覆盖的城市并不完全一样,凡是持有城市一卡通的出行者可持本地城市IC卡(集成电路卡)在其他联网城市刷卡乘坐公共交通。截至2016年末,共有77个城市5个项目加入住建部城市一卡通项目;截至2017年8月28日,合计约184个城市、自治州、委员会加入了交通运输部城市一卡通项目。但是现有全国公共交通IC卡技术标准不统一,公共交通一卡通行业缺乏统一的管理,一卡通公司各自为政,导致行业欠缺规范性管理。

随着互联网技术的迅速发展,社会大众的消费模式也产生相应变化,网上消费逐渐成为一种新型消费方式。在这样的环境下,二维码支付或NFC手机支付为城市支付的发展带来新商机、新模式,将手机变身虚拟的公交一卡通取代传统的公交卡。从2017年8月14日起,北京地铁全线支持手机刷卡乘车。手机一卡通每日刷卡交易量为20万左右,占北京地铁日交易量的2%,应用占有率还较低。

支付宝的公交卡功能,利用乘车二维码与公交上的扫码机器进行支付。目前已与杭州、武汉、嘉兴、青岛等城市联合推出电子公交卡,除此之外还与10余座城市开展了乘车二维码合作。腾讯乘车码作为微信小程序,同支付宝乘车二维码功能相同,能够作为公交车支付手段。2017年9月19日上午,在广东省佛山市交通运输局的指导和协调下,广佛通公司与腾讯在佛山公交领域正式开通"广佛通腾讯乘车码",至此,开通腾讯乘车码的城市已经达到6座,分别为羊城、佛山、驻马店、合肥、青岛、济南。

目前NFC技术与手机的结合主要有两种方案。一是在手机中植入NFC芯片,用户需要对芯片进行充值。此方案只需要手机厂商与芯片(一卡通收费)管理公司取得合作,即可实现,属于简单便捷的方式。第二个方案是直接使用SIM卡(用户识别卡)进行费用支付,这个方案对用户来说是最为便捷的,但其中将涉及移动运营商、银行、公共交通电子收费设备商等多个产业链环节,需要众多的链条中角色达成统一合作。现阶段除北京外,上海(公共交通卡)、深圳(深圳通)、广东省(岭南通)、武汉(武汉通)、苏州(市民卡)、杭州(杭州通)、吉林(吉林通)、江苏(江苏交通一卡通)、广西(广西交通一卡通)等60座城市也陆续开通了利用手机NFC进行交通支付。

4 人员出行与经济深度融合对策建议

4.1 关于交通大数据开放共享促进政策

针对大数据开放共享提出如下建议:

(1)建立交通大数据综合开放共享机制,制定"交通公共服务大数据发展战略"(顶层设计),以多种形式开展政府间合作和政企合作,政府为企业发展提供良好环境、企业提供多种服务。

(2)交通具有公共服务属性,应当建立政府主导、企业参与、市场运作的交通大数据平台。

(3)针对政府数据:制定各级政府各部门分类型的可公开共享或需共享的数据类型清单(白名单、红名单;公开、保密),不涉密应全部公开,信息分为免费开放(对公众、对各部门)和有偿开放(用于商业开发时)两大类。

(4)针对企业数据:第一步,提供渠道鼓励民间各企业等实体开放数据清单目录,为开展各类合作奠定基础。第二步,实现企业数据的非营利、公益性用途的无偿使用,商业使用的有偿性。

(5)确立民间企业等实体开放数据的机制与鼓励、激励政策。

(6)制定交通大数据平台的各类数据接入标准规范、数据甄别流程与技术要求、交通相关数据的开放共享标准与要求等,包括数据融合等技术规范。

(7)交通大数据的综合使用规范要求。

(8)制定保障数据安全的政策措施。

4.2 促进客运交通"一站式"服务的市场化发展政策

"一站式"出行作为新时代交通服务新模式,拥有众多优点,政府应该进一步鼓励与促进客运交通"一站式"服务市场化,推动"一站式"出行平稳发展,具体提出如下建议:

(1)建立基于市场机制、政府监管、利用政府开放共享数据、同时整合企业共享数据的综合交通信息服务平台,为各类服务提供基础平台。

(2)促进大交通+城市交通的全方式出行"一站式"服务,要求大交通和城市交通的运行信息整合,为市场"一站式"服务提供信息基础。制定保障各综合交通枢纽不同方式间实现一体化运营组织管理的政策措施,实现各种交通方式的无缝衔接、零距离换乘。制定政策要求已建成的各综合交通枢纽不同方式间应实现运营组织一体化,避免出现高铁到站而城市轨道交通停运等问题。针对没有建成的综合交通枢纽要规划、设计、建设、运营、管养,实现各方式的全环节无缝衔接、零距离换乘。

(3)针对共享单车问题,政府应组织从业企业制定行业规范、技术标准,对企业基于新技术进行监管,监督企业建立相关分析系统,作为准入门槛;同时督促企业推广针对乱停乱放现象的电子围栏监管措施。

(4)政府引导、市场运作:鼓励城市整合所有停车资源,建立统一管理机制,制定统一开放共享标准,明确责任,实现停车可预约、电子支付、共享停车(实现预约、管理、支付全环节的一键式无接触停车服务系统)。

(5)完善基于大数据分析的"顺风车""合乘车"等的监管体系,通过制定服务标准、技术标准等制度,鼓励企业提供高水平的"顺风车""合乘车"出行服务,避免"专车化"。

(6)鼓励出行服务企业实现行前、行后、行中服务联动,提供包括增值服务的全过程管家式服务,打造线上服务智慧互联共享平台(交通+金融+信息+旅游+餐饮+……),提供多元化、高端化、外延化客运服务,满足出行者多样化需求。

4.3 关于交通"无卡通"全国移动支付服务与推广政策

针对交通"无卡通"服务,主要提出如下建议:

(1)制定交通"无卡通"移动支付全国统一标准,避免出现目前两个部委"一卡通"不兼容问题。

(2)鼓励各方式、各城市、各交通相关领域实施交通"无卡通"移动支付,实现其全方式、跨区域、跨领域的便捷支付。

(3)确定利益分配与管理模式。

(4)制定数据安全保障措施。